ÜBUNGEN ZUR DEUTSCHEN GRAMMATIK

Marc Vanacker, Trees Timperman

Duitse spraakkunst voor Nederlandstaligen
Beknopte Duitse spraakkunst voor Nederlandstaligen
Duitse spraakkunstoefeningen
Übungen zur deutschen Grammatik

Uitgeverij Pelckmans / De Nederlandsche Boekhandel
Kapelsestraat 222, 2950 Kapellen

Marc Vanacker
Trees Timperman

Übungen zur deutschen Grammatik

Vierde, herziene druk

UITGEVERIJ PELCKMANS
De Nederlandsche Boekhandel
KAPELLEN

Voor wie kopiëren wil!

U vindt dit boek erg goed, en wenst er kopieën van te maken.
Bedenk dan eens:

- dat dit boek de vrucht is van intense arbeid:
  auteur(s) en uitgever hebben er heel wat geld en energie in gestoken.
- dat kopiëren onwettig en strafbaar is.

Kapelsestraat 222, 2950 Kapellen.

D/1995/0055/135
ISBN 90 289 1770 5
UGI 104

Woord vooraf

Zonder een grondige beheersing van de Duitse spraakkunst is een vlotte communicatie in het Duits uitgesloten. De *Duitse spraakkunst voor Nederlandstaligen* brengt de gebruikers vanuit een contrastief oogpunt op een uiterst economische en vlotte manier de grammaticale basiskennis bij. De markt reageert daar onverminderd enthousiast op, want jaar na jaar wordt deze spraakkunst – inmiddels voor de achtste keer – herdrukt.

Wilt u de Duitse spraakkunst grondig en op een volwassen manier inoefenen? Dan kan dat door de bij de *Duitse spraakkunst voor Nederlandstaligen* aansluitende *Übungen zur deutschen Grammatik* van dezelfde auteurs. Alle klassieke grammaticale moeilijkheden worden nog eens grondig verklaard en systematisch ingeoefend. Daardoor kan dit oefenboek ook volledig los van de spraakkunst worden gebruikt. De oefeningen verruimen ook de woordenschat (handelstaal, dagelijks leven) zodat de gebruikers in ieder opzicht een grondige kennis van het Duits verwerven. Achteraan volgt een korte lijst van de moeilijkste woorden.

Hoofdstuk I
HET WERKWOORD

A Indicatief

1 Zelfstandige werkwoorden

1.1 ONVOLTOOID TEGENWOORDIGE TIJD

a. Basisuitgangen

du wohnst — *du sitzt/du faxt/du heißt*
ihr wohnt — *du wünschst*

ich sammele/ich sammle – ich ändere/ich ändre:

Bei den Verben auf *-eln* wird das *e* im allgemeinen weggelassen *(ich sammle)*, bei den Verben auf *-ern* wird das *e* gewöhnlich beibehalten *(ich ändere)*.

1 *Ter vertaling in het Duits (1)*

1 Wonen jullie nog altijd in Frankfurt? – Ja, maar volgend jaar verhuizen we naar Berlijn.
2 Komt u uit België of uit Nederland? – Ik kom uit België, maar mijn vrouw komt uit Nederland.
3 Het nieuwe model komt waarschijnlijk begin volgend jaar op de markt.
4 Reclame schept geen behoeften, maar beïnvloedt de wensen van de verbruikers.
5 Iedereen hoopt dat ze het dit keer haalt.
6 Ken je haar al lang? – Ja, ik ken haar al sinds mijn jeugd.

7 Zit je gemakkelijk?
8 Waarom meng je je eigenlijk altijd in vreemde zaken? Op die manier los je meestal niets op en krijg je alleen maar narigheid.
9 Ben je zeker dat je je niet vergist?
10 Als je dat wenst, breng ik je graag met de auto naar het station.
11 Sluit je ook de kast af als je weggaat?
12 Wens je anders nog iets?
13 Als je niet oppast, zul je het nooit leren.
14 Iedereen noemt je bij je voornaam, maar hoe heet je eigenlijk met familienaam?
15 Hiermee laten we u weten dat we de door u bestelde goederen volgende woensdag leveren.
16 Dat punt is nu niet aan de orde, ik stel voor dat we het de volgende keer behandelen.
17 De twee partijen hebben over alle punten een overeenkomst bereikt en onderhandelen nu nog over de details.

18 Aan welke firma's levert u allemaal?
19 Ik verander mijn plannen nu ook niet meer.
20 We betalen met goed geld en eisen dan ook goede waar van onberispelijke kwaliteit.
21 Hinder ik u niet? – Nee, u hindert me helemaal niet.
22 Beurzen bevorderen de internationale handel.
23 Ik erger me over leveranciers die niet stipt leveren.
24 Ik zorg voor de dranken. Zorgt u voor de muziek?
25 Neemt u me niet kwalijk, maar ik herinner me dat met de beste wil van de wereld niet meer.
26 Zijn plannen dreigen weer eens te mislukken.
27 Ik verzamel materiaal voor een boek over de Duitse hereniging.
28 Ik twijfel eraan of het nog de moeite loont de wagen te laten herstellen.
29 U doet er goed aan het contract nog eens te laten onderzoeken.
30 Waarom doe je daar niets tegen?

b Werkwoorden op d/t/m/n

Ter vertaling in het Duits (2) **2**

du findest	*du rechnest*	*du lernst*
er findet	*er rechnet*	*er lernt*
ihr findet	*ihr rechnet*	*ihr lernt*

1 Ze werkt in de receptie van een internationaal hotel.
2 Hoeveel kost zo'n auto?
3 Sinds haar broer in Stuttgart werkt, huurt hij daar ook een kamer.
4 Ze bereidt zich erg grondig voor op het examen.
5 Sinds dat incident mijdt ze hem als de pest.

6 Volgens de dokters staat het vast dat roken de gezondheid schaadt.
7 Ik zie eigenlijk niet in waarom je haar zo benijdt. Ze werkt hard en ze verdient haar succes dubbel en dwars.
8 Ze spreekt al jaren niet meer met hem.
9 Wat beeld je je wel in?
10 Hij duldt geen tegenspraak.
11 Als je een woordenboek gebruikt, vermijd je zulke fouten.
12 Ook Interpol zoekt naar de misdadiger.

13 Natuurlijk ervaart ze dat als een belediging.
14 Waar bevinden jullie zich nu?
15 Naar verluidt, trouwt ze binnenkort.
16 Niemand verbiedt u ook een eigen zaak te beginnen.
17 Waar overnachten jullie?
18 Vind je zelf ook niet dat je de zaak wat te eenzijdig bekijkt?
19 De president leidt de onderhandelingen persoonlijk.
20 Hij staat voortdurend onder druk en zijn gezondheid lijdt daaronder.
21 Ik heb er begrip voor dat je geen afstand doet van je rechten.
22 Ze rekent op onze hulp, we mogen haar dus niet in de steek laten.
23 De verzekering berekent de schade op één miljoen mark.
24 Nu oogst hij de vruchten van zijn werk.
25 Ik vraag me af of hij wel geschikt is voor dat werk.
26 Een bekende keten opent hier binnenkort een nieuwe winkelzaak.
27 Ze leert het liefst talen.
28 De politie waarschuwt de toeschouwers voor zakkenrollers.
29 Schaam je je niet?
30 Op vakantie filmt hij graag.

c e/i-Wechsel

du hilfst	*du siehst*	*du giltst*
er hilft	*er sieht*	*er gilt*
		ihr geltet

3 *Ter vertaling in het Duits (3)*

1 Voor een groot deel van de wereldbevolking zijn er enorme problemen: honger, ziekte en onvoldoende opleiding.
2 De kloof tussen arme en rijke landen wordt almaar groter.
3 Onze organisatie helpt iedereen die daarom vraagt.
4 Het komt goed uit dat we wat vroeger vertrokken zijn.
5 Ze is ervan overtuigd dat haar geen schuld treft.
6 Na al die jaren in Duitsland spreekt hij Duits als een Duitser.
7 Lees je graag thrillers?
8 Die belediging vergeet ze niet zo gemakkelijk.
9 Die Amerikaanse firma geldt nog altijd als marktleider op het gebied van software.
10 Hij neemt geregeld aan cursussen en seminaries in het buitenland deel.
11 Welke firma vertegenwoordigt hij? – Hij vertegenwoordigt meerdere firma's.
12 Deze bekende zanger treedt ook geregeld op TV op.
13 Waarom onderneemt de regering niets tegen die wantoestanden?
14 Niemand verstaat je, spreek eens wat luider.
15 Het gaat er daar altijd erg gemoedelijk aan toe.
16 Ik begrijp niet dat je dat niet inziet.
17 Wat heb je daar mee? Geef dat eens hier.
18 Het contract vervalt op 1 juli van volgend jaar.
19 Hij neemt vaak merkwaardige standpunten in, waarbij hij niet duldt dat iemand hem tegenspreekt.
20 De staat heft sinds een paar jaar een milieubelasting op de vervuiling van het water.

d a-Umlaut

du fällst	*du fährst*	*du hältst*	*du läufst/er läuft*
er fällt	*er fährt*	*er hält*	*du säufst/er säuft*
			du stößt/er stößt

Aber: *er schafft / es erschallt*

Ter vertaling in het Duits (4)

4

1 Je laat dat toch niet toe.
2 Op weekdagen slaapt ze gewoonlijk tot zeven uur, ze neemt snel een douche en ontbijt omstreeks halfacht. Om kwart voor acht verlaat ze haar woning. Ze rijdt met haar auto naar het werk.
3 Ze onderhoudt zich met haar gasten in het Duits.
4 Ik probeer haar te mijden, want ze houdt me altijd op met haar dwaze verhalen.
5 Wie de verkeersregels overtreedt, mag niet verwonderd zijn dat hij een boete krijgt.
6 Wat vind je van de film?
7 Tegenover mensen die ze niet kent, gedraagt ze zich erg gereserveerd.
8 Houd je me op de hoogte als er iets belangrijks gebeurt?
9 Ze gaat iedere winter op skivakantie naar Zwitserland.
10 Ieder jaar met nieuwjaar houdt de bondskanselier een televisietoespraak.
11 Voorlopig loopt alles van een leien dakje.
12 Een advocaat geeft zijn cliënten raad op juridisch vlak en verdedigt hun belangen voor de rechtbank.
13 Je raadt nooit wie we gisteren bezocht hebben.
14 Als je nog langer wacht, raak je straks nog in tijdnood.
15 Met haar ingrijpende bezuiningsmaatregelen stuit de regering overal op groot verzet.
16 Het valt me nu ook op dat hij altijd een das draagt.
17 Ik vraag me af hoe lang ze het daar uithoudt.
18 De minister nodigt vakbonden en werkgevers uit voor een nieuw gesprek over het conflict.
19 Wie nodig je allemaal uit op je verjaardag?
20 Hij vraagt om begrip voor de vertraging, maar op het ogenblik groeit het werk hem boven het hoofd.

Vul de werkwoorden in de ott. in (1-4)

KUNDENZUFRIEDENHEIT

5

1 Ein zufriedener Kunde *(kaufen)* weiter, *(empfehlen)* das Unternehmen weiter, *(beachten)* Marken und Werbung der Konkurrenz weniger und *(kaufen)* weitere Produkte des Unternehmens.
2 Was *(geschehen)*, wenn der Kunde unzufrieden ist? Während ein zufriedener Kunde nur drei Leuten von seinen guten Erfahrungen mit dem Produkt *(berichten)*, *(schimpfen)* ein unzufriedener Kunde bei elf Personen darüber. Es *(werden)* also klar, daß ein schlechter Leumund schneller die Runde *(machen)* als ein guter.
3 Bei dem amerikanischen Versandhaus L.L. Bean Inc. mit Sitz in Freeport, Maine, *(werden)* Kundenzufriedenheit groß geschrieben. Um die Angestellten dazu anzuhalten, den Kunden gut zu bedienen, ist in den Büroräumen unübersehbar in großer Schrift folgendes zu lesen: "Der Kunde *(brauchen)* nicht uns, sondern wir ihn. Der Kunde *(helfen)* nicht uns bei der Arbeit, sondern *(geben)* uns Arbeit. Nicht wir *(tun)* ihm einen Gefallen, wenn wir ihn bedienen, sondern er *(tun)* uns einen

Gefallen, wenn er uns die Möglichkeit *(bieten)*, ihn zu bedienen. Mit einem Kunden *(streiten)* man weder, noch *(testen)* man seine Klugheit. Noch niemand hat von einem Streit mit dem Kunden etwas gehabt."

4 Ein hervorragendes Beispiel für die Zufriedenstellung von Kundenwünschen ist das schwedische Möbelversandhaus IKEA. An der Eingangstür eines IKEA-Verkaufshauses *(erhalten)* der Kunde einen Katalog mit ausführlicher Produktbeschreibung, einen Führer durch die Ausstellungsräume, ein Maßband, einen Bestellzettel und einen Bleistift. Im Geschäft *(beraten)* das Personal die Kunden.

5 Die Zufriedenheit der Kunden in den Vordergrund zu stellen, *(bedeuten)* natürlich nicht, daß sich der Marketer keine Sorgen um die Profitabilität *(machen)*.

6 *Vul de werkwoorden in de ott. in (1-4)*

AGGRESSIVE VERKAUFSTECHNIKEN

1 Auch bei viel gefragten Gütern, z.B. Autos, *(antreffen)* man aggressive Verkaufstechniken an. Von dem Moment an, in dem der Kunde den Autosalon *(betreten)*, trickst ihn der Verkäufer psychologisch aus. *(Gefallen)* dem Kunden das Ausstellungsmodell, *(sagen)* ihm der Verkäufer, daß auch ein anderer Kunde das Auto haben wolle und er sich daher auf der Stelle entscheiden sollte. *(Passen)* dem Kunden der Preis nicht, sagt ihm der Verkäufer, er werde ein persönliches Wort mit dem Chef sprechen und versuchen, Sonderkonditionen herauszuholen. Der Kunde *(warten)* dann zehn Minuten, bis der Verkäufer endlich *(zurückkehren)* und sagt: "Der Chef war alles andere als begeistert, aber ich habe ihn rumgekriegt." Der Zweck des Ganzen *(bestehen)* darin, den Kunden systematisch zum Sofortkauf zu bewegen.

2 Auch im Non-Profit-Sektor *(werden)* das Verkaufskonzept praktiziert, z.B. bei Spendenaktionen oder von politischen Parteien. Die Partei *(empfehlen)* dem Wähler ihren Kandidaten als den besten Mann für das Amt. Der Kandidat *(reisen)* dann durch die Wahlkreise, *(schütteln)* Hände, *(liebkosen)* Babys, *(treffen)* sich mit Spendern und *(halten)* stramme Reden. Jegliche Schwäche des Kandidaten *(werden)* vor den Augen der Öffentlichkeit verborgen. Das Ziel *(lauten)*, den Handel perfekt zu machen und nicht, sich über die "Zufriedenheit der Kunden nach dem Kauf" Sorgen zu machen.

3 Ein Marketing, das sich auf aggressive Verkaufsmethoden *(verlassen)*, ist hochriskant. Es *(voraussetzen)*, daß der Kunde, der zum Kauf überredet *(werden)*, das Produkt schon mögen *(werden)* und – wenn er unzufrieden ist – seine schlechten Erfahrungen nicht an Freunde *(weitergeben)* oder sich bei einer Verbraucherorganisation *(beschweren)*. Diese Annahmen sind unhaltbar. Der Kunde *(vergessen)* seine Enttäuschung nicht. Es *(geben)* eine Studie, die *(anzeigen)*, daß ein enttäuschter Kunde in der Regel seine negative Erfahrung an elf Bekannte *(weitergeben)*, während ein zufriedener Kunde nur drei Bekannten von seinen positiven Erfahrungen *(berichten)*.

1.2 ONVOLTOOID VERLEDEN TIJD EN VOLTOOID DEELWOORD

a. Zwakke werkwoorden

ich wohnte	*ich arbeitete*
gewohnt	*gearbeitet*

Ter vertaling in het Duits (5) 7

1 Hebt u al besteld?
2 Woonde je graag in München? – Ja, maar het liefst woonde ik in Berlijn.
3 Ze twijfelde en daarom wachtte ze erg lang voor ze antwoordde.
4 Ik heb gehoord dat hij ondertussen hertrouwd is.
5 Ze is met een advocaat getrouwd.
6 Tijdens de bergtocht heeft het ononderbroken geregend en daardoor ben ik nu verkouden.
7 Toen ik nog in Brussel werkte, ontmoette ik haar vaak op de trein.
8 Zijn ontslag kwam volledig onverwacht. Niemand had er rekening mee gehouden.
9 Ze bekeek de zaak te veel vanuit haar eigen standpunt.
10 Ze glimlachte dankbaar toen ik haar het goede nieuws meldde.
11 Iedereen verheugde er zich over dat de zaak eindelijk geregeld was.
12 De cursus was heel interessant en de deelnemers hebben veel geleerd.
13 Heeft er iemand het ongeluk zien gebeuren?
14 Voor die vacature hebben zich meer dan 200 sollicitanten gemeld.
15 Waar leerde je haar kennen?
16 De politie tastte lange tijd volledig in het duister.
17 De coalitiepartners hebben lang over het compromis onderhandeld.
18 Ik had dat al vermoed.
19 U hebt het contract toch nog niet ondertekend?
20 De president waarschuwde de bevolking voor te hoge verwachtingen.

b. Sterke werkwoorden

du halfst	*du fandst*	*du lasest/du last*
ihr halft	*ihr fandet*	*ihr last*

Ter vertaling in het Duits (6) 8

1 Vonden jullie Berlijn interessant?
2 Hoeveel bood je voor die motorfiets?
3 Vond je de prijs voor die tweedehands wagen niet te hoog?
4 Waarom deden jullie zo geheimzinnig?
5 Waarom scheurde je die brief?
6 In het politieverslag staat dat je hem omverduwde.
7 Las je als kind ook graag strips?
8 Ze genoot van het leven.
9 Ik hield het daar maar twee dagen uit. Hoe lang hielden jullie het daar uit?
10 Waarom hield je dat zo lang geheim?

c. Gemengde werkwoorden

ich brachte	*ich kannte*	*ich sandte / sendete*
gebracht	*gekannt*	*gesandt / gesendet*
		ich wandte / wendete
		gewandt / gewendet

Ter vertaling in het Duits (7) 9

1 Ze brandde van nieuwsgierigheid.
2 Door de explosie is het gebouw volledig uitgebrand.

3 Ze dacht te laat aan de gevolgen.
4 Dacht je dat ik haar niet kende?
5 Ze herkende hem aan zijn stem.
6 De scheidsrechter heeft het doelpunt wegens buitenspel afgekeurd.
7 Hij is een algemeen erkend vakman op het gebied van de Nederlandse taal.
8 Ze wist overal goed de weg.
9 Hij was erg veranderd en daardoor had ik hem niet onmiddellijk herkend.
10 Zoals verwacht werd hij tot voorzitter benoemd.
11 Voor die functie werd ook haar naam al genoemd.
12 Ze was in woede ontstoken en noemde hem een leugenaar.
13 Toen de dief op heterdaad betrapt werd, rende hij zo snel als hij kon weg.
14 Iedere keer als ze op vakantie geweest was, bracht ze een geschenk mee voor de kleinkinderen.
15 Toen hij jonger was, bracht hij zijn vakantie het liefst in de bergen door.
16 Het was een belangrijke beslissing en ze dacht er dan ook lang over na.
17 We hebben de uitnodigingen gisteren verzonden.
18 Het concert wordt rechtstreeks op TV uitgezonden.
19 Ik heb me tot de bevoegde dienst gewend maar ze hebben nog niet geantwoord.
20 Hij draaide zijn wagen op de parkeerplaats en reed met piepende banden weg.

10

senden – sendete – gesendet / senden – sandte – gesandt
wenden – wendete – gewendet / wenden – wandte – gewandt (8)

a) senden

Im Rundfunk und Fernsehen: *sendete – gesendet*
In der Bedeutung "schicken" sind beide Formen gebräuchlich, die Formen mit *a (sandte – gesandt)* sind jedoch häufiger. Das gilt auch für die zusammengesetzten Verben *(absenden, versenden usw.).*

b) wenden und zusammengesetzte Verben (anwenden, verwenden usw.)

In der Bedeutung "sich wenden an" *(zich wenden tot)*: beide Formen, sowohl *wandte/gewandt* als auch *wendete/gewendet.*
In der Bedeutung "Änderung der Richtung" oder "umkehren, umdrehen" *(draaien, keren)*: nur *wendete/gewendet.*
anwenden, sich abwenden, aufwenden, einwenden, sich umwenden, sich zuwenden: beide Formen nebeneinander, aber die Formen mit *a (-wandte/-gewandt)* überwiegen.
entwenden: Formen mit *e (entwendete – entwendet)*
verwenden: beide Formen gebräuchlich.

Füllen Sie die richtige Form (Imperfekt oder Perfekt) aus.

1 Wir haben die Bücher heute mit unserer eigenen Spedition an Sie *(versenden).*
2 Dieser Film wurde vor kurzem im deutschen Fernsehen *(senden).*
3 Haben Sie die Lösung des Preisrätsels schon *(einsenden)*?
4 Ich habe das Paket heute morgen *(absenden).*
5 Er hat sich mit seiner Bitte direkt an den Minister *(wenden).*
6 Gott sei Dank hat sich am Ende alles zum Guten *(wenden).*
7 Während unsrer Wanderung sahen wir auf Schritt und Tritt Bauern, die Heu *(wenden).*
8 Der Busfahrer hatte sich verfahren und *(wenden)* auf einem Parkplatz neben einem Hotel.

9 Jetzt hat sich das Blatt *(wenden).*
10 Diese Technik wird auch in der Medizin *(anwenden).*
11 Wir haben sehr viel Zeit dafür *(aufwenden),* sie zu überreden.
12 Verschiedene Teilnehmer *(einwenden),* daß sie den Vorschlag für unrealistisch hielten.
13 Der Wind hat sich *(wenden).*
14 Bei dem Diebstahl wurden verschiedene wertvolle Gemälde *(entwenden).*
15 Warum haben Sie kein Wörterbuch *(verwenden)*?

d. Hoofdtijden (9-12)

Ter vertaling in het Duits (9): bleiben – blieb – geblieben **11**

1 Op den duur bleef er hem niets anders over dan een proces aan te spannen.
2 De woordvoerder van de directie moest toegeven dat de resultaten tegengevallen waren.
3 De onderhandelingen zijn al tamelijk goed opgeschoten.
4 In New York hebben we een auto gehuurd om naar de Niagara Watervallen te rijden.
5 We hebben het geld bij een bank geleend.
6 Je had dat schandaal beter vermeden.
7 Vrienden hebben ons dat hotel aangeprezen.
8 De handelaar wreef zich in de handen toen hij aan de mooie winst dacht.
9 Zodra hij haar terugzag, wreef hij haar die fout onmiddellijk onder de neus.
10 Zijn eerste roman verscheen tien jaar geleden.
11 Dat leek me vanaf het begin tamelijk ongeloofwaardig.
12 Totnogtoe hebben ze nog niet teruggeschreven.
13 Naar verluidt, heeft hij een contract bij een Italiaanse ploeg ondertekend.
14 Ze schreeuwde van angst.
15 Waarom heb je dat zo lang verzwegen?
16 Ze heeft jaren uit vrees gezwegen, maar nu heeft ze haar gal uitgespuwd.
17 Onroerende goederen zijn in de nieuwe deelstaten sterk in prijs gestegen.
18 Tegen de avond was de koorts tot 40 graden gestegen.
19 Door de oorlog werden miljoenen mensen uit hun geboortestreek verdreven.
20 Ze heeft hem die belediging nooit vergeven.
21 Niemand had me op die moeilijkheden gewezen.
22 Dat bleek een vergissing te zijn.
23 Een Duitse en een Amerikaanse televisiejournalist werden uit het land gewezen.
24 Heb je nu al een beslissing genomen?
25 De Duitsers werden in de halve finale uitgeschakeld.

Ter vertaling in het Duits (9): beißen – biß – gebissen **12**

1 In het begin hadden ze het erg moeilijk, maar ze hebben er zich met succes doorgebeten.
2 We hebben de verschillende offertes grondig met elkaar vergeleken.
3 Ze leek al als kind erg op haar moeder.
4 Hij is met zijn fiets in een bocht uitgegleden en ongelukkig gevallen.
5 Is de BTW bij de prijs inbegrepen?
6 Ik heb haar reactie nooit goed begrepen.
7 Door de hevige wind is de brand op de omliggende gebouwen overgeslagen.
8 Toen de toestand voor hem te kritiek werd, is hij ertussenuit geknepen.
9 De firma heeft vorig jaar zware verliezen geleden.

10 Veertig jaar lang leden de mensen in de voormalige DDR onder de pesterijen van de Stasi.
11 Na de première in Berlijn werden de acteurs uitgefloten.
12 Hij heeft die merrie vijf jaar lang op alle internationale springconcoursen gereden.
13 Ze kreeg een mooie, met de hand geslepen kristallen vaas cadeau.
14 Hij sloop op kousevoeten de trap op om zijn ouders niet wakker te maken.
15 De betogers smeten met tomaten en rotte eieren.
16 Ze had een verkeerd bedrag ingevuld en daarom heeft ze de cheque gescheurd.
17 Hij reed als een rallyrijder en sneed iedere bocht af.
18 De geneeskunde is vandaag de dag al zo ver gevorderd dat zo'n operatie bijna routine geworden is.
19 Het verslag was eerst veel te lang en ik heb enkele alinea's geschrapt.
20 De minister betwistte de beweringen van de journalisten.
21 Door de zon zijn de kleuren van de gordijnen verbleekt.
22 Charlie Chaplin droeg in zijn films meestal versleten kleren.
23 Hoewel hij erg tolerant is tegenover anderen, is hij voor zichzelf nooit van zijn principes afgeweken.
24 Hopelijk is het gevaar nu geweken.
25 Kort voor het eind van de eerste helft stelde de thuisploeg gelijk.

13

Ter vertaling in het Duits: biegen – bog – gebogen

1 We zijn volgens mij verkeerd gereden: ik ben de tweede zijstraat ingeslagen, en ik had waarschijnlijk pas de derde zijstraat mogen inslaan.
2 Na die affaire heeft de minister zijn ontslag aangeboden.
3 Ze zijn 's nachts over de grens gevlucht.
4 Ik heb de krant vanmorgen bij het ontbijt vluchtig doorgenomen, en alleen de koppen gelezen.
5 Ik had mijn handschoenen vergeten en ik had het koud aan mijn handen.
6 Hij heeft het werk op de lange baan geschoven, hoewel ik hem gevraagd had dat niet te doen.
7 De vergadering werd tot volgende week uitgesteld.
8 Ik heb mijn portefeuille verloren.
9 Hij vond dat de voordelen niet opwogen tegen de nadelen.
10 Dat argument is er met de haren bij gesleept.
11 Bij dat ongeval heeft hij meerdere zware verwondingen opgelopen.
12 Door het slechte weer heb ik een verkoudheid opgelopen.
13 We zijn een jaar geleden naar een grotere flat verhuisd.
14 Ze hebben hun kinderen tot zelfstandigheid opgevoed.
15 Alle medewerkers trokken één lijn.

14

Ter vertaling in het Duits (9): binden – band – gebunden

1 Ik had niet vermoed dat daaraan zoveel moeilijkheden verbonden waren.
2 Heel de morgen was er dichte mist, maar tegen de middag is de zon door de wolken gedrongen.
3 Ze heeft er sterk op aangedrongen stipt te zijn, want de trein wacht niet.
4 Het drong te laat tot hem door dat hij zich vergist had.
5 Ze vonden het akelig dat er dieven in hun huis binnengedrongen waren.
6 Hij was van die overtuiging doordrongen.
7 Het was een in ieder opzicht geslaagd feest.
8 Ze won met grote overtuiging, maar slaagde er niet in haar wereldrecord te verbeteren.

9 We zijn er ondanks herhaalde pogingen nog niet in geslaagd hem te bereiken.
10 Zijn stem klonk erg hees.
11 Dat was helaas weer een mislukte poging.
12 De partij van de president heeft bij de verkiezingen de absolute meerderheid verworven.
13 De bankovervallers zijn met een motorfiets in het drukke verkeer verdwenen.
14 De prijzen voor vakantiereizen naar Spanje zijn in vergelijking met vorig jaar lichtjes gedaald.
15 Ze heeft in alle opera's van de wereld gezongen.
16 Het was moeilijk om de spreker te volgen, want hij sprong van het ene thema op het andere.
17 Toen ze het gunstige nieuws vernam, sprong ze in de lucht van vreugde.
18 Als niet-rookster vond ze het naar dat na elk discobezoek haar kleren naar sigaretten stonken.
19 Thomas Alva Edison heeft o.a. de gloeilamp uitgevonden.
20 Ze dronken vroeger altijd koffie bij het ontbijt, maar nu drinken ze thee.
21 Lodewijk II van Beieren zou in het Meer van Starnberg verdronken zijn. In ieder geval werd zijn lijk samen met dat van zijn arts in het meer gevonden.
22 Hoewel niemand haar hielp, heeft ze dankzij haar wilskracht alle moeilijkheden overwonnen.
23 Door ziekte was hij gedwongen zijn zaak vroeger dan verwacht aan zijn zoon over te laten.
24 Ik vond het boek zo mooi dat ik het op één weekeinde verslonden heb.
25 Ze heeft haar beroep nooit als een belasting ervaren.

Ter vertaling in het Duits (9): helfen – half – geholfen 15

1 Ze verborg haar ware bedoelingen voor niemand.
2 De beurshallen barstten van de bezoekers.
3 Porselein breekt gemakkelijk.
4 Ze heeft haar belofte gebroken.
5 Konrad Adenauer, de eerste bondskanselier, gold als een van de belangrijkste politici van zijn tijd.
6 Ik heb de indruk dat die bemerking voor u bedoeld was.

7 Ik schrok me bijna dood toen ik dat nieuws hoorde.
8 Iedereen schrok van zijn reactie.

9 Ze schold hem uit voor leugenaar.
10 De eerste berichten beloofden niet veel goeds.
11 Haar vader stierf op zeer jonge leeftijd.
12 We troffen het met het weer.
13 De politie had zijn auto weggesleept en dat bedierf zijn goed humeur.
14 Ze solliciteerde al lang naar een baan in het onderwijs en het is haar eindelijk gelukt.
15 De arbeiders verwierpen het voorstel van de directie met een grote meerderheid.
16 Ze nam de klanten voor zich in door haar charme en haar zelfzeker optreden.
17 Sinds enkele weken wordt voor het nieuwe model veel reclame gemaakt op TV.
18 Terwijl ze in file stonden, stak de zon, maar gelukkig beschikte hun wagen over airconditioning.
19 Ze werd door een wesp gestoken.
20 De oppositie verweet de minister dat hij de mensen bedrogen had.
21 Ze voelde zich door iedereen in de steek gelaten, want niemand hielp haar.
22 Haar vader hielp haar aan die mooie baan.
23 We behielpen ons met wat we hadden.
24 De kruik gaat zo lang te water tot ze breekt.
25 Ze gold als heel stipt en kwam nooit te laat.

16 *Ter vertaling in het Duits (9):*

a) fließen – floß – geflossen

1 Tijdens de oorlog is zeer veel kapitaal naar het buitenland gevloeid.
2 Ze genoten met volle teugen van het leven.
3 De baby kroop op handen en voeten door de woonkamer.
4 De politie zocht naar de daders. Die kregen daar echter lucht van en vluchtten naar het buitenland.
5 De 20-jarige Chris Gueffroy, die nog in februari 1989 doodgeschoten werd toen hij naar het Westen wilde vluchten, was waarschijnlijk het laatste slachtoffer aan de Berlijnse Muur.
6 De twee partijen hebben na lange onderhandelingen een compromis gesloten.
7 We hadden helaas pech met het weer, want het heeft de hele dag water gegoten.

b) gewinnen – gewann – gewonnen

8 Door haar vriendelijkheid en haar nauwgezetheid won ze snel het vertrouwen van haar baas.
9 De Tweede Wereldoorlog begon op 1 september 1939.
10 Het geld gleed hen zo door de vingers.
11 Boris Becker won in 1985 als 17-jarige volledig onverwacht de finale in Wimbledon.
12 Op het wereldkampioenschap zwom de jonge Duitse kampioene een nieuw wereldrecord.
13 Wat als een sprookje begon, eindigde als een nachtmerrie.
14 Hij bezon zich een ogenblik voor hij op de verwijten antwoordde.
15 Hij was wel niet goed wijs toen hij zoiets voorstelde.

17 *Ter vertaling in het Duits (9): bewegen – bewog – bewogen*

1 Het protest van de burgers bewoog de regering ertoe haar plannen te veranderen.
2 Waarom vecht je die beslissing niet aan als je het ermee niet eens bent?
3 De voorzitter hief de vergadering om zes uur op.

4 Uitgesteld is niet verloren.
5 Die maatregelen hadden geen enkele zin meer en werden dan ook opgeheven.
6 Wanneer werd de slavernij afgeschaft?
7 Ze voelde zich bij haar grootouders geborgen.
8 Ik heb 10.000 frank van mijn postrekening opgenomen.
9 Wie één keer liegt, die gelooft men niet, ook al spreekt hij de waarheid.
10 Hij liegt dat hij zwart ziet.
11 Hij heeft zijn schaapjes geschoren.
12 Ze werden allen over één kam geschoren.
13 Ons geld smelt als sneeuw voor de zon.
14 De twee firma's zijn vorig jaar tot één concern samengesmolten.
15 Hij zwoer bij dat merk en wilde dan ook niet veranderen.
16 Ze zwoer bij hoog en bij laag dat ze onschuldig was.
17 Op die manier bedrieg je jezelf, dat zie je toch zelf wel in.
18 Het contract vervalt op 30 juni van volgend jaar.
19 Het gaat hier om een uitgedoofde vulkaan.
20 We hebben het voor en tegen zorgvuldig overwogen en naar onze mening een verstandige beslissing genomen.

Ter vertaling in het Duits (9): fallen – fiel – gefallen **18**

1 Het viel hen niet in de smaak dat ze zo lang moesten wachten.
2 Op het ogenblik blaast de wind ons in het gezicht, maar dat blijft niet duren.
3 Omdat ik 's middags niet warm gegeten had, braadde ik snel een biefstuk.
4 Door de ijzel raakten veel auto's in een slip.
5 Ze raakt gemakkelijk in verlegenheid.
6 Een advocaat adviseert me in die zaak.
7 Geen enkele van de kandidaten raadde het juiste antwoord.
8 Wat vond jij van dit incident?
9 Ook als hij onder druk staat, blijft hij kalm.
10 Uiteindelijk kreeg ik dan toch gelijk.
11 Ik heb al verschillende keren opgebeld, maar ik kreeg geen antwoord.
12 Je laat je dat toch niet welgevallen?
13 Ze liet het daarbij.
14 Krijg je nog vaak post van haar?
15 Bij zo'n lawaai kun je slecht slapen.
16 Het Rode Kruis vangt de slachtoffers zeer goed op.
17 Dat geklets op televisie hing iedereen op den duur de keel uit.
18 Het heeft aan een zijden draadje gehangen.
19 Die twee problemen hangen zeer eng met elkaar samen.
20 Wat raad je me aan?

Ter vertaling in het Duits (9): fahren – fuhr – gefahren **19**

1 Ik vernam dat veel te laat.
2 Die een kuil graaft voor een ander, valt er zelf in.
3 Ze laadde daarmee een zware verantwoordelijkheid op zich.
4 Door zijn koppig gedrag haalde hij zich veel moeilijkheden op de hals.
5 Op haar verjaardagsparty had ze ook enkele collega's uitgenodigd.
6 Ze had goede muziek gekozen en dat schiep onmiddellijk een gezellige sfeer.
7 Beethoven schiep negen symfonieën en één opera.
8 Door de investeringen werden honderden nieuwe arbeidsplaatsen geschapen.
9 Ze stelde voor dat we eerst een rondrit door de stad zouden maken.

10 De wereldkampioen versloeg zijn buitenlandse concurrenten met grote overtuiging.
11 Hij verdraagt geen kritiek.
12 Draag je al lang een bril?
13 De moeilijkheden groeiden hem boven het hoofd.
14 De kinderen wasten hun auto iedere zaterdag.
15 Ze bakt bijna iedere dag.

20

Ter vertaling in het Duits (9)

a) essen – aß – gegessen

1 Wat eet je het liefst?
2 De soep wordt nooit zo heet gegeten als ze wordt opgediend.
3 Ik hoop dat je het niet vergeet.
4 Je meet met twee maten.
5 Ze heeft al altijd op haar geld gezeten.

b) lesen – las – gelesen

6 De vliegramp gebeurde kort na het opstijgen.
7 Ze zag er nog jong uit voor haar leeftijd.
8 Uit het onderzoek blijkt dat de klanten ook na twee jaar nog tevreden zijn over hun wagen.
9 Toen de minister in het parlement aangevallen werd, kwam de eerste minister heftig voor zijn collega op.
10 Hij vertegenwoordigde jarenlang zijn land als ambassadeur bij de Verenigde Naties.
11 Om voor de hand liggende redenen is hij afgetreden.
12 Ze heeft ook mij om hulp gevraagd.
13 Wegens de staking vroeg de firma haar klanten om begrip voor de vertragingen.
14 Wie heb je om inlichtingen gevraagd?
15 De inzittende was op slag dood en de chauffeur is op weg naar de kliniek aan zijn verwondingen bezweken.

Ter vertaling in het Duits (9):

21

a) befehlen – befahl – befohlen

1 Als gewoon bediende doet hij gewoon wat zijn baas hem beveelt.
2 Vrienden hadden hun dat hotel aanbevolen.
3 Het verdient aanbeveling een contract grondig te controleren voor men het ondertekent.
4 Ze nam het hem erg kwalijk dat hij haar niet uitgenodigd had.
5 Als ze haar zin niet krijgt, gedraagt ze zich als een kind.
6 Meer dan duizend exposanten uit binnen- en buitenland namen vorige maand aan de beurs in Keulen deel.
7 Uit alles blijkt dat hij een geboren zakenman is.
8 Helaas werden verschillende bezoekers bestolen.
9 Het gestolen schilderij is van onschatbare waarde.

b) laufen – lief – gelaufen

10 Tijdens het televisiedebat heeft hij al zijn tegenstanders in de pan gehakt.
11 Hij was de discussie plotseling beu en sloeg met de vuist op tafel.
12 De grond werd hem te heet onder de voeten en hij is ervandoor gegaan.
13 Hoe heette de eerste Duitse bondskanselier ook weer?
14 Ze riep zo luid als ze kon om hulp.
15 De oorzaak van de brand is nog niet bekend. De schade beloopt in ieder geval meerdere miljoenen.
16 Hun winkelzaak aan de kust loopt uitstekend.
17 Zijn voorstel stuitte op hevig verzet bij het personeel.
18 We zijn op enkele onverwachte moeilijkheden gestuit.
19 De twee wagens zijn frontaal met elkaar in botsing gekomen.
20 Wie de wet overtreedt, mag niet verwonderd zijn dat hij moeilijkheden krijgt.

Ter vertaling in het Duits (9): gehen (i-a) / stehen (a-a) / tun (a-a) **22**

1 Het ziet eruit dat hij dit keer te ver gegaan is.
2 Op de laatste vergadering ging het bewogen toe.
3 Op het laatste ogenblik was de zaak bijna nog verkeerd afgelopen.
4 Ze ging recht op haar doel af.
5 Ik heb uw vraag niet verstaan, wilt u ze even herhalen?
6 Hij is voor zijn examen geslaagd met onderscheiding.
7 Beide partijen stonden op hun rechten, waardoor geen overeenstemming kon worden bereikt.
8 De laatste gasten zijn pas na middernacht weggegaan.
9 Naar verluidt zou de beklaagde alles bekend hebben.
10 Hij deed zijn best om een goed resultaat te bereiken.

Ter vertaling in het Duits (9): Speciale gevallen (bewegen – bewog/bewegte) **23**

1 Duitsland beleefde in de twintigste eeuw een bewogen geschiedenis.
2 Ze heeft een paar bewogen jaren achter de rug.
3 Ze bewoog zich zelfs in de hoogste kringen met grote zelfzekerheid.
4 Hij bleef onbewogen ondanks al die kritiek aan zijn adres.
5 De thuisploeg behaalde de overwinning na een erg bewogen wedstrijd.
6 Zijn toespraak heeft ons allen diep bewogen.
7 Wat heeft er u toe bewogen van mening te veranderen?
8 De secretaresse vroeg ons eerst een formulier in te vullen.
9 De gelovigen baden voor de vrede in de wereld.
10 Ze was verkeerd gereden en vroeg dan een politieagent naar de weg.
11 Ze vroeg om begrip voor haar standpunt.
12 Zijn jullie erin geslaagd hem te overtuigen?
13 Hij leidde het bedrijf met sterke hand.
14 De Italiaanse scheidsrechter heeft zoals gewoonlijk goed geleid.
15 In haar jeugd leed ze onder een minderwaardigheidscomplex.
16 Hun huis ligt heel mooi aan de rand van het stadspark.

17 Ik ben zeker dat ze liegt, maar ik kan het niet bewijzen.

18 Hoe heeft hij dat dit keer weer klaargespeeld?
19 Hij heeft het examen zoals verwacht niet gehaald.
20 Ze stak al haar geld in schilderijen.
21 Ze wilde per se weten wie daarachter stak.
22 Waar heb je de cheques gestoken?
23 Het geld stak nog allemaal in zijn portemonnee.
24 Niemand wist waar hij stak.
25 Zodra hij de sleutel in het slot stak, wist hij dat er ongevraagd bezoek geweest was.

24 *Ter vertaling in het Duits (9/12): dringen (a-u) – drängen*

Das intransitive Verb ist stark (*dringen – drang – gedrungen; erschrecken – erschrak – erschrocken usw.*), das transitive Verb ist schwach (*drängen – drängte – gedrängt; erschrecken – erschreckte – erschreckt usw.*). Es gibt nur eine Ausnahme: Neben *dringen auf* (aandringen op) ist auch *drängen auf* gebräuchlich:

Iedereen drong aan op een oplossing van het probleem.	*Jeder drang/drängte auf eine Lösung des Problems.*

1 De schuldeisers drongen aan op onmiddellijke betaling.
2 Het duurde wel tot 's middags voor de zon door de wolken gedrongen was.
3 De mensen verdrongen elkaar voor de etalages.
4 Om zijn doel te bereiken, drong hij al zijn concurrenten aan de kant.
5 Ik had er zo op aangedrongen dat iedereen stipt zou zijn en toch kwamen er nog enkelen te laat.
6 Niemand kon haar goed verdragen omdat ze zich overal opdrong.
7 Toen brand uitbrak, drong iedereen in paniek naar buiten.
8 Ze moest zich haasten want de tijd drong.
9 Hij drong zich onmiddellijk op de voorgrond.
10 Hij voelde zich door de omstandigheden gedrongen een snelle beslissing te nemen.
11 Ik ben geschrokken van de hoge som.
12 Wat heb je me laten schrikken!

13 Door het protest van de bevolking schrikte de regering uiteindelijk voor deze maatregelen terug.
14 Het geweld in dat land schrikte veel toeristen af.
15 Midden in de nacht werden we plotseling opgeschrikt door het gerinkel van de telefoon.
16 Het heeft aan een zijden draadje gehangen.
17 We hebben het schilderij in de woonkamer gehangen. Het heeft eerst jaren in mijn bureau gehangen.
18 Ik heb vanmorgen uren aan de telefoon gehangen.
19 Ik wilde haar nog wat vragen maar ze had al opgehangen.
20 Hij heeft al altijd de huik naar de wind gehangen.
21 Misdadigers werden vroeger opgehangen.
22 Het verwondert me niet dat ze het verhaal onmiddellijk aan de grote klok gehangen heeft.
23 Toen hij zestig werd, heeft hij zijn beroep aan de haak gehangen.
24 Ze is altijd erg aan haar ouders gehecht geweest.
25 Het heeft van een toeval afgehangen.
26 Ik heb mijn kostuum nog niet in de kast weggehangen omdat ik het eerst nog wil strijken.
27 Haar baas hechtte grote waarde aan stiptheid, nauwkeurigheid en stijl.
28 Gelukkig hadden ze wat geld opzij gelegd, zodat die financiële tegenvaller geen gevolgen had voor hun levensstandaard.
29 Ik denk dat dat werk hem nooit gelegen heeft.
30 Het lag voor de hand dat hij die oplossing niet zou accepteren.
31 Ze was het liefst in de grond gezonken van schaamte.
32 In vergelijking met gisteren is de temperatuur sterk gedaald.
33 De belastingen werden voor sommige inkomensgroepen aanzienlijk verlaagd.
34 Tijdens de zomeropruiming verlaagden winkels en warenhuizen hun prijzen soms met de helft.
35 De prijzen voor reizen naar Spanje en Italië zijn lichtjes gedaald, terwijl die voor Egypte en Israël met gemiddeld vijf procent gestegen zijn.
36 Door de toegenomen vraag naar woningen hebben veel eigenaars de huur opgeslagen.
37 Hij was in zijn lectuur verzonken.
38 Ik heb meer dan twee uur in de wachtkamer gezeten.
39 Ze is op zoek naar een woning en heeft een advertentie in de krant gezet, maar dat heeft tot nog toe tot niets geleid.
40 We hebben nog eens alles op het spel gezet, maar het hielp niets meer.

Ter vertaling in het Duits (10-11) 25

a) vroeg – fragte (10):

1 Ze vroeg zich af of het nog zin had door te gaan.
2 Aan alle openbare gebouwen waren de vlaggen gehesen.
3 Ze hebben het huis via een makelaar gekocht.
4 Heb je al post gekregen van hen?
5 Ze kreeg het niet over haar hart hem dat te zeggen.
6 We hebben ons bijna krom gelachen.
7 Nu weet hij waar hij aan toe is, want ik heb hem klare wijn geschonken.
8 De kunstenaar heeft verscheidene schilderijen aan een museum weggeschonken.
9 In het leven krijg je niets cadeau.
10 Beide landen leven al jaren op gespannen voet met elkaar.

11 Er heerste een gespannen sfeer op de vergadering.
12 Na haar vakantie kwam ze volledig ontspannen en uitgerust thuis.

b) mahlen – mahlte – gemahlen (11)

13 Gemalen koffie wordt luchtdicht verpakt.
14 Toen ze de gepeperde rekening kregen, wisten ze dat ze gemolken waren.
15 Er zijn al duizenden doden gevallen in dit door een burgeroorlog verdeeld land.
16 Ik ben niet van zins me dat te laten welgevallen.
17 Hij is zelf erg betrouwbaar en correct en zijn baas is hem dan ook gunstig gezind.
18 Wegens zijn gedegen vakkennis wordt hij algemeen gerespecteerd.
19 De warrige politieke situatie schrikte veel buitenlandse investeerders af.
20 Hij geldt als een harde onderhandelaar en hij heeft uitstekende voorwaarden bedongen.

26 *Vul de werkwoorden in de ovt. of het voltooid dw. in (5-12)*

HOWARD CARTER FAND 1922 DAS EINZIGE UNVERSEHRTE GRABMAL EINES PHARAOS

Am 25. November 1922 *(stoßen)* 1 der britische Archäologe Howard Carter im Tal der Könige am Ufer des Nils auf das Grab des Pharaos Tut-ench-Amun – ein archäologischer Fund, dessen Bedeutung ebenso unermeßlich war wie der Wert der Schätze, die in der Grabkammer des Pharaos *(einschließen)* 2 waren. Kein anderes wissenschaftliches Ereignis dieses Jahrhunderts hat – vom Flug zum Mond abgesehen – soviel allgemeine Aufmerksamkeit auf sich *(ziehen)* 3 . Carters Fund ist deshalb so außergewöhnlich, weil es das einzige Grab eines Pharaos war, das jemals von Wissenschaftlern in unversehrtem Zustand *(antreffen)* 4 wurde.

Tut-ench-Amun, der von 1333 bis 1323 vor Christus als Pharao über Ägypten *(herrschen)* 5 , war als achtjähriges Kind auf den Thron gekommen. Zehn Jahre später *(sterben)* 6 er, sein Nachfolger *(werden)* 7 sein Stiefgroßvater, der für den Minderjährigen die Regierungsgeschäfte geführt *(haben)* 8 . Die Todesursache ist unbekannt – vielleicht Schwindsucht, vielleicht aber auch Mord. Bei einer Röntgenuntersuchung *(entdecken)* 9 Mediziner in der Schädelhöhle von Tut-ench-Amun einen Knochensplitter, für den es keine Erklärung gibt. Er könnte das Resultat eines tödlichen Schlags auf den Hinterkopf des Königs gewesen sein.

Dem Glauben der Ägypter an die Unsterblichkeit entsprechend *(werden)* 10 dem toten König alle Gegenstände mit in seine aus vier Räumen bestehende Grabstätte gegeben, die er im Jenseits *(brauchen)* 11 , um dort glücklich und zufrieden leben zu können: Möbel und Leinentuch, Schuhe und Handschuhe, Schreibmaterial und Spiele, Parfüm und Salben, Juwelen und die Insignien seiner königlichen Würde, Streitwagen und Waffen und auch eine reiche Auswahl an Speisen und Wein.

Mit dem jungen Pharao *(bestatten)* 12 wurden auch Gegenstände, die ihm im Leben besonders viel *(bedeuten)* 13 hatten, so eine Locke vom Haar seiner Großmutter, der Königin Tiye, und eine Rohrflöte, die er selbst aus dem Schilf am Ufer des Nils *(schneiden)* 14 hatte.

Der lebende Pharao *(gelten)* 15 als Verkörperung des Himmelsgottes Horus, der tote König *(werden)* 16 eins mit dem Osiris, dem Herrscher der Unterwelt. Priester *(schmücken)* 17 den mit äußerster Sorgfalt einbalsamierte Leib des Pharaos mit Juwelen und den Symbolen des Gottes Osiris, *(hüllen)* 18 ihn in leinene Tücher. Das Gesicht des

Toten *(werden)* 19 mit einer Maske aus *(treiben)* 20 Gold bedeckt, der Pharao dann in einen Sarg *(betten)* 21, der der Form seines Körpers *(anpassen)* 22 war. Dieser Sarg *(bestehen)* 23 aus Gold im Gewicht von 110 Kilogramm. Der reine Metallwert würde heute 2,5 Millionen Mark betragen.

Der Goldsarg *(werden)* 24 in einen zweiten Sarg aus Holz gelegt, der reich mit *(vergolden)* 25 Schnitzwerk geschmückt war. Ein dritter Sarg aus Holz *(umschließen)* 26 diese beiden Särge. Die Särge *(finden)* 27 ihren Platz schließlich in einem Sarkophag aus gelbem Quarzit, der wiederum von vergoldeten Schreinen umgeben war.

Die inneren Organe Tut-ench-Amuns, die vor der Einbalsamierung entfernt worden waren, *(werden)* 28 in der Grabkammer getrennt von der Mumie in vier goldenen Behältern aufbewahrt. So *(vorbereiten)* 29 und umgeben von Schätzen in verschwenderischer Fülle, *(harren)* 30 der tote König seiner Wiederaufstehung.

Nach mehr als drei Jahrtausenden wurde Tut-ench-Amun der Vergessenheit *(entreißen)* 31. Der Archäologe Howard Carter *(schildern)* 32 den Anblick, der sich ihm am 26. November 1922 *(bieten)* 33, als er ein kleines Loch in die Tür zu den Grabkammern geschlagen hatte: "Ich *(führen)* 34 eine Kerze hindurch und *(spähen)* 35 hinein. Zuerst *(können)* 36 ich nichts sehen, da die aus der Kammer entweichende heiße Luft das Licht der Kerze zum Flackern *(bringen)* 37. Als meine Augen sich aber an das Licht gewöhnt hatten, *(tauchen)* 38 bald Einzelheiten im Innern der Kammer aus dem Nebel auf, seltsame Tiere, Statuen und Gold, überall glänzendes, schimmerndes Gold! Für einen Augenblick war ich vor Verwunderung stumm. Als Lord Carnarvon (der Mann, der Howard Carters Suche nach dem Pharaonengrab finanzierte) die Ungewißheit nicht länger ertragen *(können)* 39 und ängstlich *(fragen)* 40: 'Können Sie etwas sehen?' war alles, was ich herausbringen *(können)* 41: 'Ja, wunderbare Dinge!' Dann erweiterten wir das Loch, so daß wir beide hindurchsehen *(können)* 42, und *(führen)* 43 eine elektrische Lampe ein."

Lord Carnarvon *(erkranken)* 44 wenige Monate später, im April 1923, an einer Lungenentzündung und an einer Blutvergiftung, die Folge eines Moskitostichs in seine linke Wange war. Er *(sterben)* 45 daran – das erste Opfer, wie es damals *(heißen)* 46, eines "Fluchs des Pharaos", der angeblich jeden treffen würde, der anwesend war, als Tut-ench-Amuns dreitausendjährige Totenruhe gestört *(werden)* 47.

Howard Carter *(überleben)* 48 seinen Freund und Mäzen um 16 Jahre. Er *(sterben)* 49, knapp 65 Jahre alt, im März 1939 in London. Bei seiner Beisetzung waren neun Trauergäste zugegen. Carter, nach der Entdeckung des Pharaonengrabes weltweit als ein Titan der Archäologie *(feiern)* 50, war bei seinem Tode ein nahezu vergessener Mann, dessen Ruf von Ägyptologen systematisch untergraben worden war: Ihm wurde vorgehalten, daß er nie eine Universität besucht, nie eine wissenschaftliche Arbeit veröffentlicht und, vor allem, daß er die Ägyptologie "popularisiert" hatte. Die Entdeckung des Grabes von Tut-ench-Amun wurde dem Zufall *(zuschreiben)* 51.

Der britische Forscher Christopher Frayling, Professor für Kulturgeschichte in London, führt jetzt der Öffentlichkeit ein neues Bild des Archäologen vor Augen, dem die Welt die Entdeckung des Grabes von Tut-ench-Amun und seiner Schätze verdankt. Frayling: "In der Tat: Er *(haben)* 52 keinen akademischen Grad, und er *(gehören)* 53 keinem wichtigen Club an. Er war ein schwieriger, jähzorniger Mann. Aber er *(verfügen)* 54 über beträchtlichen Mut. Er *(lassen)* 55 sich im Tal der Könige an einem neunzig Meter langen Seil in die Tiefe nieder. Es wurde *(behaupten)* 56, er sei kein ernstzunehmender

Archäologe, weil er kein wissenschaftliches Buch *(verfassen)* 57 . In der Bibliothek der Universität Oxford werden Aufzeichnungen *(aufbewahren)* 58 , deren Umfang und Genauigkeit mich *(überraschen)* 59 . Howard Carter, so kann man zusammenfassend sagen, hat wunderbare Arbeit *(leisten)* 60 .

e. Voltooid deelwoord: met of zonder ge-?

27 *Werkwoorden op -ieren: Ter vertaling in het Duits (13)*

1 Ik heb al verschillende keren geprobeerd hem telefonisch te bereiken, maar het lukt me niet.
2 We hebben het nieuwe produkt uitgeprobeerd en het is bij de testpersonen over het algemeen goed in de smaak gevallen.
3 Ze heeft bij de laatste verkiezingen voor het eerst voor het parlement gekandideerd.
4 Op zijn verjaardag heeft de baas ons allen op champagne getrakteerd.
5 Naar verluidt, zou hij ook in de Verenigde Staten gestudeerd hebben.
6 Ik heb heel het weekend examens gecorrigeerd.
7 Hij heeft alles geriskeerd en alles gewonnen.
8 Ze zoekt een gemeubileerd appartement in het stadscentrum.
9 In de krant van gisteren stond een heel gedetailleerd verslag van de tentoonstelling.
10 Je mag je niet laten misleiden door die paar geïsoleerde gevallen.
11 Die regel is verkeerd geformuleerd.
12 Deze krant is doorgaans goed geïnformeerd.
13 Aan de grensovergang werden we door de douaneambtenaren zo streng gecontroleerd dat we ons gepest voelden.
14 Amerika heeft me altijd gefascineerd.

15 Volgens de Fransen zou de Nederlandse Mata Hari tijdens de eerste wereldoorlog voor de Duitsers gespioneerd hebben.
16 Hij maakte een erg geconcentreerde indruk.
17 In heel het land werd tegen het geweld betoogd.
18 Onze firma is in de produktie van badstof van uitstekende kwaliteit gespecialiseerd.
19 Na de hereniging werden de staatsbedrijven in de voormalige DDR door de Treuhand geprivatiseerd.
20 We hebben een tweepersoonskamer voor het weekend gereserveerd.

Onscheidbaar samengestelde werkwoorden: Ter vertaling in het Duits (13) **28**

1 De dieven zijn professioneel te werk gegaan en hebben geen enkel spoor achtergelaten.
2 Bij zijn dood heeft hij zijn vrouw en zijn kinderen alleen maar schulden nagelaten.
3 Ik heb die fout helaas over het hoofd gezien.
4 Ik begrijp volkomen dat u zich gepasseerd voelt.
5 Hun jongste zoon heeft de zaak overgenomen.
6 We hebben het bedrag eind vorige week al op uw postrekening overgeschreven.
7 Ik heb nog eens op de bepalingen van het contract gewezen en hij heeft me dan niet meer tegengesproken.
8 Vorige week werd het nieuwe autowegtraject door de minister voor het verkeer opengesteld.
9 Jammer genoeg had hij nagelaten de kleine letters in het contract te lezen.
10 Door de onverwachte ijzel zijn veel wagens over de kop gegaan.

1.3 VOLTOOID TEGENWOORDIGE TIJD EN VOLTOOID VERLEDEN TIJD

Haben of sein als hulpwerkwoord:

1) Bewegingswerkwoorden (15)

Bei Ortsveränderung wird das Perfekt mit *sein* umschrieben:

Ich bin heute morgen von einem Seeufer zum anderen geschwommen.

Bei intransitiven Bewegungsverben wird das Perfekt mit *haben* oder *sein* umschrieben, wenn der Vorgang oder die Dauer in der Bewegung hervorgehoben wird:

Ich habe/bin heute morgen eine Stunde geschwommen.
Die Kinder haben/sind im Urlaub jeden Tag im Meer geschwommen.
Wir haben/sind den ganzen Tag geklettert.

Insgesamt gesehen nimmt bei Bewegungsverben die Perfektumschreibung mit *sein* immer mehr zu, auch wenn der Vorgang oder die Dauer in der Bewegung hervorgehoben wird. Bei den Verben *gehen, reisen* und *wandern* wird das Perfekt nur noch mit *sein* umschrieben, bei *laufen* und *springen* besteht die Neigung dazu.

Bei *fahren* und *fliegen* hat sich ein Bedeutungsunterschied entwickelt: Die Umschreibung mit *haben* heißt hier als Fahrer bzw. Pilot am Steuer sitzen.

Ich habe gefahren, denn mein Sohn hat noch keinen Führerschein.

Bei transitivem Gebrauch werden Bewegungsverben mit *haben* umschrieben:

Früher hat er immer Mercedes gefahren.

In der Sportsprache sind bei transitivem Gebrauch beide Umschreibungen möglich:

Der Weltmeister ist/hat einen neuen Weltrekord gelaufen.

29 *Gebruik in volgende zinnen de voltooid tegenwoordige tijd (15)*

Im Urlaub schwammen wir fast jeden Tag im See. – Im Urlaub sind wird fast jeden Tag im See geschwommen.

1 Sie schwamm in knapp einer Viertelstunde über den See.
2 Sie schwamm oft mehrere Stunden am Tag.
3 Sie fuhr den neuen Wagen sehr vorsichtig in die Garage.
4 Ihr Sohn hatte noch keinen Führerschein, deshalb fuhr sie die ganze Strecke.
5 Auf der Autobahn fuhr der Bus hundert Stundenkilometer.
6 Bei seinem Weltrekord lief der Kenianer die letzte Runde in 65 Sekunden.
7 Auf unserer Amerikereise flogen wir von Chicago nach New York, und dann fuhren wir von New York zu den Niagarafällen mit einem Mietwagen.
8 Auf den Olympischen Spielen in Barcelona lief die amerikanische Staffel einen neuen Weltrekord im 100-Meter-Staffellauf.
9 Der amerikanische Athlet sprang am weitesten.
10 Bei dem Hotelbrand sprangen einige Gäste in Panik aus dem Fenster und erlitten dabei zum Teil schwere Verletzungen.
11 Sie reisten früher viel mehr als jetzt.
12 Im Urlaub wanderten wir vierzehn Tage durch die ganze Eifel.
13 Auf der Weltmeisterschaft lief der belgische Meister einen neuen persönlichen Rekord.

14 Sie fuhren jahrelang einen weißen Mercedes.
15 Der Rettungswagen fuhr den Verletzten sofort ins nächste Krankenhaus.

Ter vertaling in het Duits (15)

1 De kinderen hebben tijdens de vakantie iedere dag in het openluchtzwembad gezwommen. 30
2 Bent u al eens van de ene oever van het meer naar de andere gezwommen?
3 Zijn jullie tot op de top van de berg geklommen?
4 We hebben eerst twee uur geklommen en dan hebben we de kabelbaan genomen naar het bergstation.
5 Tijdens hun jeugd hebben ze veel en ver gereisd.
6 Hij heeft jarenlang voor een firma in sportartikelen gereisd.
7 Een van de hotelgasten was erg sportief en had voor het ontbijt al tien kilometer gelopen.
8 Heb je de trein genomen of het vliegtuig?
9 Hebt u nog nooit gevlogen?
10 Van Chicago naar New York hebben we ongeveer twee uur gevlogen.
11 Onze buurvrouw heeft de kinderen vanmorgen naar school gereden.
12 Hij heeft waarschijnlijk veel te snel gereden en daardoor heeft hij niet meer op tijd kunnen remmen.
13 Ik vrees dat we verkeerd gereden zijn.
14 Haar baas heeft vroeger nog met een Ferrari gereden.
15 Ze heeft al altijd erg voorzichtig gereden. Dat is de reden waarom ze 20 jaar zonder ongevallen gereden heeft.
16 Hun zoon heeft zijn splinternieuwe auto in de prak gereden.
17 Die film heeft maandenlang met groot succes in alle bioscopen gelopen.
18 De Amerikaanse estafetteploeg heeft een nieuw wereldrecord gelopen.
19 In de formule 1 mag de piloot die tijdens de training de snelste ronde gereden heeft in pole-position starten.
20 Ze heeft een vliegbrevet en heeft het sportvliegtuig naar Londen gevlogen.

2) Voltooid deelwoord met haben (16):

Folgende Verben bilden, abweichend vom Niederländischen, im Deutschen ihr Perfekt mit *haben*:

abnehmen	einschlagen	halten	promovieren
anfangen	enden	heiraten	vergessen
aufhören	entbinden	nachlassen	verlieren
beginnen	gefallen	passieren	zunehmen

Gebruik in volgende zinnen de voltooid tegenwoordige tijd (16) 31

Sie fing gestern mit der Arbeit in Ihrer neuen Firma an. – Sie hat gestern mit der Arbeit in Ihrer neuen Firma angefangen.

1 Seit seiner Operation nahm er um zehn Pfund ab.
2 Der Export deutscher Autos in die USA nahm voriges Jahr wieder leicht zu.
3 Anfang der neunziger Jahre nahm die Zahl der Asylanten in Deutschland erheblich zu.
4 Die Kaufkraft ließ in letzter Zeit erheblich nach, so daß auch das Interesse der Kunden an diesen teuren Modellen stark nachließ.

5 Seine Frau hörte vorübergehend mit der Arbeit auf, als sie ihr drittes Kind bekam.
6 Das Spiel begann vielversprechend, aber endete dann doch torlos.
7 Gegen Abend hörte es endlich zu regnen auf.
8 Die Nachricht von seinem plötzlichen Tod schlug wie eine Bombe ein.
9 Sie entband zu Hause.
10 Seine Frechheit gefiel mir nicht besonders.
11 Der Taxifahrer hielt genau vor dem Hoteleingang.
12 Sie heiratete schon mit 17.
13 Rund Mitternacht passierten wir die französisch-spanische Grenze.
14 Sie promovierte mit einer Arbeit über Franz Kafka.
15 Ich vergaß leider, ihn zu benachrichtigen.

32 *Ter vertaling in het Duits (16)*

1 Hij is de laatste tijd al vijf kilo vermagerd, maar volgens de dokter is dat nog niet genoeg.
2 Toen hij hoorde wat het allemaal kostte, is zijn interesse sterk afgenomen.
3 Door de incidenten is de wedstrijd met een kwartier vertraging begonnen.
4 Had ik het geweten, dan was ik er nooit aan begonnen.
5 Na zijn hartinfarct is hij gestopt met werken.
6 We zijn vanmiddag wat vroeger gestopt dan gewoonlijk.
7 Dertig jaar geleden is hij in de firma als eenvoudig bediende begonnen.
8 Het nieuws van zijn plotse dood is als een bom ingeslagen.
9 De wedstrijd is in een gelijkspel geëindigd.
10 In Europa is de Tweede Wereldoorlog op 8 mei 1945 geëindigd.
11 Is ze thuis of in de kliniek bevallen?
12 Hoe is de cruise op de Nijl bevallen?
13 We zijn in de buurt van Keulen anderhalf uur gestopt om te middagmalen.
14 Ze is getrouwd terwijl ze nog studeerde.
15 Zijn ouders zijn tamelijk laat getrouwd.
16 Volgend jaar zijn haar ouders 25 jaar getrouwd.
17 Door de hoge prijzen en de voortdurende stakingen is de interesse van de toeristen voor dat land in de laatste jaren sterk verminderd.
18 De regen is al wel wat afgenomen, maar je zou toch beter een paraplu meenemen.
19 Tegen de morgen was de storm eindelijk wat afgenomen.
20 Omdat de koorts nog altijd niet verminderd was, hebben we de dokter moeten laten komen.
21 In vergelijking met vroeger is mijn geheugen verzwakt.
22 De dokter heeft medicamenten voorgeschreven en gelukkig is de pijn al sterk verminderd.
23 Zodra we de grens gepasseerd waren, kwamen we in een file terecht.
24 Is je dat nog nooit overkomen?
25 Hij is twee jaar geleden aan de Leuvense universiteit gepromoveerd.
26 Ik ben vergeten hoe hij heet.
27 De spanning in het gebied is weer toegenomen.
28 Door het goede leven is hij een paar kilo aangekomen.
29 De wind is in vergelijking met vanmorgen in kracht toegenomen.
30 Hun jongste zoon is met een Duitse getrouwd.

3) Voltooid deelwoord met sein (17)

Folgende Verben bilden, abweichend vom Niederländischen, im Deutschen ihr Perfekt mit *sein*:

begegnen
folgen
eingehen (ein Risiko, einen Vertrag, eine Versicherung, eine Wette eingehen)

Gebruik in volgende zinnen de voltooid tegenwoordige tijd (17) 33

1 Sie ging damit kein einziges Risiko ein.
2 Sie gingen diese Verpflichtung freiwillig ein, und Sie sollten sie jetzt auch einhalten.
3 Wir begegneten uns zum ersten Mal auf einer Messe in Frankfurt.
4 Ich begegnete ihr vorigen Samstag im Zug.
5 Die Zuhörer folgten dem Redner gespannt.

Ter vertaling in het Duits (17) 34

1 Ik heb hen vorige week nog op een receptie ontmoet.
2 Ik heb de indruk dat we elkaar vroeger al eens ontmoet hebben.
3 Door die overname heeft de firma een groot risico op zich genomen.
4 We hebben daarover een contract van drie jaar met een toeleveringsbedrijf gesloten.
5 Die twee hebben daarover een weddingschap afgesloten.
6 U hoeft niet ongerust te zijn, u hebt daarmee geen enkel risico op u genomen.
7 Onze firma heeft de verplichting aangegaan stagiairs grondig te begeleiden.
8 We hebben het verkeerde voorbeeld gevolgd.
9 Hun dochter heeft al altijd de laatste mode gevolgd.
10 Ze heeft haar man naar het buitenland gevolgd.

1.4 ONVOLTOOID TOEKOMENDE TIJD

Ter vertaling in het Duits (18) 35

1 Het zal straks regenen.
2 Belt u haar nu eens op, nu zal ze waarschijnlijk wel thuis zijn.
3 Door de recessie zal het erg moeilijk worden nieuwe afzetmarkten te ontsluiten.
4 De oppositie zal de minister daarover in het parlement ongetwijfeld ter verantwoording roepen.
5 Hij zal dat wel weer vergeten zijn.
6 Zijn advocaat zal hem daarop wel gewezen hebben.
7 Bij de ontwikkeling van dat nieuwe model zullen de nieuwste technologieën toegepast worden.
8 In de volgende dagen zullen werkgevers en werknemers nieuwe onderhandelingen voeren over de verkorting van de wekelijkse arbeidstijd.

9 Zul je dat niet vergeten?

10 De regering zal de beslissing waarschijnlijk uitstellen.
11 Ze zal daarover wel inlichtingen ingewonnen hebben.
12 We zullen uw order snel en zorgvuldig uitvoeren.
13 Hij zal dat geld wel bij de bank geleend hebben.
14 Ik hoop dat je daar geen bezwaar tegen zult hebben.
15 Ik ben ervan overtuigd dat jullie dat wel zullen klaren.

1.5 ONVOLTOOID VERLEDEN TOEKOMENDE TIJD

36 *Ter vertaling in het Duits (19)*

1 Iedereen hoopte dat ze hun conflict in der minne zouden schikken.
2 Tijdens hun vakantie in de Provence zouden ze weer op verhaal kunnen komen, zo hoopten ze.
3 De regering ging ervan uit dat deze maatregelen de conjunctuur zouden doen opleven.
4 Niemand had gedacht dat dat nieuwe plan zulke grote problemen zou veroorzaken.
5 Ik had wel verwacht dat ze daartoe bereid zou zijn.
6 Ze had gehoopt dat haar baas met haar wensen rekening zou houden, maar dat was helaas niet het geval.
7 Het was te verwachten dat die bezuinigingsmaatsregelen bij de bevolking op groot verzet zouden stuiten.
8 De werkgevers hadden niet verwacht dat zoveel medewerkers aan een deeltijdbaan de voorkeur zouden geven.
9 Ik had vermoed dat je daartegen klacht zou indienen.
10 We waren er natuurlijk niet van uitgegaan dat twee van onze trouwste klanten een belangrijke bestelling zouden annuleren.
11 Ik had niet verwacht dat hij me zou bedriegen.
12 Je had toch beloofd dat je dat zou doen.
13 Iedereen was benieuwd of hij zijn belofte zou houden.
14 Niemand twijfelde eraan dat hij zich ook in zijn nieuwe functie zou waarmaken.
15 Ik wist niet dat de vergadering zo lang zou duren.
16 Vanzelfsprekend had de eigenaar niet verwacht dat er zich meer dan 100 gegadigden voor één appartement zouden melden.
17 Hoe konden we weten dat ze dat zo kwalijk zou nemen?

18 Hoe kon ik vermoeden dat die vluchten naar de VS zo snel volgeboekt zouden zijn?
19 Ze merkte aan alles dat ze de baan niet zou krijgen.
20 Ze heeft lang overwogen wat ze zou doen.

2 Hulpwerkwoorden haben / sein / werden

Haben / sein: Ter vertaling in het Duits (20-21) **37**

1 Het zal je ook wel duidelijk zijn dat je erg veel geluk gehad hebt.
2 Hebben jullie de hotelkamers al geannuleerd?
3 Ik wist niet dat je ook naar die baan gesolliciteerd had.
4 Zijn vader had overal invloedrijke relaties.
5 Uit het onderzoek bleek ook dat hun boekhouder de boeken vervalst had.
6 Hadden jullie die reis naar de VS al zo vroeg op het jaar geboekt?
7 Nadat de Bundesbank de discontovoet verlaagd had, volgden de meeste andere Europese centrale banken dat voorbeeld.
8 Excuseer, maar ik had daar niet meer aan gedacht.
9 Het spreekt vanzelf dat computers vandaag de dag op alle terreinen van het dagelijks leven onmisbaar geworden zijn.
10 Hij kan het geweest zijn, maar hij hoeft het niet geweest te zijn.
11 Was je dat werk op den duur niet beu?
12 Ze had zich in de datum vergist.
13 Je mag niet vergeten dat daaraan ook risico's verbonden zijn.
14 Dank je wel, daarmee heb je me een belangrijke dienst bewezen.
15 Je ziet toch zelf wel in dat deze plannen niet uitvoerbaar zijn.
16 Besef je goed dat je daarmee een groot risico aangaat?
17 Je moet eens goed overwegen wat daarvan de voordelen en de nadelen zijn, vooraleer je een beslissing neemt.
18 Je bent het er waarschijnlijk wel mee eens dat daarvoor zware investeringen nodig zijn.
19 We weten heel goed waarom we niet op zijn eisen ingegaan zijn.
20 Ik hoop dat u het daarmee eens bent.

Werden als koppelwerkwoord (22-23): Ter vertaling in het Duits **38**

1 Je hoeft je niet ongerust te maken, maar ik heb vanavond nog een vergadering om acht uur en het zal waarschijnlijk wat laat worden.
2 Na langdurige onderhandelingen werden de twee partijen het eindelijk eens.
3 Het werd toch nog later dan ik gedacht had.
4 Werden jullie niet moe van het vele werk?
5 Volgens het weerbericht zou het vandaag erg warm worden.
6 Maak je geen zorgen, het zal wel loslopen.
7 Hoeveel keer werd Bayern München al Duits kampioen?
8 Duits is een belangrijk deel van mijn leven geworden.
9 Ze wilde al als kind verpleegster worden en ze is het ook geworden.
10 Wie wordt volgens u de nieuwe directeur?

39 *Werden in het passief (24-26)*

De tijd van het werkwoord in het passief (24-25): Vorm zinnen in het passief zoals in het voorbeeld

Im Perfekt heißt das zweite Partizip im Passiv *worden*:

Man hat ihn gestern operiert. –
Er ist gestern operiert worden.

Der Infinitiv im Passiv heißt selbstverständlich *werden*:

Man wird ihn morgen operieren. -
Er wird morgen operiert werden.

Wenn der Täter genannt wird, wird im Deutschen die Präposition *von* verwendet:

Kierkegaard beeinflußte viele moderne Philosophen. -
Viele moderne Philosophen wurden von Kierkegaard beeinflußt.

Sonst stimmt das Tempus im Passivsatz mit dem Tempus im Aktivsatz überein.

1 Die Familie Fugger gründete die Fuggerei in Augsburg.
2 In der freien Marktwirtschaft bestimmen Angebot und Nachfrage den Preis eines Produktes oder einer Dienstleistung.
3 Man hat seine Schuld immer noch nicht bewiesen.
4 Aus Mangel an Beweisen mußte man den Angeklagten freilassen.
5 Man darf beide Fälle nicht miteinander vergleichen.
6 Bei Abnahme von mehr als 100 Stück gewähren wir Ihnen einen Mengenrabatt von 10 %.
7 Beim Schlußverkauf bieten die Händler Waren zu stark ermäßigten Preisen an.
8 Haben sie die Rechnung schon bezahlt?
9 Die EU-Länder haben einen wirtschaftlichen Boykott über dieses Land verhängt.
10 Man muß einen solchen Fehler um jeden Preis vermeiden.
11 Wer wählt den Bundespräsidenten?
12 Die Bank hat ihm kein neues Darlehen mehr gewährt.
13 Man hat uns nicht gerade freundlich bedient.
14 Die Bundesbank wird auf ihrer nächsten Sitzung den Diskontsatz voraussichtlich senken.
15 Angesichts der hohen Verluste schüttet die Firma dieses Jahr keine Dividende aus.
16 Auch politische Ereignisse beeinflussen die Stimmung an der Börse.
17 Wie wird man diese Investitionen finanzieren?
18 Bei der Räumung des besetzten Gebäudes hat die Polizei keine Gewalt angewandt.
19 Die Telefonisten verband mich mit der verkehrten Person.
20 Jeden Abend holt ein Geldtransport die Tageseinnahmen ab.

Passieve zinnen met onpersoonlijk onderwerp es: Vorm zinnen zoals in het voorbeeld

40 Das unpersönliche Subjekt in Passivsätzen heißt *es*:

Sie diskutierten lange und gründlich über den Vorschlag. -
Es wurde lange und gründlich über den Vorschlag diskutiert.

Dieses unpersönliche Subjekt *es* wird nur dann verwendet, wenn es am Satzanfang des Hauptsatzes steht, also nicht bei Inversion, Fragen und in Nebensätzen. Vergleiche:

Über den Vorschlag wurde lange und gründlich diskutiert.
Warum wurde so lange und gründlich über den Vorschlag diskutiert?
Jeder fragte sich, warum über den Vorschlag so lange und gründlich diskutiert wurde.

1 Die Tarifpartner verhandelten sehr lange über den Kompromiß.
2 Sie tanzten bis tief in die Nacht.
3 Man hat immer wieder neue Vorschläge gemacht.
4 Die Polizei nahm Dutzende von Demonstranten fest.
5 Das Orchester spielte Werke von Haydn, Beethoven und Mozart.
6 Man berichtete in allen Medien ausführlich über diese Affäre.
7 Man geht dagegen nicht energisch genug vor.
8 Man hat endlich über alle Punkte Einigung erzielt.
9 Die Polizei gab keine weiteren Einzelheiten bekannt.
10 Man hat noch lange darüber gesprochen.

Infinitief in het passief: werden (24-25) – Vorm zinnen zoals in het voorbeeld **41**

Das kann man nicht immer vermeiden. -
Das kann nicht immer vermieden werden.

1 Im Deutschen darf man nichts dem Zufall überlassen.
2 Wir dürfen nicht länger warten und müssen jetzt eine Entscheidung treffen.
3 Nächste Woche werden sie einen neuen Vorstandsvorsitzenden wählen.
4 In der Unterhaltungselektronik wird man in den nächsten Jahren noch mal Tausende von Arbeitnehmern entlassen.
5 Wie muß man die Inflation bekämpfen?
6 Das muß man in Ruhe überlegen.
7 Wie können wir die Fertigungskosten weiter herabsetzen?
8 Nach Meinung des Verkehrsministers müßte man die Alkoholkontrollen auf den Straßen vermehren.
9 Jetzt helfen keine Ausreden mehr, jetzt muß man endlich mal Maßnahmen ergreifen.
10 Wir werden Ihren Auftrag wie immer schnell und sorgfältig erledigen.
11 Der Chef tritt im Mai nächsten Jahres in den Ruhestand und wir müssen in Kürze einen Nachfolger ernennen.
12 Der Wirtschaftsminister wird die Messe eröffnen.
13 Wir dürfen nichts unversucht lassen, um die Schuldigen vor Gericht zu bringen.
14 Wir dürfen keine Möglichkeit ausschließen.

15 Der Verein dürfte seinen Vertrag nicht mehr erneuern.
16 Man kann nicht sagen, daß er sich nicht bemüht hat.
17 Wir werden die Personalfrage auf unserer nächsten Sitzung behandeln.
18 Wir werden unsere Strategie grundlegend verändern müssen.
19 Es ist jedem Vorstandsmitglied klar, daß man diesen Punkt möglichst schnell klären muß.
20 Wir müssen dieses Mißverständnis ein für allemal beseitigen.

42 *Voltooid deelwoord in het passief: worden (24-25) – Vorm zinnen zoals in het voorbeeld*

Sie haben voriges Jahr sehr viel Geld in neue Maschinen investiert. -
Voriges Jahr ist sehr viel Geld in neue Maschinen investiert worden.

1 Sie haben mich nicht gerade mit offenen Armen empfangen.
2 Der amerikanische Autohersteller hat Milliarden Dollar in das neue Modell investiert.
3 Hat man Ihnen wenigstens die Fahrkosten ersetzt?
4 Nach der ersten Ölkrise Anfang der siebziger Jahre hat man in verschiedenen europäischen Ländern eine Geschwindigkeitsbegrenzung auf der Autobahn eingeführt.
5 Man hat mal wieder die Steuern erhöht.
6 Hat man Ihnen den genauen Termin immer noch nicht mitgeteilt?
7 In den sechziger und siebziger Jahren haben die Banken in vielen Orten neue Filialen eröffnet.
8 Sie haben den Bau des neuen Werkes mit Eigenmitteln finanziert.
9 Hat man die Täter schon gefunden?
10 Niemand hat ihn dazu gezwungen.
11 Die Verbrecher hatten sämtliche Spuren beseitigt.
12 Nachdem die Alliierten im Westen die Deutsche Mark eingeführt hatten, kam es zur Blockade West-Berlins durch die Sowjets.
13 Noch im Februar 1989, also einige Monate vor dem Fall der Mauer, haben DDR-Grenzwärter den zwanzigjährigen Georg Gueffroy beim Fluchtversuch erschossen.
14 Das Auswärtige Amt hat die Nachricht bestätigt.
15 Der Präsident hat den Minister unter Druck der Öffentlichkeit entlassen.
16 Die US-Raumfahrtbehörde NASA hat den für heute vorgesehenen Start der Raumfähre "Discovery" verschoben.
17 Der Westen hat den Reformprozeß Gorbatschows immer unterstützt.
18 Nach einigen Tagen schon haben die Bergleute den Streik beendet.
19 1918 haben die Kommunisten den letzten Zaren, Nikolaus II., samt seiner Familie ermordet.
20 An der Grenze hat man unser Gepäck sehr gründlich kontrolliert.

43 *Naamvallen in het passief (26): Vorm zinnen zoals in het voorbeeld*

Der König hat ihm den Preis persönlich überreicht. -
Der Preis ist ihm persönlich vom König überreicht worden.

Das Akkusativobjekt aus dem Aktivsatz wird zum Subjekt (im Nominativ) im Passivsatz:

Die Arbeiter haben den Streik nach drei Wochen beendet. -
Der Streik ist nach drei Wochen beendet worden.

Das Dativobjekt aus dem Aktivsatz bleibt auch im Passivsatz Dativobjekt:

Man hatte ihm diesen Posten schon lange versprochen. -
Dieser Posten war ihm schon lange versprochen worden.

Das Subjekt aus dem Aktivsatz wird im Passivsatz mit der Präposition *von* umschrieben:

Auch die EU-Länder unterstützen diesen Plan. -
Dieser Plan wird auch von den EU-Ländern unterstützt.

Häufig wird in Passivsätzen aber der Täter überhaupt nicht genannt (z.B. bei unpersönlichen Subjekten):

Man hatte mir nichts gesagt. -
Mir war nichts gesagt worden.

Wandeln Sie folgende Sätze ins Passiv um, und nennen Sie dabei den Täter!

1 1990 traf ein schweres Erdbeben den amerikanischen Bundesstaat Kalifornien.
2 Die Zeitungen hatten den Rücktritt des Ministers schon Wochen vorausgesagt.
3 Die Opposition kritisierte den Regierungsplan sehr heftig.
4 Die russische Regierung hat den Bundeskanzler erneut um finanzielle Hilfe gebeten.
5 Der Spiegel hat den Fall des Ministers ausgelöst.
6 Ein Pariser Spezialist hat den belgischen König operiert.
7 Der Schiedsrichter schickte den Verteidiger wegen eines bösen Fouls vom Platz.
8 Die Polizei überraschte den Terroristen, als er seine Wohnung verließ.
9 Die Deutschen nannten den ersten Bundeskanzler Konrad Adenauer liebevoll "den Alten".
10 Seine Kollegen haben ihm diese Kritik sehr übelgenommen.
11 Zum Geburtstag haben ihm seine Eltern einen Computer geschenkt.
12 Der amerikanische Erfinder Thomas Edison baute den ersten Plattenspieler.
13 Er gilt als sehr sympathisch und die meisten Menschen gönnen ihm denn auch seinen Erfolg.
14 Unser Versicherungsmakler hatte uns diese Anlage empfohlen.
15 Wer hat Ihnen denn das versprochen?
16 Der Reiseführer bat uns, pünktlich zum Bus zurückzukehren.
17 Seine Eltern haben ihm das Geld geliehen.
18 Der Chef hat ihr das persönlich mitgeteilt.
19 Das Goethe-Institut hat ihm ein Stipendium für ein Seminar in Deutschland bewilligt.
20 Ein Geldbote bringt nach Feierabend die Tageseinnahmen zur Bank.

Werkwoorden met de datief en de genitief in het passief (26): Vorm zinnen zoals in het voorbeeld **44**

Sie halfen uns mit allen Mitteln. -
Uns wurde mit allen Mitteln geholfen.

Das Dativobjekt aus dem Aktivsatz bleibt auch im Passivsatz Dativobjekt. Dativverben wie *danken, glauben, gratulieren, helfen, huldigen, kündigen* bereiten Niederländischsprachigen mitunter Schwierigkeiten im Passiv. Bei diesen Verben steht das Verb im Passivsatz nämlich im Singular, und zwar deshalb, weil auch das Subjekt im Singular steht.

Das Subjekt in solchen Passivsätzen ist nämlich das meistens weggelassene unpersönliche Subjekt **es**:

Wij werden met alle middelen geholpen.	*Es wurde uns mit allen Mitteln geholfen. / Uns wurde mit allen Mitteln geholfen.*

Dasselbe gilt übrigens für das Genitivobjekt. Auch das Genitivobjekt aus dem Aktivsatz bleibt im Passivsatz Genitivobjekt. Das Subjekt in solchen Passivsätzen ist auch hier wieder das meistens weggelassene unpersönliche Subjekt *es*, und deshalb steht das Verb im Singular:

Am 11. November gedenkt man der Gefallenen der beiden Weltkriege. -
Am 11. November wird der Gefallenen der beiden Weltkriege gedacht.

Op 13 augustus worden de slachtoffers aan de Berlijnse Muur herdacht.	*Am 13. August wird der Opfer an der Berliner Mauer gedacht.*

Setzen Sie folgende Sätze ins Passiv um (26)

1 Der Chef hat mal kräftig auf den Tisch gehauen, und danach hat man ihm nicht mehr widersprochen.
2 Morgen huldigen wir gleich zwei Mitarbeitern wegen ihrer 25jährigen Betriebszugehörigkeit.
3 Niemand glaubte ihnen.
4 Sogar der Bundeskanzler gratulierte den deutschen Spielern zu ihrem Sieg.
5 Wegen wirtschaftlicher Probleme wird die Firma zum 1. Januar mindestens 100 Mitarbeitern kündigen.
6 Nach dem gelungenen Weltrekordversuch jubelten die Zuschauer dem amerikanischen Athleten stürmisch zu.
7 Der Rettungsarzt konnte den lebensgefährlich verletzten Insassen des Unfallwagens leider nicht mehr helfen.
8 Am 17. Juni gedenken die Deutschen der Opfer des Volksaufstandes aus dem Jahre 1953 in der ehemaligen DDR.
9 Sogar seine engsten Mitarbeiter mißtrauten ihm.
10 Der Aufsichtsrat hat beiden Vorschlägen einstimmig zugestimmt.

45 *von of durch als voorzetsel in het passief (26): Ter vertaling in het Duits*

In Passivsätzen mit *werden* wird generell die Präposition *von* verwendet, um den Täter anzugeben. Meistens handelt es sich um eine Person, es kann sich aber auch um eine Sache handeln:

Het "Bauhaus" werd in 1919 door Walter Gropius in Weimar opgericht.	*Das Bauhaus wurde 1919 von Walter Gropius in Weimar gegründet.*
De Europese markt wordt door Japanse waren overspoeld.	*Der europäische Markt wird von japanischen Waren überschwemmt.*

Bei den abgeleiteten Verbalsubstantiven allerdings verwenden wir *durch*:

De oprichting van het Bauhaus door Walter Gropius	*Die Gründung des Bauhauses durch Walter Gropius*

1 In een parlementaire democratie wordt het parlement door het volk gekozen.
2 De Russische tsaar Nicolaas II werd in 1918 door de communisten vermoord.
3 De terechtstelling van de Russische tsaar Nicolaas II en zijn familie door de communisten is niet langer een taboe in Rusland. Zo werd bij de 75e verjaardag van deze executie in 1993 een buste van de laatste tsaar onthuld.
4 De brief was door de secretaresse in opdracht van haar baas ondertekend.
5 Tijdens het Derde Rijk werd de Keulense burgemeester Konrad Adenauer door de nationaalsocialisten uit al zijn functies ontslagen.
6 In 1922 werd Mahatma Ghandi door de Britten tot zes jaar gevangenis veroordeeld.
7 De veroordeling van Mahatma Ghandi door de Britten maakte hem tot een volksheld.
8 De beroemde kerk Sagrada Familia in Barcelona werd door Antoni Gaudi ontworpen.
9 De bezetting van Tsjechoslovakije door de troepen van het Pact van Warschau stuitte op groot verzet van de bevolking.
10 Na de val van de Muur werd Duitsland door asielzoekers uit heel de wereld overspoeld.
11 Het land wordt al jaren door een burgeroorlog geteisterd.
12 Met de oprichting van het Bauhaus in Weimar door Walter Gropius werd een nieuwe bouwstijl gecreëerd. De bouwkunst in heel de wereld werd door deze nieuwe stijl beïnvloed.
13 De boekdrukkunst werd rond 1445 door Johannes Gensfleisch, beter bekend als Johannes Gutenberg, uitgevonden.
14 De uitvinding van de boekdrukkunst door Johannes Gutenberg was een van de belangrijkste uitvindingen van de geschiedenis.
15 Gutenberg werd zijn hele leven lang door geldnood en schuldeisers in het nauw gebracht.

Werden / worden / geworden (25): Ter vertaling in het Duits 46

Beim Passiv mit *werden*, dem sog. Vorgangs- oder Handlungspassiv, kann im Perfekt das zweite Partizip *worden* nicht ausgelassen werden:

Sinds gisteren is de noodtoestand opgeheven.	*Seit gestern ist der Ausnahmezustand aufgehoben worden.*
De nieuwe wet is nog altijd niet door het parlement goedgekeurd.	*Das neue Gesetz ist immer noch nicht vom Parlament verabschiedet worden.*

Im Niederländischen wird in solchen Passivsätzen das zweite Partizip *("geworden")* ausgelassen, im Deutschen darf das Partizip *worden* nicht ausgelassen werden! Nur beim sog. Zustandspassiv (Form: sein + zweites Partizip), das das Ergebnis und nicht den Verlauf einer Handlung hervorhebt, fehlt auch im Deutschen das zweite Partizip *worden*:

Het stadion is al weken uitverkocht.	*Das Stadion ist schon Wochen ausverkauft.*
Onze doelman is al drie weken geblesseerd.	*Unser Torwart ist schon drei Wochen verletzt.*
Onze doelman is in de finale ernstig geblesseerd.	*Unser Torwart ist im Finale ernsthaft verletzt worden.*

1 In de toekomst zullen in de VS voor staalprodukten uit de EU invoerbeperkingen opgelegd worden.
2 Naar verluidt, is het contract gisteren door beide partijen ondertekend.

3 Er moeten dringend maatregelen genomen worden.
4 Het nieuws is nog altijd niet officieel bevestigd.
5 Binnenkort zal hier een zaak in elektrische artikelen geopend worden.
6 Is er al een definitieve beslissing genomen?
7 De onderhandelingen moeten alleszins tegen het eind van de maand voltooid worden.
8 Ze is op staande voet ontslagen.
9 Het is zeer de vraag of de koopkracht in de komende jaren op het huidige niveau zal kunnen worden gehandhaafd.
10 Door verschillende collega's is tegen de voorgestelde nieuwe werkregeling bezwaar gemaakt.
11 De computer geeft ook aan wanneer de voorraden moeten worden aangevuld.
12 De voorstellen van de directie zullen door de algemeen directeur op een persconferentie worden toegelicht.
13 De toegang tot de Japanse markt moet in de toekomst worden vergemakkelijkt.
14 De tentoonstelling is door de schepen van Cultuur geopend.
15 Wanneer is het Europees Monetair Stelsel opgericht?

47 *Naamvallen in het passief (26): Ter vertaling in het Duits*

1 De Nobelprijs voor fysica is in 1921 toegekend aan de Duitse fysicus Albert Einstein die in 1933 naar Amerika emigreerde.
2 Het congres werd door talrijke buitenlandse specialisten bijgewoond.
3 Door wie werd de roman "En eeuwig zingen de bossen" geschreven?
4 De Spaanse dichter Federico Garcia Lorca werd tijdens de burgeroorlog door de falangisten vermoord.
5 Die fout werd haar door haar collega's erg kwalijk genomen.
6 Dat hotel werd me door een klant aangeraden.
7 Ik ga ervan uit dat u een belangrijke korting verleend werd.
8 De prijs is haar door de directeur persoonlijk overhandigd.
9 Is het nieuwe tijdstip voor de vergadering u al meegedeeld?
10 Onze nieuwste catalogus is u intussen per afzonderlijke post toegestuurd.
11 Het was u nochtans duidelijk op het hart gedrukt dat u onder geen enkel beding mocht toegeven.
12 Ze werd met gelijke munt terugbetaald.
13 De beklaagde werd tot een zware gevangenisstraf van vijf jaar veroordeeld, want hij had al een en ander op de kerfstok.
14 Wegens zijn onbetamelijk gedrag werd hem door zijn chef de mantel uitgeveegd.
15 De schuld werd haar in de schoenen geschoven.

48 *Werkwoorden met datief en genitief in het passief (26): Ter vertaling in het Duits*

1 Tijdens een korte plechtigheid werden vijf politieagenten gehuldigd voor hun jarenlange trouwe inzet.
2 Ik vond het ergerlijk dat we voortdurend tegengesproken werden.
3 Vooraleer ze weggingen, werden ze nog eens heel vriendelijk bedankt voor hun hulp.
4 De brandweerlieden werden door de burgemeester persoonlijk gefeliciteerd voor hun moedig optreden.
5 Het Japanse voorbeeld werd door veel Europese autoproducenten gevolgd.
6 De slachtoffers van de explosie werden door de autoriteiten erg efficiënt geholpen.
7 In veel industrietakken werden de laatste jaren duizenden mensen om economische redenen ontslagen.

8 Hij wordt als een bedrieger beschouwd en hij wordt dan ook door niemand betrouwd.
9 Op den duur werden de communistische machthebbers in de ex-DDR door grote delen van de bevolking gewantrouwd.
10 Tijdens een stille betoging in het stadscentrum van Milaan werden de slachtoffers van de terreuraanslag op een indrukwekkende manier herdacht.

Varianten voor de lijdende vorm 49

Für das Passiv mit *werden* gibt es verschiedene Varianten:

a) bekommen/erhalten + Partizip II

Die Fahrtkosten wurden ihm von der Firma erstattet.
Er bekam die Fahrtkosten von der Firma erstattet.

b) Reflexive Verben:

Eine Lösung fand sich nur schwer.
Eine Lösung konnte nur schwer gefunden werden.

c) sein + zu + Infinitiv:

Diese Möglichkeit ist nicht auszuschließen.
Diese Möglichkeit kann nicht ausgeschlossen werden.

d) sein + Adjektiv (z.B. Adjektiv auf -bar):

Der Auftrag ist in dieser kurzen Zeit unausführbar.
Der Auftrag kann in dieser kurzen Zeit nicht ausgeführt werden.

Vervang volgende zinnen door een passiefzin met werden

1 Ich habe diese Blumen von meinem Mann geschenkt bekommen.
2 Der Dichter bekam den Preis vom Präsidenten persönlich überreicht.
3 Sie bekommen die Waren mit Sicherheit spätestens Ende nächster Woche geliefert.
4 In diesem geräumigen und stilvoll eingerichteten Büro läßt es sich auch gut arbeiten.
5 Eine Lösung des Problems fand sich erst nach langwierigen Verhandlungen.
6 Der Auftrag ist noch unbedingt heute auszuführen.
7 Das ist nicht auszuschließen.
8 Der Konkurs der Firma ist jetzt wohl nicht mehr zu vermeiden.
9 Dieser Begriff ist schwer definierbar.
10 Sind die Waren noch diese Woche lieferbar?
11 Diese Pilze sind nicht eßbar.
12 Es tut uns leid, aber Ihre Forderungen sind unerfüllbar.
13 Die Fachliteratur im Bereich der Computertechnologie ist unüberschaubar.
14 Durch die schlechten Witterungsverhältnisse war der Rasen unbespielbar.
15 Das Gerät ist durch die verkehrte Behandlung völlig unbrauchbar.

3 Modale werkwoorden können / mögen / dürfen / müssen / sollen / wollen

3.1 Vervoeging

50

Ter vertaling in het Duits (27)

1 Door dat nieuwe procédé konden de produktiekosten aanzienlijk worden verlaagd.
2 Er mag geen enkele mogelijkheid uitgesloten worden.
3 Ze hebben elkaar nog nooit erg graag gemogen.
4 Ze wilde er niets meer mee te maken hebben.
5 Naar verluidt, zou hij jarenlang geld verduisterd hebben zonder dat iemand dat wist en daarom werd hij op staande voet ontslagen.
6 Je moet je aan de afgesproken termijn houden.
7 De juiste oorzaak kon nog altijd niet met zekerheid vastgesteld worden.
8 Kun je hier morgen om 8 uur stipt zijn?
9 Wilt u eerst die vragenlijst invullen a.u.b.?
10 U hebt dat zelf zo gewild, nu mag u daar dus niet over klagen.
11 Ze wilde niet aanvaarden dat ze zich vergist had.
12 Als je wilt, kun je met mij meerijden.
13 We willen de zaak absoluut vandaag nog afhandelen.
14 Je hebt naar niemand willen luisteren en je mag dus niet verwonderd zijn als niemand je nu nog wil helpen.
15 Wiskunde en fysica heb ik nooit goed gekund.
16 Waarom is ze niet willen meegaan? – Ze wilde wel, maar ze heeft niet gemogen van haar ouders.
17 Je mag blij zijn dat het zo afgelopen is.
18 Ik had het kunnen weten.
19 We hebben ons goed vermaakt, maar we zijn jammer genoeg niet al te lang kunnen blijven. We moesten de volgende dag vroeg opstaan.
20 Je kunt je voorstellen dat ik daarmee niet gediend was.
21 U mag erop rekenen dat dat van de week nog in orde komt.
22 Ik heb al voortdurend geprobeerd, maar ik heb haar nog altijd niet kunnen bereiken.
23 Excuseer dat ik u even heb moeten laten wachten.
24 Onder druk van de publieke opinie heeft de regering van haar plannen moeten afzien.
25 Ik heb dat veel te laat geweten, zodat ik niets meer kon doen.
26 Ik vind het merkwaardig dat je niet wist om hoeveel geld het ging.
27 Ik wist niet hoe ik daarop moest reageren.
28 Ik weet niet of er nog plaatsen vrij zijn voor die reis. Ik moet het even in de computer nakijken.
29 De banken hebben hem geen krediet meer willen verlenen.
30 We weten ook wel dat we dat nooit hadden mogen laten gebeuren.

3.2 Betekenis

51

Ter vertaling in het Duits: können (29)

1 Ik heb de indruk dat ik het examen goed gekund heb.
2 Onze reisgids kende heel goed Engels en Duits.

3 Hij kon nauwelijks zijn eigen ogen geloven.
4 Je kunt dat toch niet ontkennen.
5 Het ging niet zo gemakkelijk, maar ik heb toch nog 6 procent op de prijs kunnen afdingen.
6 Hoe kan het begrotingstekort worden beperkt?
7 Hoe kan dat worden voorkomen?
8 De eerste nachten na de operatie kon de patiënt bijna niet slapen van de pijn.
9 Jij kunt het weten, want jij hebt veel ervaring op dat vlak.
10 We konden dat niet langer aanzien.
11 Dat soort uitvluchten kon hij op de duur niet meer horen.
12 Ik vind dat jammer voor u, maar ik kan het ook niet helpen.
13 Na al die jaren kende ze het gedicht nog helemaal van buiten. Ze moet een goed geheugen hebben.
14 Ik vind die uitnodiging niet meer terug, maar ik kan die onmogelijk verloren hebben.
15 Ik zou eens opbellen. Er kan iets tussengekomen zijn, waardoor hij niet op tijd kon vertrekken.

Ter vertaling in het Duits: mögen / dürfen (30 – 31) **52**

Achten Sie auf folgende Bedeutungen bei *mögen* im Konjunktiv II (*möchte*):

a) den Wunsch haben

Ik zou niet willen dat je je nu verplicht voelt dat te doen.	*Ich möchte nicht, daß du dich jetzt verpflichtet fühlst, das zu tun.*

b) geneigt sein

Je zou geneigd zijn te denken dat hij steenrijk is.	*Man möchte meinen, daß er steinreich ist.*

1 Hij gaf niet graag toe dat hij zich vergist had.
2 Wegens zijn arrogantie mochten de meeste collega's hem niet zo graag.
3 Ze mocht als kind niet graag groenten.
4 Ik zou graag eens rondreis door de Verenigde Staten maken.
5 Als u verder nog iets wenst, hoeft u het maar te zeggen.
6 Ik zou u eens onder vier ogen willen spreken.
7 Zou jij graag hebben dat je door iedereen in de steek gelaten wordt?
8 Je zou geneigd zijn te denken dat hij een echte expert is.
9 Wilt u hier vooraan plaatsnemen a.u.b.?
10 Ze lust graag taart met slagroom.
11 Wenst u nog wat vlees of nog wat groenten? – Nee, dank u, ik wens niets meer, ik heb genoeg.
12 Ik zou niet graag hebben dat je drinkt als je nog moet rijden.
13 Ze mocht proberen wat ze wilde, ze kon hem niet overtuigen.
14 Hij mag zeggen wat hij wil, hij heeft ongelijk.
15 Het is best mogelijk dat hij met zijn bewering gelijk heeft.
16 Dat kan wel zijn, maar ik moet het eerst zien om het te geloven.
17 Mag ik volgende zaterdag met een paar vrienden naar de bioscoop?
18 Hoe snel mag je in Duitsland rijden op de autoweg?
19 We mochten gerust van een verrassing spreken.

20 We mogen nu absoluut geen tijd meer verliezen, anders halen we het niet meer op tijd.
21 Ze mocht van geluk spreken dat ze er bij dat ongeluk redelijk goed afgekomen was.
22 Mag ik u vragen het formulier met de schrijfmachine in te vullen?
23 Mag ik u eens even storen?
24 Als je dat niet zeker weet, mag je dat niet zeggen.
25 De journalisten mochten tijdens de persconferentie niet roken.
26 Mag ik vanavond na acht uur nog eens terugbellen?
27 Dat is waarschijnlijk niet zo moeilijk.
28 Waarschijnlijk heeft hij dat vergeten.
29 U zou zich volgens mij hier wel eens kunnen vergissen.
30 Hij is er nog niet, maar waarschijnlijk duurt het niet lang meer.

53 *mogen en durven: Ter vertaling in het Duits: (32 – 33)*

1 In de eerste dagen na het ongeluk mocht hij geen bezoek ontvangen.
2 Het mag me dan wel veel moeite gekost hebben, ik ben nu blij dat ik het gedaan heb.
3 Hij mocht zoveel aandringen als hij wilde, ze bleef bij haar standpunt.
4 Op die plaats mogen de toeristen niet in zee baden.
5 Ze reist niet graag met het vliegtuig.
6 De kinderen mochten haar graag, want ze kon goed met ze omgaan.
7 Sinds zijn hartoperatie mag hij niet meer roken en geen alcohol meer drinken.
8 De toegangsprijs mag dan wel erg hoog zijn, maar ik wil dat concert absoluut bijwonen.
9 Ik weet niet wat jij van hem vindt, maar ik heb hem nog nooit graag gemogen.
10 De meeste kinderen mogen graag snoep.
11 Aan wie ik het ook mocht vragen, niemand kon me helpen.
12 Je mag zeggen wat je wilt, maar dat klopt gewoon niet.
13 De meeste kinderen gaan niet graag vroeg slapen.
14 Als het donker wordt, durft ze niet meer alleen te gaan wandelen.
15 Ze was bang voor hem en durfde hem niet tegen te spreken.

54 *Ter vertaling in het Duits: müssen – sollen für Notwendigkeit (34 – 35)*

In der Bedeutung Notwendigkeit werden mit *müssen* die Bedingungen oder Ursachen für die Notwendigkeit hervorgehoben, es handelt sich um eine objektive Notwendigkeit:

We moeten nu vertrekken, anders missen we onze trein.	*Wir müssen jetzt gehen, sonst verpassen wir unseren Zug.*

Bei *sollen* handelt es sich um eine indirekte Notwendigkeit, die von jemand anderem ausgeht (jemand hat den Auftrag, die Pflicht, so ist es geplant). Bei *sollen* steht immer der fremde Wille im Vordergrund. Auch drückt *sollen* Gebot, allgemeine moralische Pflicht oder allgemeine Meinung aus (wie in Sprichwörtern):

Ik moet u die brief persoonlijk overhandigen van de baas.	*Ich soll Ihnen diesen Brief persönlich übergeben vom Chef.*
Men moet de dag niet voor de avond prijzen.	*Man soll den Tag nicht vor dem Abend loben.*

1 Nu kan ze zelfs te voet naar haar werk gaan, maar vroeger moest ze iedere dag vijftig kilometer rijden. Om die reden is ze ook verhuisd.
2 We moeten vandaag een beslissing nemen, we mogen niet langer meer wachten.
3 Ik moet iedere keer weer lachen als ik eraan denk.
4 De journalisten moesten meer dan twee uur buiten wachten.
5 De waren moeten ons op zijn laatst eind deze week bereiken, anders moeten we een andere leverancier zoeken.
6 Je hoeft niet bang te zijn, het komt allemaal in orde.
7 Zoiets moet je zelf beleefd hebben om het te begrijpen.
8 Het is een erg goeie film, je moet hem absoluut eens gaan bekijken.
9 Ook de voetgangers moeten zich aan de verkeersregels houden.
10 Wie werkt, moet belastingen betalen, dat is overal zo.
11 Ik zou graag meegaan naar Parijs, maar volgend weekend kan ik niet. Ik moet studeren, want ik heb volgende week examens.
12 Hij heeft de begaafdheid, maar hij moet meer studeren, zeggen zijn professoren.
13 Dat bedrag klopt toch niet. U moet ergens een fout gemaakt hebben.
14 Ik moest u zeggen van de baas dat u onmiddellijk naar zijn bureau moet.
15 Ik moet het wat kalmer aan doen, heeft de dokter gezegd.

sollen (35): Ter vertaling in het Duits 55

Das Verb *sollen* hat sehr viele Bedeutungen:

a) Der fremde Wille, u.a. freundliches Angebot in der 1. Person:

Wil ik dat voor u doen?	*Soll ich das für Sie machen?*

b) Allgemeine Meinung, moralisches Gebot (wie in der Bibel):

Men moet geen slapende honden wakker maken.	*Man soll den Teufel nicht an die Wand malen.*
Gij zult niet doden.	*Du sollst nicht töten.*

c) Ratlosigkeit:

Wat moet ik wel doen?	*Was soll ich bloß machen?*

d) Höfliche Empfehlung, Rat:

U zou beter grondiger werken.	*Sie sollten gründlicher arbeiten.*

e) Hypothese (sollte):

Mocht er iemand opbellen, zeg dat ik om 4 uur terug ben.	*Sollte jemand anrufen, sagen Sie, daß ich um 4 Uhr wieder da bin.*

f) Plan, Programm, Vereinbarung, Verabredung:

Volgend jaar moeten de belastingen worden verhoogd.	*Nächstes Jahr sollen die Steuern erhöht werden.*

g) Gerücht, vom Hörensagen wissen:

Bij de relletjes zouden er meerdere gewonden gevallen zijn.	*Bei den Krawallen sollen mehrere Verletzte gefallen sein.*

h) Herausforderung, Drohung:

Laat hij me maar met rust laten!	*Er soll mich in Ruhe lassen!*

i) Um ein Ereignis, das inzwischen eingetreten ist, vorwegzunehmen (Feststellung hinterher)

De Tweede Wereldoorlog begon op 1 september 1939. Hij zou zes jaar duren.	*Der Zweite Weltkrieg begann am 1. September 1939. Er sollte sechs Jahre dauern.*

j) Zweifelnde Frage:

Zou dat bericht in de krant wel waar zijn?	*Sollte diese Nachricht in der Zeitung wohl stimmen?*

1 Je vader heeft zopas opgebeld en je moest hem terugbellen.
2 Wil ik u even tonen hoe het werkt?
3 Wil ik het raam openen?
4 Ik heb zijn ouders gisteren ontmoet en ik moest je veel groeten doen.
5 Wie boter op zijn hoofd heeft, moet niet in de zon gaan staan.
6 Ze was compleet verrast en wist aanvankelijk niet hoe ze moest reageren.
7 De stagiair moet in opdracht van zijn stageleider een statistiek opmaken.
8 Zou ik niet beter een taxi nemen?
9 Wat moet dat schilderij eigenlijk voorstellen?
10 U zou zich beter met uw eigen zaken bemoeien.
11 Je zou hier beter wat trager rijden.
12 Mocht u het met mijn voorstel niet eens zijn, laat u me dat dan zo snel mogelijk weten.
13 Mocht u daar later nog problemen mee hebben, dan mag u zich altijd tot ons wenden.
14 Aan de rand van de stad moet in de volgende jaren een nieuwe wijk gebouwd worden.
15 Een commissie moet het geval onderzoeken.
16 In juni van volgend jaar moet een nieuwe algemeen directeur aangesteld worden.
17 Ik moet hem om 12 uur aan het station afhalen, zo zijn we afgesproken.
18 Dat had je niet moeten zeggen.
19 Hoe moet ik dat weten?
20 Je had haar gezicht moeten zien toen ik haar dat zei.
21 Hoe vaak moet ik je dat nog zeggen dat je dat niet mag doen?
22 Ik had je toch gezegd dat je daarop moest letten.
23 Een van de terroristen zou bij de schietpartij om het leven gekomen zijn.
24 Naar verluidt zou de eigenaar het restaurant willen verkopen.
25 Volgens de kranten zou daarover op de vergadering van de ministers van Buitenlandse Zaken van de EU-landen een compromis bereikt zijn.
26 Zou hij me misschien verkeerd verstaan hebben?
27 Het heeft helaas niet mogen zijn.
28 Het zou helemaal anders uitpakken dan hij het zich voorgesteld had.

29 Ze wist toentertijd niet dat ze hem niet meer zou weerzien.
30 Laat hij zich maar met zijn eigen zaken bemoeien!

wollen: Ter vertaling in het Duits (36) 56

Achten Sie auf folgende Bedeutung:

Zoiets moet je leren. *So etwas will gelernt sein.*

1 Wat wilt u daarmee eigenlijk bereiken?
2 Ze wilde daarmee niets te maken hebben.
3 Laten we nu op de gezondheid van de jarige drinken.
4 Voor ondernemingen komt het erop aan te weten wat de klanten willen.
5 Ze willen nog dit jaar trouwen.
6 Ik ben moe. Willen we hier even stoppen?
7 Wat ik ook mocht proberen, de motor wilde gewoon niet starten.
8 Hij zou daarvoor zogezegd het initiatief genomen hebben, maar ik heb zo mijn twijfels.
9 De beklaagde zou zogezegd niet geweten hebben dat er zich drugs aan boord van zijn auto bevonden.
10 Wilt u me a.u.b. volgen?
11 Ik heb dat ook niet gewild.
12 Skiën moet worden geleerd.
13 Ik wou u vragen of u me kunt helpen.
14 Hij wilde tijdens de vergadering niet gestoord worden.
15 Hun zoon wil ingenieur worden.

sollen en wollen voor bewering (37): Gebruik in plaats van de cursief gedrukte zinsdelen sollen of wollen 57

sollen: Gerücht, vom Hörensagen wissen, wie man sagt
wollen: angeblich, wie jemand von sich selbst behauptet

1 *Mir hat man gesagt*, daß der Kurs sehr teuer ist.
2 *Seine Kollegen sagen*, daß er viel trinkt.
3 *Angeblich* hat er nichts mit der Geschichte zu tun.
4 *Der Fahrer des Unfallwagens behauptet*, daß er nur 50 Stundenkilometer gefahren wäre.
5 *Angeblich* hatte er noch nie einen Unfall.
6 Trotz der Dunkelheit *behauptet der Zeuge*, das Autokennzeichen erkannt zu haben.
7 *Er behauptet*, daß er den Aufsatz allein geschrieben hat.
8 *Dem Vernehmen nach* haben die Tarifpartner über alle Punkte Einigung erzielt.
9 *In der Zeitung steht*, daß die Regierung neue Sparmaßnahmen vorbereitet.
10 *Das Gerücht spricht sich herum*, daß der neue Vorstandsvorsitzende schon bekannt ist.

sollen en wollen voor bewering (37): Ter vertaling in het Duits 58

1 Hij zou het geld vorige week al op onze rekening overgeschreven hebben, maar daar hebben we nog niets van gemerkt.
2 Ik heb gehoord dat ze haar betrekking zou hebben opgezegd.
3 Naar verluidt zou ze wegens een zware beroepsfout op staande voet ontslagen zijn.
4 Ik heb nog horen zeggen dat hij erg arrogant zou zijn.

5 Hij zou zogezegd van het hele geval niet op de hoogte geweest zijn.
6 Naar hij zegt, zou hij daarvoor ook bewijzen hebben.
7 Volgens de kranten zou de transfersom meer dan 250 miljoen frank bedragen.
8 Ik heb gehoord dat meer dan 300 kandidaten naar die betrekking zouden hebben gesolliciteerd.
9 Volgens het weerbericht zou het weer de volgende dagen warmer worden.
10 Hij zou zogezegd goed Duits kennen, maar dat bleek niet uit het sollicitatiegesprek.

59 *Vermoeden (38): Ter vertaling in het Duits*

Vermutung drückt man aus mit

könnte Es wäre möglich: Er könnte es gewesen sein.

kann Es ist möglich: Er kann es gewesen sein.

mag Es ist möglich: Er mag es gewesen sein.

Auch in Fragen, wenn man sich Gedanken macht:

Was mag er jetzt wohl von mir halten?
Wer mag so spät noch anrufen?

dürfte Es ist wahrscheinlich: Er dürfte es gewesen sein.

muß Logische Schlußfolgerung aufgrund von Tatsachen, ich bin sicher:
Er muß es gewesen sein.

1 Het kan zijn dat ze vanavond nog komt.
2 Dat kan nu niet meer mislopen.
3 Je kunt gelijk hebben met je bewering.
4 Wat mag hij daarmee wel bedoeld hebben?
5 U zou zich daar wel eens kunnen vergissen.
6 Op het ogenblik is hij er niet, maar waarschijnlijk is hij tegen twee uur terug.
7 Wie mag er nu nog zo laat opbellen? – Dat zou wel eens onze zoon uit Amerika kunnen zijn.
8 Op grond van de stijl ben ik er zeker van: dat moet een schilderij van Picasso zijn.
9 We waren om 4 uur afgesproken en hij is er nog altijd niet. Er moet iets tussengekomen zijn.
10 Dat zou wel eens een interessante tip kunnen zijn.

60 *mogen (30 – 31 – 32 – 35): Ter vertaling in het Duits*

1 Ook al mag de situatie momenteel erg moeilijk zijn, we mogen de moed niet verliezen.
2 We mogen nooit uit het oog verliezen dat de klant de vrije keuze heeft.
3 Mocht u de machines niet voor uiterlijk eind deze maand leveren, dan zien we van onze bestelling af.
4 U mag me dat niet kwalijk nemen, maar ik had dat zo niet bedoeld.
5 Mocht onze catalogus u niet overtuigen, dan is onze vertegenwoordiger, de heer Jürgen Schmidt, vanzelfsprekend graag bereid u te bezoeken.
6 Waarom is ze niet meegegaan? – Ze heeft niet gemogen.
7 Ik mocht doen wat ik wilde, er was niets meer aan te veranderen.

8 We mogen inderdaad van een verrassende ommekeer spreken.
9 Wie hij ook mag zijn, hij mag niet denken dat hem alles veroorloofd is.
10 Ze mocht heel graag aardbeien met slagroom.

Gebruik in plaats van de omschrijving een modaal werkwoord (29 – 38) **61**

1 *Wäre es nicht besser,* daß wir uns auf unsere eigenen Probleme konzentrieren?
2 Der Zeuge *behauptet* die Schlägerei gesehen zu haben.
3 Die Bürger *haben* diese Undeutlichkeit *nicht gern.*
4 *Es wäre auch denkbar,* daß du dich geirrt hast.
5 *Es ist geplant,* daß der Sohn das Geschäft einmal übernimmt.
6 Eine wachsende Zahl von Leuten weiß kaum mehr, wie sie sich ernähren ____ *(Ratlosigkeit).*
7 Sie drohen, seinen Sohn zu töten, für den Fall, daß er reden ____ *(Annahme).*
8 Es tut mir leid, aber *ich bin nicht in der Lage,* Ihnen zu helfen.
9 Es wäre natürlich schade, aber *es ist möglich,* daß es im letzten Moment noch schiefgeht.
10 Er spricht sehr zögernd. *Ich schließe daraus,* daß er offensichtlich wenig Selbstvertrauen hat.
11 Er fährt rücksichtslos und meistens viel zu schnell. *Höchstwahrscheinlich* wird er eines Tages seinen Führerschein los.
12 *Ich kann mir das nicht anders erklären,* als daß er die Verabredung vergessen hat.
13 *Angeblich* hat er sogar Beziehungen zum Kabinett, aber ich halte das für fraglich.
14 *Ich bin überzeugt,* daß Sie das auch schon in der Zeitung gelesen haben.
15 *Ich gebe zu,* daß er ein hervorragender Theoretiker ist, aber von der Wirklichkeit der Geschäftswelt hat er keine Ahnung.
16 *Soviel ich das beurteilen kann,* ist das ein Gemälde von Picasso.
17 *Ich halte es für sicher,* daß jemand ihr geholfen hat.
18 *Es ist natürlich denkbar,* daß ihn ein Kollege rechtzeitig informiert hat.
19 *Vermutlich* erfahren wir nie die Wahrheit über diesen politischen Mord.
20 *Wahrscheinlich* hat er genau gewußt, was er tat.
21 *Trotz aller Versuche* sprang der Motor nicht an.
22 *Es ist möglich,* daß es an der Batterie lag.
23 *Egal was ich ihm sagte,* er wollte nicht auf mich hören.
24 Sie hat seine Aufdringlichkeit nie *leiden können.*
25 *Es ist Ihnen nicht erlaubt,* während des Tests zu rauchen.
26 *Es war vorauszusehen,* daß es zu einem Konflikt zwischen den beiden kommen würde.
27 Ich lasse mir von Ihnen doch nicht vorschreiben, was ich tun ____ .
28 *Möglicherweise* sind sie inzwischen umgezogen.
29 Der Student *gab vor,* sehr viel studiert zu haben, aber war trotzdem mit Glanz und Gloria durchgefallen.
30 Sie ist *wahrscheinlich* einige Jahre älter als ihr Mann.
31 *Man hört immer wieder,* daß die deutsche Grammatik sehr schwer ist.
32 *Er sagt zwar,* daß er die Einschreibegebühr schon bezahlt habe, aber das kann nicht stimmen.
33 *Es ist leicht möglich,* daß ich ihn früher noch gesehen habe, aber ich erinnere mich nicht mehr an ihn.
34 *Das Fernsehen berichtete,* daß bei der Überschwemmung Tausende von Menschen obdachlos geworden sind.
35 *Ich habe heute morgen im Rundfunk gehört,* daß am Wochenende wieder mehrere Jugendliche bei Verkehrsunfällen ums Leben gekommen sind.
36 *Wie ich ihn kenne, denke ich,* daß er mir meine Kritik sehr übelgenommen hat.

37 *Das Gerücht geht um,* daß er seine Stelle bei der Bank gekündigt hat und sich selbständig machen will.
38 *Es ist natürlich möglich,* daß er einen späteren Zug genommen hat.
39 Für Autofahrer *ist es geraten,* keinen Alkohol zu trinken.
40 *Wenn er auch ein vielbeschäftigter Mann ist,* trotzdem sollte er sich doch etwas mehr Zeit für seine Familie nehmen.
41 *Es ist geplant,* daß die Debatten mit Ende der Sommerpause im Neubau stattfinden.
42 Ich finde es sehr schade, daß dein Geld alle ist, *aber ich bin doch nicht schuld daran.*
43 Kannst du noch, oder *willst du, daß wir eine Pause machen?*
44 Guten Tag, meine Damen und Herren, *wollen Sie bitte Platz nehmen?*
45 *Sie hat den Wunsch,* nach dem Abitur Chemie zu studieren.
46 *Ich frage mich,* warum sie wohl eine so heißbegehrte Stelle gekündigt hat.
47 *Sie hatte keine Lust,* andauernd über diesen Fall zu sprechen.
48 *Es ist berechtigt,* von einer Sensation zu sprechen.
49 *Du hast einen guten Grund, dich zu freuen,* daß bei dem Unfall niemand verletzt wurde.
50 *Es empfiehlt sich,* einmal in aller Ruhe zu analysieren, wie sich die Lage für Sie persönlich darstellt.
51 *Es ist geraten,* nicht sorglos mit vertraulichen Unterlagen umzugehen.
52 Eine Forschungsgruppe mit 16 Wissenschaftlern aller Fachrichtungen *hat die Aufgabe,* permanent für den Daimler-Benz-Konzern zu erkunden, welche Bedürfnisse das Kaufverhalten der Konsumenten beeinflussen.
53 *Es ist vorgesehen,* daß die neue Autobahnstrecke im Mai nächsten Jahres dem Verkehr übergeben wird.
54 *Wir sind gezwungen,* diese Nachteile in Kauf zu nehmen.
55 *Es war so vereinbart,* daß ich ihn um 6 Uhr am Flughafen abhole.
56 *Falls Sie noch Fragen haben,* können Sie sich am besten direkt an mich wenden.
57 *Hoffen wir,* daß es ihm diesmal gelingt.
58 *Er behauptet,* mich nicht erkannt zu haben.
59 *Ich frage mich,* was dieser Unsinn heißt.
60 *Dem Vernehmen nach* ist es zu einer ernsthaften Meinungsverschiedenheit zwischen den beiden gekommen.

B CONJUNCTIEF

62 *Ter vertaling in het Duits: eenvoudige of samengestelde vormen (39)*

1 Had ik meer tijd gehad, dan zou ik langer gebleven zijn.
2 Als ik meer tijd had, zou ik rustiger kunnen werken.
3 Als je beter opgelet had, zou dat niet gebeurd zijn.
4 Als je beter zou opletten, zou dat niet gebeuren.
5 Als ik wist hoe ik u kan helpen, zou ik het onmiddellijk doen.
6 Had ik dat geweten, dan was ik er nooit mee begonnen.
7 Het zou verstandiger geweest zijn niet te reageren.
8 Het zou interessant zijn te weten hoeveel de kosten bedragen.
9 In uw plaats zou ik een wagen via een reisbureau huren.
10 In uw plaats had ik een wagen via een reisbureau gehuurd.

1 Conjunctief II

1.1 Vorm

Bei einigen starken Verben kommt im Konjunktiv II ein anderer Vokal vor als im Imperfekt Indikativ:

verderben – verdarb – *verdürbe*
sterben – starb – *stürbe*
werben – warb – *würbe*
werfen – warf – *würfe*

Bei einigen starken Verben kommen zwei Konjunktiv II-Formen nebeneinander vor:

helfen – half – hülfe / (seltener) hälfe
befehlen – befahl – beföhle / befähle

Ebenso: gelten (gölte / gälte), gewinnen (gewönne / gewänne), spinnen (spönne / spänne)

beginnen – begann – begänne / (seltener) begönne

Ebenso: rinnen, stehlen, sinnen

schwören – schwor – schwüre / (selten) schwöre

stehen – stand – stünde / stände

Generell gilt, daß viele dieser starken Konjunktiv II-Formen als gehoben, gekünstelt oder altertümlich empfunden werden und deshalb selten gebraucht werden. Es ist auf jeden Fall bei den Hauptverben immer möglich, die Umschreibung mit *würde + Infinitiv* zu verwenden.

a. Zelfstandige werkwoorden (40-43)

Ter vertaling in het Duits (40-43) 63

1 Zwak (41)

1 In uw plaats zou ik niet zo lang wachten.
2 In uw plaats zou ik nog eens proberen.
3 Zou je in mijn plaats ook zo reageren?
4 We zouden dat huis nooit kopen, het is te oud.
5 Ik zou bij zo'n hitte niet zo hard werken.

2 Sterk en gemengd (42-43)

6 Ze deed alsof ze me niet verstond.
7 Het leek alsof hij zijn fout niet inzag.
8 Als je beter zou lezen, zou je alles verstaan.
9 Als je voorzichtiger zou rijden, zou dat niet gebeuren.
10 Het leek alsof hij veel hielp.
11 Het zou mooi zijn als hij wat meer begrip voor haar zou opbrengen.

12 Als ik jou was, zou ik haar niet dwingen.
13 Ze deed alsof ze me niet herkende.
14 Als ik geen tijd had, zou ik hier niet zitten.
15 Het lijkt alsof ze aan niets anders denkt.

b. Hulpwerkwoorden haben/sein/werden en modale werkwoorden können/mögen/dürfen/müssen/sollen/wollen (44)

Hier empfiehlt es sich, die spezifischen Konjunktiv II-Formen zu verwenden, statt mit *würde + Infinitiv* zu umschreiben.

64 *Ter vertaling in het Duits (45)*

1 Als ik de mogelijkheid had, zou ik het doen.
2 Het zou niet eerlijk zijn als hij geen tweede kans zou krijgen.
3 Zou u zo vriendelijk zijn me eens even te helpen?
4 Het zou erg zijn als hij daarvoor gestraft zou worden.
5 Dat zou het ergste zijn wat me kan overkomen.
6 Door een devaluatie van de frank tegenover de mark zouden goederen uit Duitsland aanzienlijk duurder worden.
7 Ik zou zo'n onrecht niet kunnen verdragen.
8 Ze zou graag journaliste worden.
9 Zou ik u mogen vragen hier niet te roken?
10 Wie alcohol gedronken heeft, zou eigenlijk niet meer mogen rijden.
11 Ik zou het moeten nakijken, ik weet het niet juist.
12 Mocht u verhinderd zijn, wilt u me dat laten weten?
13 Ik wou dat ik dat niet gezegd had.
14 Ik wou u vragen of u me nog zo'n formulier zou kunnen bezorgen.
15 Ik zou het niet weten.

1.2 Gebruik

Der Konjunktiv II wird grundsätzlich in zwei Grundbedeutungen gebraucht:

1) Als Ausdruck der *Irrealität*, des nur *Vorgestellten:* der Konjunktiv II drückt aus, daß etwas in der Wirklichkeit nicht gegeben ist, sondern nur gedacht oder vorgestellt ist.

Allein *hätte* sie das nie geschafft.

Der Schaden *hätte* vermieden werden können.

Wir werden uns an den Gedanken gewöhnen müssen, daß wir fast alle zur Heiligkeit nicht taugen. *Wäre* es anders, *stünden* wir mit Mutter Teresa auf den Straßen Kalkuttas, wäre es anders, wären unsere Reihenhäuser voll mit den Armen der Welt und nicht mit Büchern über die Ursachen der Armut in der Welt.

Hätte, wäre, würde – der Konjunktiv spielt in der Karriere eines Galopprennpferdes häufig eine entscheidende Rolle. Hätte der damals wenige Monate alte Vollbluthengst Monsun bei einer Auktion 1990 in München den geforderten Mindestpreis von 120000 Mark erreicht und den Besitzer gewechselt, dann wäre er vielleicht nicht zum "Galopper des Jahres 1993" gekürt worden. Und ein großer Titel würde jetzt fehlen.

2) Als Ausdruck der *Höflichkeit*:

Dürfte ich Sie mal kurz stören?
Ich möchte mich vorsichtig ausdrücken.

Daneben kommen in der indirekten Rede Konjunktiv II-Formen als Ersatz für nicht eindeutige Konjunktiv I-Formen vor. In solchen Fällen aber drücken diese Konjunktiv II-Formen nicht *Irrealität* oder *Höflichkeit* aus, sondern objektives Zitat:

Die meisten Telefonbenutzer gaben an, sie *hätten* oft Schwierigkeiten, ein Gespräch zu enden.

Der Minister erklärte, daß die Gespräche mit den Gewerkschaften zu einem Kompromiß geführt *hätten*.

a. Irrealiteit / Onwaarschijnlijkheid (45-49)

1) Irreale Vergleichssätze mit als ob oder als (45)

Neben Konjunktiv II kommt in irrealen Vergleichssätzen mit *als ob* oder *als* auch Konjunktiv I vor. Es gibt keinen Bedeutungsunterschied, sowohl Konjunktiv II als auch Konjunktiv I drücken hier Irrealität aus, nur ist Konjunktiv I seltener. Die Sätze mit *als ob* und *als* haben eine verschiedene Struktur:

Es schien, als ob er sehr beschäftigt sei/wäre.
Es schien, als sei/wäre er sehr beschäftigt.

Ter vertaling in het Duits (45-49) 65

1 Alsof ik niet zou weten dat ik een jaar vooraf moet reserveren!
2 Het kleine, vervallen station ziet eruit alsof het al lang niet meer in gebruik is.
3 Het leek alsof hij daarvoor helemaal geen interesse had.
4 Alsof dat een misdaad was!
5 Alsof ik niet heel precies wist waarom het ging.
6 Ze maakte op me de indruk alsof het hele geval haar niets kon schelen.
7 Het kwam haar voor alsof iedereen haar in de steek liet.
8 Op het eerste gezicht leek het me alsof ik verkeerd gereageerd had.
9 Alsof ze tot zoiets niet in staat zouden zijn!
10 Het leek wel alsof het om een miljoen ging, zo hevig discussieerden ze.
11 Het kwam me voor alsof ik haar al eens ontmoet had.
12 Ze vroeg naar zijn naam alsof ze hem niet kende.
13 Op het eerste gezicht leek het alsof hun wagen total loss was.
14 Ze vertelde zo boeiend alsof ze het allemaal zelf beleefd had.
15 Na al die jaren in Duitsland sprak hij Duits alsof het zijn moedertaal was.

2) Irreale Bedingungssätze mit wenn (46)

Die Konjunktion in Bedingungssätzen heißt *wenn* (Niederländisch *als)*. Man kann auch auf die Konjunktion *wenn* verzichten und mit dem Verb anfangen:

Wenn es nicht so regnen würde, könnten wir zu Fuß gehen.
Würde es nicht so regnen, könnten wir zu Fuß gehen.

Verwandt hiermit ist die hypothetische, theoretische Annahme mit dem Modalverb *sollte* (für den Fall daß). Als Konjunktion ist neben *wenn* auch *falls* möglich:

Falls/Wenn meine Frau anrufen sollte, sagen Sie ihr, daß ich eine Flugverbindung verpaßt habe und später heimkommen werde.

66 *Ter vertaling in het Duits (46)*

1 Als ik niet had moeten werken, zou ik zeker meegegaan zijn naar München.
2 Als de lucht helderder was, zouden we een nog mooier uitzicht hebben.
3 Als ons land over meer natuurlijke hulpbronnen zou beschikken, zouden we niet zo afhankelijk zijn voor onze energievoorziening.
4 Had hij zich aan de geldende voorschriften gehouden, dan zou het nooit tot een rechtszaak gekomen zijn.
5 Het zou voor mij een verrassing zijn als hij dat voorstel zou aannemen.
6 Als de rente zou worden verlaagd, zou dat de inflatie aanwakkeren.
7 Ik zou het toegejuicht hebben als je die uitdaging op je genomen had.
8 Hoe zou u in zo'n situatie reageren?
9 Als er in dit land geen toerisme zou zijn, zou daar nog grotere armoede heersen.
10 Ik zou graag gaan zwemmen, maar ik ben verkouden.
11 Wat zou je in mijn plaats gedaan hebben?
12 Ook als ik het mij kon veroorloven, zou ik daarvoor geen geld uitgeven.
13 Een devaluatie zou alle burgers treffen en gevoelige gevolgen voor de hele economie hebben.
14 Als we dat vooraf geweten hadden, dan zouden we er nooit aan begonnen zijn.
15 Met wat meer geluk hadden we de wedstrijd kunnen winnen.
16 Als ik geen optimiste was, zou ik het hier niet langer uithouden.
17 Hoe zou u in zo'n geval beslissen?
18 Ik zou de baan niet gekregen hebben als ik niet goed Duits gekend had.
19 Zonder haar moed had ze dat niet geklaard.
20 Mocht ik in de loop van de avond nadere bijzonderheden vernemen, dan zou ik u dat onmiddellijk laten weten.

67 *3) Irreale Wunschsätze (47)*

Ter vertaling in het Duits (47)

1 Hadden we maar wat meer tijd gehad.
2 Als hij toch eindelijk eens zou beginnen!
3 Als het toch eindelijk eens ophield met regenen!
4 Het zou mooi zijn als je zou stoppen met roken.
5 Jammer, maar nu is het te laat. Ik had beter moeten opletten.
6 Ik wou dat ik de operatie al achter de rug had.
7 Ik wou dat ik dat kon verbieden.
8 Wist ik maar wat me nog allemaal te wachten staat.
9 Ach, als je ons toch maar eens zou kunnen bezoeken!
10 Had hij deze zogenaamde vrienden maar niet uitgenodigd op zijn verjaardagsfeestje!
11 Ik wou dat ik morgen niet naar de tandarts moest.
12 Ik zou wensen dat de examens al voorbij waren!
13 Waren we maar thuis gebleven!
14 Had u maar op tijd geremd!
15 Die fout had je toch niet meer mogen maken!

4) Negativ beeinflußter Konjunktiv (48) 68

Ter vertaling in het Duits (48)

1 Heeft er iemand opgebeld terwijl ik weg was? – Niet dat ik weet.
2 Wie had zoiets vermoed?
3 Wie had ooit gedacht dat Duitsland zo snel herenigd zou worden?
4 Niemand had verwacht dat het hem nog zou lukken.
5 Je spreekt te stil dan dat ik je zou kunnen verstaan.
6 Ze reed te snel dan dat ze nog op tijd had kunnen remmen.
7 We kregen met meer moeilijkheden te kampen dan we verwacht hadden.
8 De klanten zijn natuurlijk niet zo dom dat ze op zo'n voorstel zouden ingaan.
9 Hij keek naar de televisie in plaats dat hij ons hielp.
10 Ik ken haar nauwelijks, laat staan dat ik met haar samengewerkt zou hebben.

5) Irrealität (49) 69

Ter vertaling in het Duits (49)

1 Ik ben van mening dat je tenminste had kunnen opbellen.
2 We hebben een half uur in de file gestaan en daardoor waren we bijna te laat gekomen.
3 De voordracht was zo vervelend dat ik bijna ingeslapen ben.
4 Ik zou zo'n contract nooit ondertekenen.
5 Op het laatste moment waren onze plannen bijna nog in het water gevallen.
6 Het scheelde maar een haar of ik was uitgegleden.
7 Je zou beter moeten opletten.
8 Dat zou natuurlijk erg mooi zijn, maar ik geloof er niet in.
9 Ik had het moeten weten.
10 Ik was het bijna vergeten.
11 Ze zou een uitstekende kandidate zijn en ik zou haar steunen.
12 U had zich die problemen kunnen besparen.
13 In het buitenland zou zoiets niet mogelijk zijn.
14 De door u voorgestelde regeling zou verschillende nadelen hebben.
15 Dat zou niemand geloven.
16 Een staking zou voor onze firma erg ongelegen komen.
17 Ze zou al tevreden zijn met een goedkope tweedehands auto.
18 Ik zou dat niet kunnen verdragen.
19 We hadden het haar niet mogen zeggen.
20 Voor het geld zou hij dat nooit doen.

b. Höflichkeitskonjunktiv (50)

Ter vertaling in het Duits (50-51) 70

1 Ik dank u voor uw bezoek. Het zou me verheugen weer zaken met u te doen.
2 Het zou misschien interessant zijn haar mening daarover te vernemen.
3 Het zou misschien beter zijn als u nog een paar dagen zou wachten.
4 Volgens mij zou het verstandiger zijn als je op die verwijten niet zou reageren.
5 Ik zou liever hebben dat je nu een beslissing zou nemen.
6 Ik zou natuurlijk graag hebben dat dat onder ons blijft.
7 Het zou volgens mij beter zijn helemaal opnieuw te beginnen.
8 Zo zou ik het eigenlijk niet uitdrukken.

9 Zou ik gezien die onverwachte moeilijkheden om een week uitstel mogen vragen?
10 Amerika, dat zou wat zijn!
11 Ik had graag eens geweten hoeveel de huur voor die woning bedraagt.
12 Als u na vier uur nog eens zou terugbellen alstublieft.
13 Ik had daarover graag een persoonlijk gesprek met haar gevoerd.
14 Als ik me eveneens zou mogen voorstellen?
15 Ze zou later graag in een reisbureau of een hotel werken.
16 Het zou niet erg zinvol zijn dat alleen te willen klaren.
17 Zou ik u mogen vragen stipt te zijn?
18 Het beste zou zijn dat we op dat incident niet meer terugkomen.
19 We zouden het liefst een kleine villa buiten kopen.
20 Zo, dat was het dan.

Modale werkwoorden in de conjunctief: Ter vertaling in het Duits (Gebruik een modaal werkwoord)

71 Modalverben haben im Konjunktiv II spezifische Bedeutungen:

könnte	Es wäre möglich, eventuell
möchte	Ein aktueller Wunsch
dürfte	Es ist wahrscheinlich
sollte	a) Es wäre ratsam
	b) Annahme (Falls)
wollte	Ein irrealer Wunsch

1 Ons land zou van die ontwikkeling kunnen profiteren.
2 Het aantal arbeidsplaatsen in de auto-industrie zal waarschijnlijk nog aanzienlijk verminderen.
3 U zou dat contract beter nog eens door een advocaat laten controleren.
4 Waarschijnlijk is geld het belangrijkste motief geweest.
5 Mocht de staking nog langer duren, dan zullen we waarschijnlijk klanten verliezen.
6 Dat is waarschijnlijk de belangrijkste reden.
7 Zou u graag hebben dat u zo behandeld wordt?
8 Ik wou dat ik thuisgebleven was.
9 Volgens de experts zal de criminaliteit in de volgende jaren waarschijnlijk nog toenemen.
10 U zou er goed aan doen zich eens grondig door een dokter te laten onderzoeken.

72 *Erklären Sie, warum in folgenden Sätzen der Konjunktiv II verwendet wird.*

1 Wer *hätte* das vor einem Jahr gedacht?
2 Japan *dürfte* ein Fünftel seiner Marktanteile einbüßen, Amerika *könnte* dagegen seine Stellung verbessern.
3 Es *wäre* dennoch eine Überraschung, wenn nennenswerte Wahlfälschungen dieses Mal nicht aufgedeckt *würden.*
4 Jetzt wird wieder die Frage diskutiert, ob die Versorgung der Bevölkerung mit Arzneimitteln nicht auch auf Honorarbasis geschehen *könnte,* eine Lösung, die bei der Mehrheit der 18 000 Apothekenbesitzer auf heftige Ablehnung stoßen *dürfte.*
5 Im Moment, da *dürfte* nicht einmal Boris Becker widersprechen, ist Michael Stich im deutschen Tennis der Marktführer.
6 Ich als Zwanzigjähriger *hätte* es sehr begrüßt, wenn Helmut Schmidt sich noch einmal der großen Herausforderung gestellt *hätte.*

7 Sie *sollten* Ihren Gesprächspartner immer mit einem Lächeln und einem festen Händedruck begrüßen.
8 *Würde* man in den neuen Bundesländern ein weiteres Schuljahr einführen, *würde* dies eine große Investition erfordern.
9 Was *wäre* geschehen, wenn es keinen 30. Januar 1933 gegeben *hätte,* wenn Reichspräsident von Hindenburg sich weiterhin geweigert *hätte,* Hitler zum Reichskanzler zu berufen?
10 Zur Kostensenkung gehört die Suche nach dem schlankeren Management. In vielen Branchen wird Personal aller Jahrgänge freigesetzt. Aber *könnte* es nicht sein, daß das Ausdünnen gerade der Erfahrenen auch zu einer sich selbst tragenden Modewelle wird?
11 Es ist, als *wäre* mit ihm ein Teil von mir selbst gestorben.
12 "Jede Schwangere *sollte* sich deshalb unbedingt auf Hepatitis B untersuchen lassen", rät Professor Petersen.
13 Der Konflikt auf dem Balkan *könnte* bei der materiellen Überlegenheit der Nato in wenigen Wochen beigelegt sein, wenn es genügend wirklich kampfkräftige Verbände *gäbe.*
14 Die wirksamste Verringerung der Müllberge *wäre* eine Verringerung der Abfallverursacher.
15 Ich *wäre* so gern immer noch 40.
16 Was *wäre,* wenn die Schöpfung noch einmal von vorn beginnen *würde*?
17 In der Papierwarenfabrik Grimma werden Schultüten seit genau 100 Jahren hergestellt, doch *dürfte* ihr tatsächliches Alter mehr als 150 Jahre betragen.
18 Und wenn Sie jetzt noch den günstigen Anschaffungspreis *wüßten, blieben* Sie bestimmt nicht länger vor dieser Anzeige sitzen. Wenn Sie mehr über unsere Produkte wissen *möchten,* rufen Sie uns an zum Nulltarif.
19 Sie *hätte* auch den Gelegenheitsjob aufgeben können, mit dem sie die Familie über Wasser hält. Doch wovon *sollte* die Familie dann leben?
20 Geblieben ist bis heute die selbstkritische Frage: "Was *hättest* du getan an meiner Stelle?"
21 Das ging so, und das *hätte* wohl auch noch so bleiben können.
22 Staus sind ein Zeichen schlechter Organisation. BMW hat viele Vorschläge gemacht, wie 50 bis 70 Prozent der Staus bei gleichem Verkehrsaufkommen vermieden werden *könnten.*
23 Die Entwicklung eines Motors kostet mehr als eine halbe Milliarde Mark. Da *wäre* eine gemeinsame Entwicklung doch sinnvoll.
24 Wenn es die EU nicht *gäbe, müßte* man sie erfinden.
25 Wenn Millionen berufstätiger Väter auch nur einen Monat lang so belastet *wären* – wir Mütter *könnten* sicher sein, daß ihr wütendes Geschrei über die unerträgliche Zumutung schnell Wirkung zeigen *würde.*
26 Wenn die öffentlichen Verkehrsmittel öfter *kämen* und billiger *wären, würde* ich sie viel mehr benutzen.
27 Und selbst wenn es machbar *wäre* – wie bei Getreide: *Brächte* Nahrungsmittelhilfe zum Nulltarif die Hungerländer nicht endgültig an den Tropf und den Willen zur Selbsthilfe zum Erliegen?
28 Wenn ich dem Mann, der mich damals kaputtmachen wollte, *gegenüberstünde,* ich *könnte* für nichts garantieren.
29 Es kam mir fast so vor, als *würden* sie ihn mögen.
30 Man hat uns praktisch dreißig Jahre unseres Lebens genommen, in denen wir *hätten* glücklich sein können.

73 1.3 De vertaling van de Nederlandse zou-vormen (52)

Ter vertaling in het Duits (52)

1 Hij was ervan overtuigd dat hij erin zou slagen.
2 Ik wist zeker dat hij op mijn voorstel wat aan te merken zou hebben.
3 Niemand had verwacht dat de Sovjet-Unie zo snel zou verdwijnen.
4 Ik had er niet meer op gerekend dat dat nog mogelijk zou zijn.
5 Ze hoopte dat ze hem daarvan zou kunnen overtuigen.
6 Ik had niet vermoed dat het me zoveel moeite zou kosten.
7 Hij had die ontwikkeling al jaren geleden voorspeld en hij zou ook gelijk krijgen.
8 Ze had zich zo op het huwelijk van haar kleinzoon verheugd, maar door haar onverwachte dood bij een auto-ongeluk zou ze die dag helaas niet meer beleven.
9 Toen we afscheid namen, wist ik niet dat ik hem nooit meer zou weerzien.
10 Op 9 november 1989 viel de Berlijnse Muur. Dat zou voor de DDR het begin van het einde zijn, zoals spoedig zou blijken.
11 Naar verluidt, zou een Duitse firma die grote bestelling gekregen hebben.
12 De regering zou van plan zijn de lonen voor een jaar te bevriezen.
13 Ik heb uit goede bron vernomen dat ze van plan zouden zijn binnenkort hun winkelzaak aan hun zoon over te laten.
14 Aan welk merk zou u de voorkeur geven?
15 U zou ook een marktonderzoek kunnen doorvoeren.

2 Conjunctief I

Den Konjunktiv I verwendet man:

a) Als Ausdruck eines (erfüllbaren) Wunsches oder einer Aufforderung, und in konzessiven Sätzen (hauptsächlich) in idiomatischen Wendungen:

Ich muß endlich mal Urlaub machen, und sei es nur für einige Tage.	Ik moet eindelijk eens vakantie houden, ook al was het maar voor enkele dagen.

b) In irrealen Vergleichssätzen (mit *als ob/als wenn/als/wie wenn*) ist neben Konjunktiv II auch Konjunktiv I möglich. Hier drückt Konjunktiv I genauso wie Konjunktiv II Irrealität aus, nur ist Konjunktiv II üblicher als Konjunktiv I.

Er gibt einem den Eindruck, als ob er alles zu sagen hätte/habe.	Hij geeft je de indruk alsof hij alles te zeggen heeft.

c) In der indirekten Rede, die vor allem in der Mediensprache sehr gebräuchlich ist. Um die Worte oder Gedanken eines anderen objektiv zu zitieren, wird in der indirekten Rede Konjunktiv verwendet. In der 3. Person Singular ist das der Konjunktiv I, in der 3. Person Plural Konjunktiv II:

Politik und öffentliche Meinung nehmen nach Ansicht der Hochschulrektorenkonferenz nicht zur Kenntnis, daß es mit der Forschung in Deutschland "nicht zum besten bestellt" ist. Der Grund des Unwissens *sei*, daß Hochschulen vorrangig als Werkstätten der Ausbildung *gälten*. Der Präsident der Rektorenkonferenz, Erichsen, erinnerte zur Eröffnung der Jahresversammlung der Rektoren in Erlangen daran, daß Forschung der "Nährboden der gegenwärtigen und künftigen Wettbewerbsfähigkeit der Bundesrepublik" *sei*.

Wie *wolle* man Lebensqualität sichern, wenn sowohl die Industrie als auch der Staat ihre Forschungsausgaben *verminderten*, fragte Erichsen unter dem Beifall der Rektoren und Präsidenten von Universitäten und Fachhochschulen. Der Anteil der Industrie an den nationalen Forschungsausgaben *sei* seit 1989 von 62,3 Prozent auf 58,4 Prozent gesunken. Um so bedenklicher *sei* es, daß auch der Staat an der Forschung *spare*.

Ter vertaling in het Duits (53-54) 74

1 Ze wilde koste wat het wil aan de wedstrijd deelnemen.
2 Laten we niet te gauw tevreden zijn met wat we bereikt hebben.
3 Laten we hopen dat we de juiste beslissing genomen hebben.
4 Hij wilde koste wat het wil zijn diploma halen.
5 Hoe het ook zij, we moeten ons desondanks aan de afgesproken termijn houden.
6 De mensen reageerden erg enthousiast en riepen "Leve de koning".
7 Ik zou eens naar Duitsland op reis willen ook al was het maar voor enkele dagen.
8 Of het nu belastingverhogingen zijn of hogere sociale bijdragen, op het eind van de maand hebben we minder geld ter beschikking.
9 Ze heeft nauwelijks een kans de titel te winnen tenzij ze erg veel geluk heeft.
10 Dat moge voorlopig volstaan.

Vul in volgend kranteartikel (bron: Die Frankfurter Allgemeine) het werkwoord in de conjunctief van de indirecte rede in: 75

"Es ist für mich eine glückliche, erfüllte Zeit"

Ein Gespräch von Johann Georg Reißmüller mit Bundeskanzler Helmut Kohl

Ausgezeichnet *(sein)* die Chance, sagt Helmut Kohl, den Zeitplan der deutschen Vereinigung einzuhalten. Die Zwei-plus-vier-Gespräche *(werden)* rechtzeitig abgeschlossen, ihr Ergebnis *(können)* dann Mitte November auf der KSZE-Gipfelkonferenz zur Kenntnis gegeben werden. Wahlen für das deutsche Parlament *(sein)* im Dezember möglich. Ebenfalls im Dezember *(können)* auf zwei Regierungskonferenzen der EG die europäische Währungsunion und die politische Union Europas auf den Weg gebracht werden. "Das ist eine Entwicklung, die mich zutiefst befriedigt. Wofür ich immer eingetreten bin, deutsche Einheit und europäische Einigung – nun wird beides Wirklichkeit."

Die deutsche Einheit *(kommen)* im Einverständnis mit allen Nachbarn zustande, wenn auch das Ja mit unterschiedlicher Wärme gesprochen *(werden)*. Besondere Verdienste um die deutsche Einheit *(haben)* Amerika – nicht nur die Regierung, sondern auch das Volk. In den Vereinigten Staaten *(sein)* die Deutschfreundlichkeit heute mit Händen zu greifen. Den Amerikanern *(haben)* es imponiert, daß die Deutschen die Mauer, eine steinerne Verhöhnung der Menschenrechte, ohne Blutvergießen, friedlich niedergerissen *(haben)*. Ihnen *(gefallen)* auch die Gesellschaftsordnung in der Bundesrepublik. "Die Amerikaner haben vielen Völkern geholfen und viel Undank geerntet. Der deutsche Baum aber ist gut geraten, und das freut sie."

Es *(geben)* im Angesicht eines sich vereinigenden Deutschland vorgetäuschte Befürchtungen, hinter denen sich kurzatmige wirtschaftliche Rechenhaftigkeit *(verbergen)*. Ernst zu nehmen *(sein)* dagegen die aus der Geschichte rührenden Ängste. "Die müssen wir durch unser Handeln abbauen." Je fester Deutschland in das vereinte Europa eingefügt *(sein)*, desto weniger *(brauchen)* jemand zu fürchten, die Deutschen *(bringen)* Unwägbarkeiten in die europäische Politik.

Doch bei alledem *(sein)* es verkehrt, die deutsche Geschichte im Jahr 1945 enden zu lassen. Die Bundesrepublik *(haben)* das Ihre getan für Frieden und Ausgleich in der Welt, auch für die Stabilität und Sicherheit des Westens. 1983, in der dramatischen Auseinandersetzung um die Mittelstreckenraketen, wäre das westliche Bündnis ohne die Festigkeit der Bundesrepublik ins Rutschen gekommen.

Das alles *(haben)* ein Land geleistet, das aus dem Krieg verwüstet hervorgegangen *(sein)*, das über zwölf Millionen Flüchtlinge und Vertriebene aufgenommen und das an der offenen Wunde der Teilung gelitten *(haben)*. Die Deutschen in der DDR aber *(haben)* diese Trennung mit der friedlichsten Revolution der Geschichte überwunden. Alles das *(werden)* nun in das vereinte Deutschland eingebracht.

Der Kanzler sagt, der Beitrag mehrerer östlicher Nachbarnationen zur deutschen Vereinigung *(dürfen)* nicht vergessen werden; ohne die freiheitlichen Bewegungen dort wäre sie nicht möglich gewesen. Ungarn *(sein)* vorangegangen; mit der Öffnung seiner Westgrenze *(haben)* es die SED-Herrschaft ins Wanken gebracht. Der freiheitliche Aufbruch der Polen, Tschechen und Slowaken *(haben)* den Deutschen in der DDR geholfen. Doch der Wandel in der östlichen Hälfte Europas und auch in Deutschland wäre ausgeblieben ohne Gorbatschows Politik der Perestrojka. Daraus ergibt sich für den Kanzler: "In unserem Interesse ist es, daß die Sowjetunion sich weiter öffnet, daß dort der Pluralismus wächst."

Es *(sein)* eine glückliche, erfüllte Zeit für ihn, sagt Helmut Kohl. Er *(haben)* viel Arbeit, soviel wie nie zuvor in seinem Leben. Aufwühlende Erlebnisse *(haben)* ihm die letzten Monate gebracht: Die Zehntausende an der Ruine der Dresdener Frauenkirche am 19. Dezember; nun, vor wenigen Tagen, der Spaziergang mit Gorbatschow am Fuße des Kaukasus, das Gespräch darüber, was die Geschichte den davongekommenen Kindern des Zweiten Weltkriegs aufgetragen *(haben)*.

76 *Vorm volgende zinnen in de directe rede om zoals in het voorbeeld (55)*

Er sagte mir: "Niemand half mir dabei." – Er sagte, daß niemand ihm dabei geholfen habe.

Bei der Umsetzung aus der direkten in die indirekte Rede muß man folgende Regeln beachten:

1) Grundsätzlich wird in der indirekten Rede Konjunktiv I verwendet, es sei denn, die Konjunktiv I-Formen sind nicht als Konjunktiv erkennbar. Das ist u.a. der Fall in der 3. Person Plural, wo Konjunktiv I mit dem Indikativ zusammenfällt. Dann werden Konjunktiv II-Formen als *Ersatzform* für die nicht eindeutigen Konjunktiv I-Formen verwendet. Konkret heißt es also: Konjunktiv I in der 3. Person Singular, Konjunktiv II in der 3. Person Plural. Konjunktiv in der indirekten Rede bedeutet "objektives Zitat".

Er haute mal kräftig auf den Tisch und sagte, daß solange er der Chef sei, er so etwas nie zulassen werde. Diejenigen, die das nicht akzeptieren könnten und an seinem Führungsstil Kritik hätten, sollten ihre Kritik woanders äußern.

In der Alltags- und Umgangssprache wird oft auch – besonders bei starken Verben – in der 3. Person Singular Konjunktiv II gebraucht:

Er haute mal kräftig auf den Tisch und sagte, daß solange er der Chef wäre, er so etwas nie zulassen würde.

Der Konjunktiv II in der 3. Person Singular kann auch gebraucht werden, um Skepsis auszudrücken. Dann handelt es sich aber nicht um objektives Zitat, sondern um Irrealis.

Er hat wissen lassen, daß er wieder mal krank wäre. (Das halte ich aber für zweifelhaft, ich glaube es nicht.)

2) Vergangenheit wird wie immer im Konjunktiv mit Perfektformen umschrieben:

Sie haben mir geschrieben: "Wir hatten einen sehr angenehmen Flug. Leider hatte die Maschine eine halbe Stunde Verspätung. Dadurch kamen wir erst um 1 Uhr nachts im Hotel an. Gleich am ersten Tag wurden einige Teilnehmer auch schon bestohlen."	*Sie haben mir geschrieben, daß sie einen sehr angenehmen Flug gehabt hätten. Leider habe die Maschine eine halbe Stunde Verspätung gehabt. Dadurch seien sie erst um 1 Uhr nachts im Hotel angekommen. Gleich am ersten Tag seien einige Teilnehmer schon bestohlen worden."*

3) Konjunktiv II-Formen aus der direkten Rede (Irrealität) bleiben in der indirekten Rede unverändert erhalten.

4) Aufforderung (im Imperativ) wird in der indirekten Rede mit *mögen* oder *sollen* umschrieben:

Er bat mich: "Helfen Sie mir mal einen Augenblick."	*Er bat mich, ich möge / solle ihm mal einen Augenblick helfen.*

1 Seine Frau sagte mir am Telefon: "Wir hatten einen kleinen Unfall. Zum Glück wurde niemand verletzt. Auch der Sachschaden hielt sich in Grenzen."
2 Ich habe ihm gesagt: "Im Moment habe ich dafür keine Zeit."
3 Sie sagten mir: "Wir verbrachten das Wochenende in Berlin."
4 Der Polizeisprecher erklärte auf einer Pressekonferenz: "Bei den Ausschreitungen wurden zehn Polizisten zum Teil schwer verletzt. Acht gewalttätige Demonstranten wurden festgenommen. Der Sachschaden an Autos und Gebäuden ist beträchtlich."
5 Er erzählte mir von seiner Reise: "Wir hatten Glück mit dem Wetter. Wir konnten uns gut erholen. Wir schwammen fast jeden Tag im See. Die Wassertemperatur betrug etwa 20 Grad. Es war insgesamt ein sehr erholsamer Urlaub. Auf der Rückreise standen wir aber drei Stunden im Stau."
6 Er bat mich: "Rede bitte mit niemandem darüber."
7 Sie bat uns: "Sagen Sie es nur nicht meinen Eltern."
8 Der Generaldirektor der Weltgesundheitsorganisation (WHO) betonte anläßlich des Weltgesundheitstages: "Unfälle im Verkehr, Haushalt, bei Arbeit und Spiel verursachen zudem Kosten von fast 500 Milliarden US-Dollar. Unfallrisiken wurden zu lange vernachlässigt. Die Staaten müssen mehr für den Schutz ihrer Bürger tun. Unfälle dürfen nicht länger als "nichtvermeidbare Schicksalsschläge" hingenommen werden. Während die Zahl der Unfälle in den Industriestaaten immer mehr zurückgeht, nimmt sie in der Dritten Welt rapide zu. Zwei Drittel aller Unfälle ereignen sich in Entwicklungsländern. Das ist eine Folge der wirtschaftlichen Entwicklung und des höheren Verkehrsaufkommens."
9 Der Präsident des Bundeskriminalamtes erklärte auf einer Pressekonferenz: "Die Zahl der Autodiebstähle muß verringert werden. Der Autodiebstahl entwickelt sich seit der deutschen Vereinigung immer mehr zu einer importierten Kriminalität aus den östlichen Nachbarländern. Brennpunkte sind Berlin und Hamburg. Sachsen hat die höchste Steigerungsrate, und jeder dritte Fall wurde 1992 in den neuen Ländern registriert. Während früher die Beute vor allem in den Nahen Osten verschoben wurde, entwickelte sich Polen zum Hauptabnehmerland. Über die polnischen Grenzen gehen Fahrzeuge auch nach Rußland oder in andere Staaten der ehemaligen Sowjetunion."

10 In einem Gespräch mit der Berliner Morgenpost sagte Willy Brandt nach dem Fall der Mauer: "Auch wenn die Geschichte voll von Rückschlägen ist, in der DDR wird nichts mehr so sein, wie es eine Reihe von Jahren war."

C IMPERATIEF

Ter vertaling in het Duits. Geef in geval van onduidelijkheid de 3 vormen (voor du/ihr/Sie).

77 **1 Basisuitgangen (56)**

1 Kom toch binnen en doe je mantel uit.
2 Wacht eens een ogenblik, ik ben nog niet zover.
3 Hij is volwassen, behandel hem toch niet als een klein kind.
4 Zwijg eens een ogenblik en laat me met rust.
5 Let op dat u niet valt.
6 Aarzel niet zolang vooraleer je antwoordt.
7 Doe alsof je thuis bent.
8 Schaam je wegens die leugens! Hoe durf je!
9 Twijfel niet zo aan jezelf.
10 Excuseer dat ik je stoor, maar ik moet je wat vragen.

2 Wederkerende werkwoorden (57)

11 Was je handen voor je eet.
12 Ga maar rustig zitten en wind je niet zo op.
13 Bedien je maar, er is genoeg voor iedereen.
14 Haast je, of je haalt je trein niet meer.
15 Denk er nog eens rustig over na vooraleer je een definitieve beslissing neemt.
16 Bekijk dat eens rustig en laat me dan weten wat je ervan vindt.
17 Kleed je snel aan, de taxi wacht al voor de deur.
18 Hoe zie je er weer uit! Kam maar eerst je haar.
19 Informeer eens hoe laat het museum open is.
20 Verheug je dat het van de eerste keer gelukt is.

3 e/i-wisseling (58)

21 Help haar eens even, ze klaart dat niet alleen.
22 Lees eens wat hier staat.
23 Spreek eens wat luider alsjeblieft, ik versta je nauwelijks.
24 Vergeet niet wat je me beloofd hebt.
25 Word toch eindelijk eens wat rustiger!
26 Zie daarvoor de tabel op de volgende bladzijde.

27 Rij maar voorzichtig, we hebben tijd genoeg.
28 Solliciteer toch als die betrekking je interesseert!
29 Onderbreek me niet voortdurend en spreek me niet de hele tijd tegen, ik kan dat niet uitstaan.
30 Kijk eens in het woordenboek na, hoe men dat woord uitspreekt.
31 Neem me niet kwalijk, maar ik heb me vergist.
32 Neem die brief eens mee alsjeblieft als je naar de post gaat.

4 sein (59)

33 Wees blij dat je dat werk achter de rug hebt.
34 Wees niet direct zo kwaad.
35 Wees maar op je hoede voor hem, hij is niet te betrouwen!

D INFINITIEVEN / DEELWOORDEN

Ter vertaling in het Duits (60-72) 78

1 Meerdere infinitieven (60)

Einige Verbindungen von zwei Verben werden zusammengeschrieben, weil sie als Einheit empfunden werden *(spazierengehen, kennenlernen)* oder weil ein neuer Begriff entsteht *(etwas liegenlassen: vergessen; sitzenbleiben: nicht versetzt werden).*

1 Ze heeft haar zoon het gazon laten maaien.
2 Hij wilde zich liever niet in het buitenland laten opereren.
3 Ik zal die mantel moeten laten stomen.
4 We hebben ons dak moeten laten herstellen.
5 Volgens mij zal hij dat aanbod nooit willen accepteren.
6 Je zult haar nog wel leren kennen.
7 Als je niet beter werkt, zul je moeten blijven zitten.
8 Het is een onveilige buurt en ze durft 's avonds niet alleen te gaan wandelen.
9 Ik weet dat alleen maar van horen zeggen.
10 Het heeft helaas niet mogen zijn.

2 Ersatzinfinitiv (61)

Bei einigen Verben treten Schwankungen auf. So ist bei zusammengeschriebenen Verbindungen mit *lassen* (fallenlassen, liegenlassen) neben Ersatzinfinitiv auch seltener das 2. Partizip möglich:

Sie haben Ihren Schirm liegenlassen / (seltener) liegengelassen.

Bei *kennenlernen* kommt nur das 2. Partizip vor, bei *machen (lachen machen, von sich reden machen)* meistens 2. Partizip:

Wo habt ihr euch kennengelernt?
Sie hat wieder mal von sich reden gemacht.

Bei *fühlen, helfen, hören* sind sowohl 2. Partizip als auch Infinitiv möglich.

Er hat ihr netterweise den schweren Koffer tragen helfen / tragen geholfen.

In Verbindungen mit *beginnen, bleiben* und *sich trauen* wird im Deutschen 2. Partizip verwendet, im Niederländischen dagegen Ersatzinfinitiv:

Het is plotseling beginnen te regenen	*Es hat plötzlich angefangen zu regnen.*
Hij is op school twee keer blijven zitten.	*Er ist in der Schule zweimal sitzengeblieben.*
Hij heeft het niet durven vragen.	*Er hat sich nicht getraut, es zu fragen.*

11 De patiënt heeft de hele nacht niet kunnen slapen van de pijn.
12 Ik heb niet lang hoeven te wachten, want het was niet zo druk.
13 Ze heeft het me niet willen zeggen.
14 Is ze niet willen komen of is ze niet mogen komen?
15 De getuige die het ongeluk had zien gebeuren, was nog erg onder de indruk.
16 Ik heb horen zeggen dat je wilt verhuizen. Klopt dat?
17 Hebt u haar al eens Duits horen spreken? Ze spreekt zonder accent.
18 Ze had plotseling genoeg van zijn arrogantie en heeft hem links laten liggen.
19 Ik denk dat ik het stadsplan in de hotelkamer heb laten liggen.
20 Na dat schandaal heeft bijna iedereen hem laten vallen.
21 Heb je het haar al laten weten?
22 We hebben jarenlang met haar samengewerkt en we hebben haar leren waarderen.
23 Ze heeft de laatste tijd weer veel van zich doen spreken.
24 Zijn vader heeft hem leren autorijden.
25 Ze hebben elkaar op vakantie in Spanje leren kennen.
26 Als je het werk wat beter hebt leren kennen, zal het je zeker bevallen.
27 Mijn schoonbroer heeft me helpen verhuizen.
28 Ik heb nog horen zeggen dat hij op school zou zijn blijven zitten.
29 Ze heeft het haar ouders niet durven vertellen dat ze een ongeluk gehad heeft.
30 Hoe lang zijn jullie daar blijven wonen?

3 doen / laten + infinitief (62)

Achten Sie auf einige idiomatische Wendungen:

zijn rechten laten gelden	*seine Rechte geltend machen*
iemand moeilijkheden bezorgen	*jemandem zu schaffen machen*

31 Ze wilde me laten geloven dat dat haar voorstel was.
32 Het warme klimaat bezorgde me moeilijkheden.
33 Je hebt volkomen gelijk dat je je rechten laat gelden.
34 Het was een poos geleden dat ze van zich had doen spreken, maar door dat nieuwe schandaal heeft ze weer overal de voorpagina gehaald.
35 Met zijn gevatte antwoorden bracht hij iedereen aan het lachen.
36 Zijn verstrooidheid liet haar wanhopen.
37 De gijzeling deed de spanning tussen de twee landen nog stijgen.
38 Zijn manier van spreken doet me denken aan zijn vader.
39 De knal van de explosie heeft de mensen uit de buurt doen opschrikken.
40 Ik vind het niet mooi dat je me zo hebt laten schrikken.
41 Ik wil je niet ontmoedigen, maar dat laat het ergste vrezen.
42 Ze liet me duidelijk merken dat ze woedend was.

43 Het is al laat, laten we maar naar huis gaan.
44 Als je zin hebt om een nieuw horloge te kopen, laten we dan naar binnen gaan.
45 Laten we hopen dat het niet meer gebeurt.

4 Blijven + infinitief (63)

Wenn ein neuer Begriff entsteht, werden die Verbindungen mit *bleiben* zusammengeschrieben: in der Schule *sitzenbleiben*, in der Kneipe *hängenbleiben*.

46 Hoe lang wilt u hier nog blijven wonen?
47 Als je niet wilt blijven zitten, zul je je beter moeten inspannen.
48 Ik ben op een paar vrienden gebotst en daardoor ben ik nog tot na middernacht blijven hangen.
49 Moet dat schilderij hier blijven hangen?
50 De kosten van levensonderhoud blijven maar stijgen.
51 Je hoeft niet te wanhopen, die pech zal niet blijven duren.
52 Het heeft de hele dag blijven regenen.
53 Je moet nu een beslissing nemen, we kunnen niet blijven wachten.
54 Ik ben tot acht uur blijven werken.
55 Iedereen is dat geval beu, maar ze blijft erover spreken.

5 gaan + infinitief (64)

56 Willen we eerst nog wat in het park gaan wandelen?
57 We gaan niet graag inkopen op zaterdag, dan is het overal veel te druk.
58 Er meldt zich niemand, ik ga het straks nog eens proberen.
59 Hoe gaat u nu reageren?
60 Het ziet ernaar uit dat het straks gaat regenen.

6 liggen te / staan te / zitten te + infinitief (65)

61 We stonden net op de tram te wachten toen het ongeluk praktisch voor onze ogen gebeurde.
62 Ik zat net naar het nieuws te kijken toen de telefoon plotseling rinkelde.
63 De mensen zaten op de terrasjes en genoten van het mooie weer.
64 Op drukke dagen staan de toeristen in Neuschwanstein urenlang te wachten om het sprookjeskasteel van koning Lodewijk II te bezoeken.
65 Wat is er aan de hand met je? Je zit je al de hele dag te vervelen.

7 ohne zu / statt zu / um zu + infinitief (66)

66 Ze is weggegaan zonder afscheid te nemen.
67 In plaats van op onze hotelkamer te zitten, zouden we beter gaan wandelen.
68 Hij heeft er alles voor over om zijn doel te bereiken.
69 Je moet eerst je rijbewijs halen alvorens een auto te kopen.
70 Door stipt te leveren, heeft deze firma een goede naam verworven.
71 Alvorens je huurcontract op te zeggen, moet je toch eerst een andere woning gevonden hebben.
72 Door de belastingdruk voor de particulieren en de bedrijven te verlagen, hoopt de regering de koopkracht te verhogen en de economie aan te zwengelen.
73 Door kranten te lezen en naar de nieuwsuitzendingen te kijken, probeerde hij op de hoogte te blijven.

74 Na verschillende keren vruchteloos geprobeerd te hebben, heb ik hem eindelijk kunnen bereiken.
75 Door de verschillende aanbiedingen te vergelijken, hebben we veel geld gewonnen.

8 zu of um zu + infinitief (67)

76 Hij verdient nauwelijks genoeg om zijn gezin te onderhouden.
77 Ze volgt een cursus in Duitsland om beter te leren spreken.
78 Het heeft geen zin om die wagen nog te laten herstellen.
79 Het is belangrijk om dat te weten.
80 Vind je het leuk om op vakantie te gaan?
81 Ik heb mijn best gedaan om me niet op te winden en niets te zeggen.
82 Een verkoper moet altijd proberen om de klanten vriendelijk te bedienen.
83 Ik sta erop om het contract nog eens rustig thuis te lezen alvorens het te ondertekenen.
84 Ze aarzelde eerst om me de waarheid te zeggen.
85 De politie deed een oproep tot de betogers om geen geweld te gebruiken.
86 Ik heb nog geen gelegenheid gehad om haar op te bellen.
87 We hebben nog tijd om eerst rustig te eten.
88 Ik zie geen mogelijkheid om dat nu nog te doen.
89 Hij heeft een interessante baan en goede kansen om in zijn beroep vooruit te komen.
90 De dokter raadde de patiënt aan om veel te wandelen.

zu + infinitief (68)

91 Een nieuw artikel op de markt brengen vereist een grondige voorbereiding.
92 Is het nog de moeite om de wagen te laten herstellen?
93 We zijn vroeg opgestaan om op tijd te kunnen vertrekken.
94 De fabrikant hoopt het nieuwe model begin volgend jaar op de markt te kunnen brengen.
95 Ik zou u voorstellen dat geval grondig te laten onderzoeken.

9 Infinitief als zelfstandig naamwoord (69)

96 In een handomdraai was de loodgieter met het werk klaar.
97 Ik ken hem alleen maar van horen zeggen, ik heb hem nog nooit ontmoet.
98 Ik ken ze alleen maar van zien, ik heb nog nooit met ze gesproken.
99 Zijn slordigheid is om gek te worden.
100 De hitte was niet om uit te houden.
101 Het resultaat was om bij te wanhopen.
102 Wenst u bier of wijn bij het eten?
103 We hebben hen uitgenodigd om te eten.
104 Zijn prestaties waren om bij te wenen.
105 Om te fotograferen heb je een goede camera nodig.

10 De te bezoeken klanten / Al lachend (71-72)

106 Hier heb je de factuur met het te storten bedrag.
107 Ik heb een lijst samengesteld met de te vermijden fouten.
108 We hebben een overzicht gemaakt van de nog uit te voeren werken.
109 Al doende leert men.
110 Geholpen door zijn ouders, klaarde hij het.

E Scheidbare en onscheidbare werkwoorden

Ter vertaling in het Duits (73) 79

Inleiding (73)

1 We hebben het bedrag van 200 mark op uw postrekening overgeschreven.
2 Na onze tweede aanmaning hebben ze me beloofd het bedrag uiterlijk tegen het eind van de maand op onze rekening over te schrijven.
3 Ik zou u aanraden niets aan het toeval over te laten.
4 Hebt u daar nog iets aan toe te voegen?
5 Mag ik u verzoeken het raam dicht te doen?
6 Ze had geen zin om haar hele vakantie met griep in bed door te brengen.
7 We doen er alles voor om onze klanten tevreden te stellen.
8 De ligging is uitstekend en de huur blijft binnen de perken, daarom zou ik u aanraden onmiddellijk toe te slaan.
9 U bent toch niet van plan zoiets toe te laten?
10 Laat dat maar gerust aan mij over!

Onscheidbaar in het Duits (74)

11 De 35-jarige chauffeur laat een vrouw en twee kinderen achter.
12 De inbrekers hebben overal vingerafdrukken achtergelaten.
13 Ze heeft hem al altijd gewantrouwd.
14 De Braziliaan probeerde zijn Duitse concurrent in de bocht voor de finish in te halen.
15 Ik heb de krant vanmorgen bij het ontbijt vluchtig doorgenomen.
16 Ik laat de beslissing aan u over.
17 Hun oudste zoon is van plan de zaak over te nemen.
18 Het Daimler-Benz-concern heeft al verschillende firma's overgenomen.
19 De auto is verschillende keren over de kop gegaan en de twee inzittenden werden met ernstige verwondingen naar het ziekenhuis gebracht.
20 Ik heb bij de correctie een paar fouten over het hoofd gezien.
21 Voor voetgangers en fietsers is het erg gevaarlijk om hier de straat over te steken.
22 Je spreekt voortdurend jezelf.
23 Het is niet geraden hem tegen te spreken.

Scheidbaar in het Duits (75)

24 De Japanners fabriceren auto's met groot succes.
25 Door op tijd maatregelen te treffen, hebben we dat gevaar voorkomen.
26 Zoals alle opiniepeilingen voorspeld hadden, leden de socialisten een zware verkiezingsnederlaag.
27 We hadden niet voorzien dat het artikel zo'n groot succes zou hebben.
28 Voor morgen is een uitstap naar Keulen voorzien.
29 In dat schilderij is de tijdgeest heel goed weerspiegeld.
30 Na de oorlog werd het historisch stadhuis in de oorspronkelijke toestand hersteld.

Hoofdstuk II
NAAMVALLEN

Inleiding (76)

80 *Ontleed volgende zinnen en vertaal (76):*

1 Hebt u het contract al ondertekend?
2 Hoeveel bedraagt de prijs voor dat appartement?
3 Wilt u ook een prospectus van het hotel meesturen?
4 Hebt u een nieuwe auto? – Nee, dat is een huurauto.
5 Voor een firma is het van het grootste belang te weten wat de klant wil.
6 Bij het begin van de vakantie heerst er op de luchthaven grote drukte.
7 Dat is een heel interessant beroep.
8 We zullen u nog schriftelijk op de hoogte brengen.
9 Hij verdient een goed loon.
10 Hebt u de brief al verstuurd?
11 Is dat de nettoprijs die hier vermeld is?
12 Is dat een laserprinter die u gekocht hebt?
13 De computer die ik voor mijn zoon gekocht heb, kost aanzienlijk minder en werkt veel sneller dan mijn eigen computer.
14 Ik had u dat toch al vroeger verteld.
15 Ik zie het nut van die nieuwe maatregelen niet in.
16 Toen ik ziek was, heeft ze me bloemen gestuurd.
17 U bent me nog geld schuldig.
18 Hebt u gemakkelijk een parkeerplaats gevonden?
19 Is uw paspoort nog geldig?
20 Ik stel het u voor, maar u bent natuurlijk volledig vrij.

1 Nominatief (77-78)

Ter vertaling in het Duits (77-78) 81

1 Konrad Adenauer was de eerste Duitse bondskanselier.
2 Hoe laat komt de postbode gewoonlijk?
3 Wat is het nut van zo'n stage?
4 De Duitse kampioen liep twee seconden sneller dan zijn Franse concurrent.
5 Wie wordt de volgende president?
6 De Beierse koning die Neuschwanstein liet bouwen, heette Lodewijk II.
7 De laatste Russische tsaar heette Nicolaas II. Hij werd door de communisten vermoord.
8 Dat bleek dan toch een erg concurrerende prijs.
9 Dat lijkt me een belangrijk gebrek te zijn.
10 Hij schijnt een echte vakman te zijn.
11 Deze firma blijft nog altijd onze grootste concurrent.
12 De prijs is dezelfde gebleven als zes maanden geleden.
13 Hij bleek een slecht verliezer.
14 Tien jaar geleden is hij als eenvoudige bediende begonnen en nu is hij een van de belangrijkste mensen in de firma.
15 Geachte heer Schmidt, hartelijk dank voor uw telefonische bestelling van vanmorgen.

2 Accusatief (79-81)

Ter vertaling in het Duits (79-81) 82

2.1 Werkwoorden met één voorwerp (79)

1 Tot eind deze maand verlenen we een korting van 5 %.
2 We zoeken een stagiair voor de maand juli.
3 De vakbonden hebben de staking gisteren beëindigd.
4 Ze heeft dat proces natuurlijk verloren.
5 Bij afname van 100 stuks verlenen we een quantumkorting van 10 %.
6 De raad van toezicht controleert de directie.
7 Als we ons geld willen krijgen, zullen we gerechtelijke stappen moeten ondernemen.
8 We willen in geen geval de goede reputatie die we hebben op het spel zetten.
9 Mijn secretaresse heeft intussen de vlucht geannuleerd.
10 Het wegvallen van de Oosteuropese markten betekende een gevoelig financieel verlies voor dat bedrijf.
11 We zoeken nog een handelspartner voor de Japanse markt.
12 Ik heb haar vanmorgen opgebeld.
13 Zolang we de juiste toedracht niet kennen, kunnen we daarover niet oordelen.
14 De verzekering heeft de schade volledig vergoed.
15 Dat is contractbreuk en we zullen natuurlijk een schadevergoeding eisen.
16 Is er hier een brievenbus in de buurt?
17 De makelaar schatte de waarde van de villa op 10 tot 11 miljoen frank.
18 Ik zou die cheque willen verzilveren.
19 Ze herinnerde hem geregeld aan zijn belofte.
20 Mag ik u erop wijzen dat u het verschuldigde bedrag nog niet betaald hebt?

21 Ik heb haar voor het avondeten uitgenodigd.
22 Velen benijdden haar om haar nieuwe auto.
23 Hij verzocht me om geduld en begrip.
24 Heeft hij u daarover nog niet geïnformeerd?
25 Ik kan u daar niet genoeg voor waarschuwen.

2.2 Adjectieven met accusatief

26 Hun auto was pas een maand oud toen ze dat ongeluk hadden.
27 De kast kunnen we gemakkelijk in het bureau plaatsen, want ze is maar een meter breed.
28 Het is ongeveer een kilometer tot aan het station en het marktplein is nog een kilometer verder.
29 De Zweedse atleet was een kop groter dan zijn Engelse concurrent.
30 Bij de bron is de rivier niet eens een meter diep.
31 Na twee weken was iedereen de staking beu.
32 Ik was na twee uur erg blij dat ik die lastige klant kwijt was.
33 Ben je je verkoudheid nog altijd niet kwijt? Je zou beter eens naar de dokter gaan.
34 Je hoeft er niet aan te twijfelen, dat is een erg betrouwbare auto die zijn prijs waard is.
35 Bent u de nieuwe computer al gewoon?

2.3 Tijdsbepalingen zonder voorzetsel (81)

36 Iedere morgen en iedere avond komt het op de spitsuren tot files op de autoweg.
37 Hij zou volgend jaar voor zichzelf willen beginnen.
38 Ze zijn vorige vrijdag voor de wet getrouwd en volgende zaterdag trouwen ze voor de kerk.
39 Terwijl hij in het buitenland was, belde hij iedere dag op.
40 Ik moet volgende woensdag naar Milaan en volgende vrijdag naar Londen.

3 DATIEF

3.1 Werkwoorden met één voorwerp met de datief (82)

83 *Ter vertaling in het Duits (82)*

1 Ze lijkt erg op haar moeder.
2 De ene wolkenkrabber lijkt op de andere.
3 Wat heb je haar daarop geantwoord?
4 Valt er je niks op aan me? – Ja, je draagt een nieuwe bril.
5 Dat is me vroeger nooit opgevallen.
6 Ze moest plotseling uitwijken voor een fietser en daardoor kwam ze bijna in botsing met een tegenligger.
7 Sinds die ruzie probeert hij haar te ontwijken.
8 Hoe kunnen we die moeilijkheid omzeilen?
9 Toen ik vanmorgen uit de trein stapte, ontmoette ik een vroegere collega.
10 Ze wist dat ze op hem kon betrouwen en dat hij haar ook in die moeilijke situatie zou bijstaan.
11 Alle leden hebben de laatste vergadering bijgewoond.
12 Op dat punt moet ik u gelijk geven.

13 Wat staat er me nog allemaal te wachten?
14 Totnogtoe verliep alles goed, maar het moeilijkste examen staat me nog te wachten.
15 Ik dank u voor het mooie geschenk.
16 Hoewel ze erg haar best gedaan had, werd ze door niemand bedankt.
17 Hij heeft de firma jarenlang als boekhouder trouw gediend.
18 Haar baas heeft haar gedreigd haar te ontslaan.
19 Op het laatste moment schoot me te binnen dat ik een afspraak bij de oogarts had.
20 Ik weet wie je bedoelt, maar zijn naam schiet me niet meer te binnen.
21 Ik zal iets moeten bedenken.
22 We kunnen u met de betalingsvoorwaarden nog wat tegemoetkomen: na 3 maanden of contant met 3 % korting bij bestellingen vanaf 25.000 mark.
23 Het hele land zag de finale met spanning tegemoet.
24 Bij controle van uw zending is tot onze spijt gebleken dat de kwaliteit van de gezonden goederen niet overeenkomt met die van het monster op de beurs.
25 De verkoopcijfers beantwoorden jammer genoeg niet aan onze verwachtingen, maar dat geldt voor de hele branche.
26 Op weg naar het ziekenhuis is de chauffeur aan zijn zware verwondingen bezweken.
27 Iedereen bezweek voor haar natuurlijke charme.
28 Het geld ontbreekt hen om een nieuwe auto te kopen.
29 Tijdens zijn verblijf in de Verenigde Staten miste hij zijn gezin.
30 Wat scheelt er eigenlijk met u?
31 Het ontbreekt ons land aan grondstoffen.
32 U zou er goed aan doen die raad te volgen.
33 Je laat je dat toch niet welgevallen?
34 Hoe is u het bezoek aan München bevallen?
35 Ze wilde haar ouders niet gehoorzamen.
36 Het huis waarin ze wonen, behoort toe aan haar ouders.
37 Ik ben er niet in geslaagd haar van het tegendeel te overtuigen.
38 Volstaat dat voor u?
39 Ze geloofde geen woord van wat hij zei.
40 Haar lukt gewoon alles wat ze begint.
41 De tweeling lijkt op elkaar als twee druppels water.
42 Iedereen wenste haar geluk met haar fantastische prestatie.
43 De kinderen hielpen hun moeder in het huishouden zoveel ze konden.
44 Zijn kalmte in deze kritieke situatie heeft me erg geïmponeerd.
45 Toen zijn verduisteringen bekend werden, werd hij op staande voet ontslagen.
46 Het viel haar niet makkelijk haar beroep op te geven.
47 Wat is de reden waarom je hem zo wantrouwt?
48 Hij kon zijn verplichtingen niet nakomen.
49 We naderen langzaam maar zeker onze bestemming.
50 Zijn raadgevingen brachten me weinig baat bij.
51 Schikt het je als ik morgen eens bij je langskom?
52 Dat kan iedereen overkomen.
53 Die affaire heeft zijn reputatie flink geschaad.
54 Laat het jullie smaken!
55 Uw aanbod vleit me zeer, maar ik kan er helaas niet op ingaan.
56 Het viel haar erg moeilijk zich bij hem te verontschuldigen.
57 Ik vertrouwde mijn eigen oren niet toen ik het nieuws van zijn ontslag hoorde.
58 Er bleef me niets anders over dan helemaal opnieuw te beginnen.
59 De aandelenkoersen zijn vaak aan sterke schommelingen onderhevig.
60 Het is te danken aan een toeval dat ik die baan gekregen heb.

61 Zijn vader heeft hem aan die baan geholpen.
62 Vergeeft u me, ik had dat niet zo bedoeld.
63 Door inenting kan men vandaag de dag de meeste besmettelijke ziekten voorkomen.
64 Ik moet je tegenspreken, want dat klopt niet.
65 Hij kon aan de verleiding niet weerstaan.
66 Ze gaf de kelner een teken, want ze wilde nog wijn bestellen.
67 Ik heb heel goed naar dat interview met de eerste minister geluisterd.
68 Heel het stadion juichte de overwinnaar toe.
69 Ze is het slachtoffer geworden van een bedrieger.
70 Alle partijen hebben met dat voorstel ingestemd.
71 Ik huiver als ik aan het examen denk.
72 Het komt me voor alsof het pas gisteren gebeurd was.
73 Op de roetsjbaan word ik altijd duizelig.
74 Het verrast me niet dat ze haar baan opgezegd heeft.
75 In alle filialen over de hele wereld werden duizenden medewerkers ontslagen.
76 De regering was niet van plan voor de eisen van de terroristen te zwichten.
77 De meeste medewerkers stonden sceptisch tegenover die plannen.
78 De wereldkampioen bewees opnieuw dat voorlopig niemand tegen hem op kan.
79 Zijn verklaringen voor de pers konden de toets van een grondig onderzoek niet doorstaan.
80 Het heeft geen zin deze trend tegen te werken.

3.2 Werkwoorden met twee voorwerpen: datief en accusatief (83-84)

84 *Ter vertaling in het Duits (83)*

1 Ik kan u dat zwart op wit bewijzen.
2 Dat is een heel verantwoordelijke taak die we niet aan de eerste de beste kunnen toevertrouwen.
3 Vrienden van hen hadden hen dat hotel aanbevolen.
4 U ziet toch zelf wel in dat we u dat onmogelijk kunnen toestaan.
5 Ik kan me die luxe niet veroorloven.
6 Je hoeft me niets meer te vertellen, ik ben volledig op de hoogte.
7 Het succes gaf hen nieuwe moed.
8 Ik weet niet meer aan wie ik dat boek gegeven heb.
9 De banken wilden hem geen geld meer lenen.
10 Een postorderbedrijf bezorgt de klanten alle goederen thuis.
11 Heb ik je al mijn nieuw adres meegedeeld?
12 Kunt u me het zout eens aanreiken a.u.b.?
13 Ze heeft het nog niet aan haar baas gezegd dat ze ontslag wil nemen.
14 Ik wil je dat boek graag cadeau doen.
15 We sturen u de nieuwe catalogus vandaag.
16 Hoeveel ben ik u nu nog schuldig?
17 Ze hebben me een ansicht geschreven uit Nederland.
18 Ik zal je zeggen wat ik van de zaak vind; je neemt me toch niet kwalijk dat ik daarbij geen blad voor de mond neem.
19 Veel klanten laten geldbeleggingen aan hun bank over.
20 Niemand had me dat kunnen verbieden.
21 Hij heeft die baan o.a. te danken aan zijn goede talenkennis.
22 Ze heeft hem die belediging nooit vergeven.
23 Ik heb de indruk dat hij de waarheid voor me verzwijgt.

24 Ik heb hen dat zo voorgesteld, maar ze willen er onder geen beding op ingaan.
25 Ik heb me niets te verwijten.
26 Hij had haar voor het huwelijk gouden bergen beloofd, maar nu verwaarloost hij haar.
27 Omdat hun visum niet in orde was, werd hen op de luchthaven de toegang tot ons land geweigerd.
28 We hebben ons over onze vakantie onderhouden en ze heeft me haar vakantiefoto's uit Amerika getoond.
29 Wat wilt u zien? – Ik geef de voorkeur aan de speelfilm boven het tennistornooi.
30 Volgens de politie is het ongeluk aan overdreven snelheid te wijten.
31 Hij wijdde zich met hart en ziel aan zijn nieuwe taak.
32 Als verkoper moet je je aan je klanten kunnen aanpassen.
33 Hij kon zich moeilijk aan de nieuwe situatie aanpassen.
34 Ik nader langzaam maar zeker mijn doel.
35 Hoe stel je je dat eigenlijk voor?
36 Ik heb de wedstrijd op TV bekeken, maar hij is me niet erg bevallen.
37 Ik had me voorgenomen me op vakantie het roken te ontwennen, maar ik ben er jammer genoeg niet in geslaagd.
38 Ik zou nog vandaag mijn haar willen laten knippen.
39 Ik zal nog eens nadenken over je voorstel.
40 Je hoeft je geen zorgen te maken, dat komt wel in orde.
41 Hij had er vast op gerekend dat zijn vader hem zijn wagen ter beschikking zou stellen voor de reis, maar hij had buiten de waard gerekend.
42 Sinds hij gemerkt heeft, dat ik me dat niet allemaal laat welgevallen, laat hij me ongemoeid.
43 Met haar charme brengt ze alle jonge mannen het hoofd op hol.
44 Vroeger schonk niemand daar aandacht aan.
45 Ik heb niet willen reageren op zijn beledigingen, maar ik zal het hem nog betaald zetten.
46 Je neemt me de woorden uit de mond.
47 De politicus zei dat de journalisten zijn woorden verdraaid hadden.
48 Wat ik je nu te zeggen heb, moet je in je oren knopen!
49 In de binnenstad wordt zo vaak verkeerd geparkeerd. Het stadsbestuur wil daar nu een stokje voor steken, anders komt het verkeer volledig tot stilstand.
50 Ze liet hem links liggen.

Werkwoorden met dubbele accusatief: Ter vertaling in het Duits (84) 85

1 Die zaak heeft haar al veel slapeloze nachten gekost.
2 Als hij niet oplet, zal hem dat nog zijn betrekking kosten.
3 Het ongeluk van zijn zoon heeft hem een fortuin gekost.
4 Ik heb haar gevraagd of ze meeging naar de bioscoop, maar ze had geen zin.
5 Zou ik u mogen vragen in dit lokaal niet te roken?
6 De ervaring heeft me geleerd voorzichtig te zijn.
7 Ze heeft 30 jaar lang de kinderen in het dorp leren lezen en schrijven.
8 Ze had de beste herinneringen aan haar vroegere leraar die haar Duits en Engels geleerd had.
9 De andere leerlingen noemden hem een dommerik.
10 We laten u het resultaat natuurlijk zo snel mogelijk weten.
11 De brief bevatte erg veel fouten en haar baas liet hem haar opnieuw schrijven.

12 Ze liet hem duidelijk merken dat ze daarmee niet gediend was.

13 Ze wilde me laten geloven dat ze dat alleen geklaard had.
14 Waarom laat je me het geschenk niet zien?
15 Hij liet iedereen voelen dat hij kwaad was.

3.3 Werkwoord + datief + hoe-bepaling: Wie geht es Ihnen? (85)

Ter vertaling in het Duits (85)

86

1 Hoe maak je het? – Ik maak het uitstekend, dank je.
2 Het spijt me erg, maar ik kan vanavond niet komen, ik moet nog werken.
3 Moet je in het weekend werken? Ik vind dat werkelijk jammer voor je.
4 Ze vond dat de kleur haar niet stond en daarom kocht ze de blouse niet.
5 Uw nieuwe bril staat u uitstekend.
6 Ze moest gaan liggen, want ze was duizelig.
7 Onze zoon was erg slecht en we moesten de dokter halen.
8 Tijdens de receptie werd hij plotseling misselijk.
9 Hebt u het niet te warm met de verwarming aan?
10 Ik heb het koud.

3.4 Bezitsdatief: Das hängt mir zum Hals heraus (86)

Bei Verben der körperlichen Berührung (z.B. klopfen), sind oft sowohl Akkusativ als auch Dativ möglich:

Er klopfte mir/mich freundschaftlich auf die Schulter.

Der Dativ ist üblicher, bei übertragener Bedeutung (in Ausdrücken mit Körperteilen) steht fast ausschließlich der Dativ:

Die Schwierigkeiten wuchsen ihr über den Kopf.

Sehr selten kommt hier Akkusativ vor, wie z.B. in *jemanden vor den Kopf stoßen*:

Er hat seinen Chef vor den Kopf gestoßen.

Ter vertaling in het Duits (86) 87

1 Als je hem op de vingers kijkt, werkt hij slecht.
2 Ik heb lang gewacht, maar nu is mijn geduld op.
3 Zijn overdreven vriendelijkheid hangt me al lang de keel uit.
4 Bij het zien van de drie strenge heren zonk de kandidaat de moed in de schoenen.
5 Ik wil niemand een blok aan het been zijn.
6 Ik heb enkele turbulente weken achter de rug; ik wist van het pure werk niet meer waar mijn hoofd stond.
7 Dat ligt me nog altijd zwaar op de maag.
8 Dat ik vandaag nog overuren moet doen, komt niet in mijn kraam te pas.
9 Iedereen mocht haar graag. Ze was zo natuurlijk en praatte erop los.
10 Hij zal zijn zaak straks moeten sluiten, het water staat hem tot aan de lippen.
11 Als ik aan het goede eten denk, dat we in het restaurant kregen, krijg ik nu nog het water in de mond.
12 De personeelschef voelde iedere kandidaat eerst eens aan de tand vooraleer hij de geschiktste koos.
13 Er viel een pak van mijn hart toen hij opbelde dat het gelukt was.
14 Op de duur groeiden de moeilijkheden hem boven het hoofd.
15 De hond van de buren werkte op mijn zenuwen.
16 Ze kon mensen niet verdragen die haar naar de mond praatten.
17 Het getuigt van slechte opvoeding als kinderen volwassenen voortdurend in de rede vallen.
18 Dat is me werkelijk naar het hart gesproken.
19 Ze wist dat hij loog en dat heeft haar de ogen geopend.
20 Ze probeerden allemaal haar de schuld in de schoenen te schuiven.

3.5 Vrije datief: Das ist mir zu teuer (87)

Ter vertaling in het Duits (87) 88

1 Dat duurt me te lang.
2 Het komt me voor alsof het al langer geleden was.
3 Hartelijk dank voor alles. – Graag gedaan. Het was me een genoegen.
4 Tijdens de vakantie verging de tijd hen veel te snel.
5 Dat is me veel geld waard.
6 Mijn voeten deden pijn van het vele lopen.
7 Het klimaat in Spanje is me in de zomer te warm.
8 Kunt u die brief voor me in het Duits vertalen?
9 Zo'n auto is me te duur.
10 Hij maaide iedere week het gazon voor zijn vader.
11 Zegt u dat niets?
12 Hij vond het erg onaangenaam dat hij de afspraak vergeten was.
13 Zo'n belegging is me te riskant.
14 Hoe je het ook draait of keert, het blijft voor me onbegrijpelijk dat hij het met zulke voorwaarden eens is.
15 Het was me een grote eer dat u me uitgenodigd hebt.

3.6 Adjectieven met datief (88)

89 *Ter vertaling in het Duits (88)*

1 Je lijkt erg op je zuster.
2 Het is me volledig onbegrijpelijk hoe dat kon gebeuren.
3 Enkele collega's waren me erg behulpzaam.
4 Dat is u toch allang bekend.
5 Pas achteraf werd me bewust dat ik geluk gehad had.
6 Ik ben u erg dankbaar voor uw begrip.
7 Dat zal u ondertussen wel duidelijk zijn.
8 Wanneer wil je vertrekken? – Het is me om het even.
9 De meeste gasten op haar verjaardagsparty waren me volkomen vreemd.
10 Ze spreekt vloeiend Frans en Engels, maar Duits kent ze minder goed.
11 Haar bezoek zo laat op de avond kwam me erg ongelegen.
12 Ze droeg een bij de gelegenheid passende jurk.
13 Ze was niet opgewassen tegen de sterke buitenlandse concurrentie.
14 Het bleek al gauw dat hij tegen de prestatiedruk niet opgewassen was.
15 Het maakt me niets uit wat hij van me denkt.
16 Haar hulp bij het schilderen en behangen was me erg nuttig.
17 Vindt u het goed als ik morgenvroeg nog eens terugbel?
18 Om zijn doel te bereiken, vond hij ieder middel goed.
19 Ik ben u nog vijftig mark schuldig.
20 Mijn nieuwe buur is me erg sympathiek.
21 Wat er ook gebeurde, hij bleef trouw aan zijn principes.
22 De wereldkampioene was haar Italiaanse tegenstandster in de finale in ieder opzicht verreweg de baas.
23 De Duitse firma moest het afleggen tegen haar Franse concurrent.
24 Het deed me goed te weten dat ik hen te allen tijde erg welkom was.
25 Ik heb een hekel aan zijn huichelarij.

4 Genitief

4.1 Attributieve genitief (89)

90 *Ter vertaling in het Duits (89)*

1 Berlijn is de nieuwe hoofdstad van de Bondsrepubliek Duitsland.
2 De Europese centrale van veel Japanse firma's bevindt zich in Düsseldorf.
3 De zetel van de Verenigde Naties bevindt zich in New York.
4 De winst van de banken is vorig jaar aanzienlijk toegenomen.
5 We doen er alles voor om aan de wensen van onze klanten tegemoet te komen.
6 De bezuinigingsmaatregelen van de regering stuitten op heftig verzet van de bevolking.
7 Het tekort van de overheid moet dringend worden verminderd.
8 De omzet van het bedrijf is vorig jaar met 5 % gestegen.
9 Een ambassadeur vertegenwoordigt de belangen van zijn land in het buitenland.
10 De koersen van de meeste Duitse aandelen zijn lichtjes gedaald.
11 De langzaam-aan-actie van de verkeersleiders gaf aanleiding tot grote vertragingen.

12 In het begin van de jaren negentig werden in het Oosten van Duitsland overal fabrieken volgens de nieuwste stand van de techniek opgericht.
13 De prijzen van de levensmiddelen zijn vorige maand ongeveer gelijk gebleven.
14 De algemeen directeur van de firma leidde de persconferentie.
15 De concurrentie van de Japanse autofabrikanten bezorgt de Amerikaanse en Europese auto-industrie grote problemen.
16 Bij het controleren van uw zending hebben we jammer genoeg enkele gebreken geconstateerd.
17 Banken zijn verplicht het geld van hun klanten goed te beheren.
18 De keuze in die zaak was zodanig ruim dat we l'embarras du choix hadden.
19 De kwaliteit van die waren laat werkelijk te wensen over.
20 De eerste minister genoot het vertrouwen van de bevolking.
21 Het beroep van vertegenwoordiger is erg veeleisend.
22 De vakbonden behartigen in de eerste plaats de belangen van hun leden.
23 Herbert von Karajan was een van de bekendste dirigenten ter wereld.
24 We moeten die formulieren op zijn laatst begin volgende week opsturen.
25 De eerste maanlanding op 20 juli 1969 was een van de belangrijkste wetenschappelijke gebeurtenissen van deze eeuw.
26 Wie werd dit jaar door het Amerikaanse nieuwsmagazine Time tot man van het jaar verkozen?
27 De revaluatie van de Duitse mark maakte Duitse produkten in het buitenland duurder.
28 Wie is de huidige president van de Bundesbank?
29 Ons nieuw huis moet eind deze maand klaar zijn.
30 Het reclamebudget van die firma bedraagt 2 tot 3 % van de omzet.

Genitief of von: Ter vertaling in het Duits (90) **91**

1 Het succes van postorderbedrijven berust op hun klantvriendelijkheid.
2 Voor een eerste bestelling verlenen we u een betalingstermijn van vier weken.
3 Het lezen van boeken, kranten en tijdschriften is interessant voor de algemene kennis.
4 Het effect van reclame is soms moeilijk meetbaar.
5 De ontwikkelingslanden kregen hulp in de vorm van geld.
6 Na de hereniging van Duitsland moesten veel bedrijven in het Oosten van Duitsland hun deuren sluiten omdat ze niet concurrerend waren.
7 Het centrum van München is één grote voetgangerszone.
8 Amsterdam is de hoofdstad van Nederland.
9 Wie was de moeder van Oedipus?
10 De successen van Boris Becker zorgden voor een tennisboom in Duitsland.
11 Hebt u het dagboek van Anne Frank nog gelezen?
12 De Buddenbrooks is het bekendste werk van Thomas Mann.
13 De verloren eer van Katharina Blum is een roman van Heinrich Böll.
14 Das Parfum is een veelgelezen roman van Patrick Süskind.
15 De Duitsers hebben zich na de oorlog met de successen van Uwe Seeler geïdentificeerd.
16 Op vluchten naar Amerika vliegt hij altijd eerste klasse.
17 Door de grote belangstelling van de media ontwikkelde zich die affaire al snel tot een schandaal van eerste rang.
18 Zowel het aantal exposanten als het aantal bezoekers op de beurs van Frankfurt groeit van jaar tot jaar.
19 Het aantal autodiefstallen is de laatste jaren spectaculair gestegen.
20 Vorig jaar is het aantal misdrijven met 10 % toegenomen.

21 Tientallen jonge mensen vonden een opleidingsplaats in het nieuwe bedrijf.
22 Het kwam tot zware rellen waarbij de politie tientallen gewelddadige betogers arresteerde.
23 Door het faillissement van die touroperator zaten honderden ontgoochelde reizigers vast in de Verenigde Staten.
24 Het sprookjeskasteel Neuschwanstein in Beieren trekt ieder jaar tienduizenden Amerikaanse en Japanse toeristen aan.
25 Op de beurs in Genève werden een aantal nieuwe modellen voorgesteld.
26 Er staan een aantal heel delicate punten op de dagorde.
27 De bedrijfsleiding heeft op de persconferentie een hele reeks nieuwe maatregelen aangekondigd.
28 Er staat altijd een ruiker verse bloemen aan de receptie.
29 Voor een hele reeks moeilijke problemen is er nog geen oplossing gevonden.
30 Ik moet dringend een paar nieuwe schoenen kopen.
31 De student wist dat hij gezakt was, want hij had geen enkele van de vragen kunnen beantwoorden.
32 Een van zijn broers woont in Nederland.
33 Dat is duidelijk de gunstigste van die drie aanbiedingen.
34 Ik heb ook enkele van mijn collega's uitgenodigd.
35 IBM is een van de grootste firma's van de VS.

92 *Ter vertaling in het Duits (91-95)*

4.2 Voorgeplaatste genitief (91)

Apostroph kommt nur bei Eigennamen auf Zischlaut *s/ß/z/x/* vor. Nach Zischlaut *sch* folgt die normale *s*-Endung. Nach Vokal steht im Deutschen kein Apostroph!

Brutus' Mord an Cäsar / Wilhelm Buschs Werke / Franz Kafkas Erzählungen

Die Endung *-ens* nach Zischlaut (anstatt des Apostrophs) gilt als altertümlich:

Johann Straußens Musik

1 Goethes geboortehuis in Frankfurt is nu een museum.
2 Kafka's werken worden in de hele wereld gelezen.
3 Strauß' operetten zijn ook vandaag de dag nog erg geliefd.
4 Rubens' schilderijen vind je in alle musea ter wereld.

4.3 Werkwoord + genitief (92)

5 Ik kan me niet van de indruk ontdoen dat u bedrogen werd.
6 Ieder jaar in augustus herdenken de Japanners de slachtoffers van de atoombom.
7 Ondanks de vele gewelddadige supporters verheugt voetbal zich nog altijd in een grote populariteit.
8 Hij hoopte dat hij zonder diploma werk zou vinden, maar hij werd al snel uit de droom geholpen.
9 Na dat incident achtte ze hem geen blik meer waardig.
10 Dat behoeft wel geen verklaring.
11 Beide terroristen worden van meervoudige moord beschuldigd.
12 De boekhouder werd aan valsheid in geschrifte schuldig bevonden.
13 Verschillende leden van de oppositie hebben zich van stemming onthouden.
14 Hij wordt van verschillende bankovervallen verdacht.

15 Een Duitse en een Amerikaanse journalist werden uit het land gezet.

4.4 Adjectief + genitief (93)

16 Als algemeen directeur was hij zich heel goed bewust van zijn verantwoordelijkheid.
17 Ze toonde zich het vertrouwen van haar baas ook waard.
18 Het was echt niet de moeite waard om daarvoor zoveel geld uit te geven.
19 Het hele incident was het spreken niet waard.
20 Naar verluidt, zou hij schuldig zijn aan diefstal.
21 Ik ben me geen schuld bewust.
22 De situatie in dit land is erg chaotisch en je bent er niet meer zeker van je leven.
23 Ben je daar absoluut zeker van?
24 Onze Duitse gasten waren vol lof over hun bezoek aan Brugge.
25 Haar brief stond vol fouten.
26 Hij vertelde vol trots over zijn successen.

4.5 Onbepaalde tijdsbepalingen: Eines Tages (94)

27 Woensdagsavonds is er meestal voetbal op TV.
28 Wanneer moet u 's morgens opstaan?
29 Zaterdagsmorgens is het meestal erg druk in de winkels.
30 Op zekere nacht kreeg hij ongevraagd bezoek.
31 Daar zul je op een dag nog spijt van hebben!

4.6 Uitdrukkingen met genitief (95)

32 Over de meeste punten waren we dezelfde mening toegedaan.
33 De meeste mensen zijn van mening dat te veel geld uitgegeven wordt voor bewapening.
34 Mijns inziens is zo'n opleiding erg nuttig.
35 De libero van de thuisploeg maakte meerdere zware fouten en ten langen leste werd hij uit het veld gestuurd.

5 Bijstelling

Ter vertaling in het Duits (96) 93

1 Dat ongeluk had hem als ervaren chauffeur niet mogen overkomen.
2 Als algemeen directeur is hij daarvoor verantwoordelijk.
3 Die Duitse professor geldt als een internationaal erkend expert op dat vlak.
4 Ik heb hem nog als jonge student gekend.
5 De Amerikanen slaagden er in 1969 als eersten in op de maan te landen.
6 De knieval van Willy Brandt, de eerste sociaal-democratische Duitse bondskanselier, voor het gedenkteken van de joden in het getto van Warschau was een indrukwekkend gebaar van verzoening.

7 Ik zou u als goede vriend eens onder vier ogen willen spreken.

8 Hij is hier tien jaar geleden als jonge bediende begonnen.
9 Velen tipten op een Duitser als nieuwe wereldkampioen.
10 In een klein land als dat van ons is het moeilijk zoiets te realiseren.
11 Picasso wordt algemeen als een van de grootste schilders van deze eeuw beschouwd.
12 Hij heeft me altijd als zijn grootste concurrent beschouwd.
13 Van Ludwig Erhard, de bekendste minister van Economische Zaken van de Bondsrepubliek, stamt het citaat: "Wir sind wieder wer".
14 Tijdens de zomervakantie hebben we het geboortehuis van Ludwig van Beethoven, de beroemdste Duitse componist, in Bonn bezocht.
15 Bij ons bezoek aan Weimar, de stad van Goethe en Schiller, hebben we natuurlijk ook het huis van Goethe bezocht.
16 Dat is een schilderij van Albrecht Dürer, een van de bekendste Duitse schilders uit de zogn. Duitse School.
17 Je broer werkt niet zo precies als jij.
18 Mag ik u de heer Schmidt, onze nieuwe medewerker voor de inkoopafdeling, voorstellen?
19 Konrad Adenauer werd in 1949 als eerste Duitse bondskanselier verkozen.
20 Zijn gezin stond als één man achter hem.
21 Hij heeft zich weer eens erg lomp gedragen.
22 Meldt u zich eerst aan de receptie bij mevrouw Schmidt, onze secretaresse.
23 Als jonge trainer verheugde hij zich natuurlijk over de kampioenstitel.
24 Met de Buddenbrooks, een roman over het verval van een koopmansfamilie, werd Thomas Mann wereldberoemd.
25 Hij geldt als een van de succesrijkste topmanagers van de Verenigde Staten.

Hoofdstuk III
ZELFSTANDIG NAAMWOORD

A WOORDGESLACHT

1 Regels voor het woordgeslacht op grond van de vorm

1.1 Mannelijk (97-99)

1. Zelfstandige naamwoorden op -el/-en/-er: Ter vertaling in het Duits (97) 94

1 We bieden dat artikel op het ogenblik als speciale aanbieding met een reductie van 40 procent aan.
2 Het artikel dat u besteld hebt, hebben we momenteel niet meer in voorraad.
3 Volgens de dokter heeft hij een te hoge cholesterolspiegel.
4 Hoe lang is de spoorwegtunnel onder het Kanaal?
5 Topsport is een zware belasting voor de hartspier.
6 Duisburg is de grootste binnenhaven ter wereld.
7 Tijdens de vakantie willen ze hun winkel volledig nieuw inrichten.
8 Toen ik het rolluik in de badkamer optrok, zag ik onmiddellijk dat het gesneeuwd had.
9 Wat is het economische nut van zo'n maatregel?
10 We zullen binnenkort een nieuwe bestelwagen moeten kopen.
11 Omdat de eigen produktie niet volstond, moesten de Russen Amerikaanse tarwe kopen.
12 Tijdens haar stage moest ze voortdurend gegevens in de computer invoeren.
13 We hebben een nieuwe laserprinter gekocht.
14 Ze hebben in de keuken een draagbaar t.v.-toestel staan.
15 De hele voormiddag hebben arbeiders de straat opengebroken met een pneumatische boor. Het lawaai was om gek te worden.
16 Wie door een verkeerslicht rijdt als het op rood staat, moet met een zware geldstraf rekenen.
17 Op de Wartburg in Eisenach heeft Luther in het begin van de 16e eeuw de bijbel in het Duits vertaald.
18 In de formule I staan grote financiële belangen op het spel.
19 Ik heb een mes en een lepel, maar nog geen vork.
20 De twee bekendste zangvogels in onze streken zijn de merel en de lijster.
21 Het Griekse eiland Rhodos is bij de toeristen erg in trek.
22 De aardappel werd uit Amerika naar Europa ingevoerd.
23 Naast de bel hangt een bordje met zijn naam.
24 Ik heb alleen nog een veiligheidsspeld te kort.
25 De hoofdkerk bezit een erg waardevol orgel.
26 Een populier groeit erg hoog.
27 U moet die regel niet alleen van buiten kennen, u moet hem ook toepassen.
28 Voor haar inspanningen kreeg ze een doos pralines cadeau.
29 De lerares schreef alle moeilijke woorden op het bord.
30 Voor dat nieuw artikel heeft de firma zeer veel reclame gemaakt.
31 We moeten het probleem aan de wortel aanpakken.

32 De boter staat in de koelkast.
33 De zaken gingen almaar slechter en op den duur moest hij het faillissement aanvragen.
34 Zijn vreugde was van korte duur.
35 De openingsceremonie werd rechtstreeks op TV uitgezonden.
36 U kunt zich daarvoor het best tot de Kamer van Koophandel richten.
37 Te veel alcohol schaadt de lever.
38 De bewoners van de hoogste verdiepingen werden via de brandweerladder gered.
39 De Berlijnse Muur viel op 9 november 1989.
40 Kunt u het bestelnummer nog eens herhalen a.u.b.?
41 De Duitse ploeg was een maatje te groot voor onze landgenoten.
42 De Toverfluit is de bekendste opera van Mozart.
43 Ze heeft dat examen veel te licht opgenomen.
44 Hoeveel bedraagt de BTW voor dat artikel?
45 U mag die kosten van de belasting aftrekken.
46 Vooral op het vlak van de seksuele misdrijven gaat de gerechtelijke politie van een hoog aantal niet gemelde gevallen uit.
47 Haar grootvader is ondanks zijn hoge leeftijd nog erg kras.
48 De belangrijkste criteria voor de bepaling van het salaris zijn de leeftijd, de positie en de opleiding.
49 U zou opkijken als u haar juiste leeftijd zou kennen.
50 De oever van de Oostzee is veel steiler dan die van de Noordzee.

95 *2. Zelfstandige naamwoorden op -ismus: Ter vertaling in het Duits (98)*

1 Op zijn laatst sinds het verval van de voormalige Sovjet-Unie heeft het communisme afgedaan.
2 Het internationale terrorisme is een echte plaag in onze beschaafde wereld.
3 Het toerisme is voor veel landen een belangrijke bron van inkomsten.
4 Het menselijk organisme heeft een groot aanpassingsvermogen.
5 Het impressionisme is een belangrijke stijlrichting in de Franse schilderkunst.
6 De Deense filosoof Kierkegaard had grote invloed op het existentialisme.
7 De Duitse dichter Gerhart Hauptmann is een belangrijke vertegenwoordiger van het naturalisme.
8 Met haar onverstoorbaar optimisme overwon ze alle moeilijkheden.
9 Het extremisme van links en van rechts leidde tot de ondergang van de Republiek van Weimar.
10 Het socialisme en het kapitalisme zijn twee ideologieën uit de 19e eeuw.

96 *3. Stammen van werkwoorden zonder achtervoegsel: der Beweis (het bewijs) (99)*

1 Ik heb het begin van de film gemist.
2 Het afsluiten van de onderhandelingen is nog niet voor morgen.
3 De minister heeft ons verzoek afgewezen.
4 We wachten op een concreet voorstel.
5 We hebben al een voorschot van 1000 mark moeten betalen.
6 De baas verwacht tegen morgen een uitgebreid schriftelijk verslag over dat geval.
7 Gelieve het bedrag binnen de week op onze rekening over te maken.
8 Natuurlijk werd het bedrog ontdekt en dat kostte hem zijn baan.
9 U hebt gemakkelijk praten, maar kunt u daarvoor ook het bewijs leveren?
10 Zijn prestaties op school lagen ver boven het gemiddelde.
11 Wat is het belangrijkste bezwaar tegen dat plan?
12 Ik denk ook dat dat een wijs besluit is dat je genomen hebt.

13 Iedereen die een taal grondig wil leren is op het gebruik van een woordenboek aangewezen.
14 Het schot van de Brugse midvoor trof de paal.
15 Het elektriciteitsverbruik in ons land is vorig jaar met 3 procent gegroeid.
16 Het werk aan dat project nam hem volledig in beslag.
17 Dat antwoord bevredigt me niet.
18 De uitvoer van Duitse auto's naar de Verenigde Staten is o.a. tengevolge van de dure Duitse mark sterk afgenomen.
19 Zeebrugge is een belangrijke haven voor de invoer van uitheems fruit.
20 De verdediging van de thuisploeg maakte een erg onzekere indruk.
21 Wat zijn uw plannen voor de toekomst?
22 Ik zal eens de inlichtingen opbellen om zijn nummer te vragen.
23 Wanneer is de aankomst van hun vliegtuig voorzien?
24 Kent u zijn nieuw adres?
25 Uw handtekening ontbreekt nog.
26 Ze heeft een onleesbaar handschrift.
27 Waarom wilde je geen gebruik maken van haar hulp?
28 Sinds de ommekeer in de ex-DDR is er in het Oosten van Duitsland veel veranderd.
29 Ik neem aan dat dat een leugen om bestwil was die hij uitgevonden heeft.
30 In de meeste Arabische staten is de oliewinning de belangrijkste bron van inkomsten.

1.2 Vrouwelijk (100-104)

Ter vertaling in het Duits 97

1. Zaaknamen en abstracte zelfstandige naamwoorden op -e (100)

1 Bij mij bent u daarvoor alvast aan het verkeerde adres.
2 De beurs van New York is de belangrijkste effectenbeurs ter wereld.
3 Door de optimistische vooruitzichten stegen de koersen van de meeste Duitse aandelen op de beurs van Frankfurt aanzienlijk. De Duitse aandelenindex (DAX) bereikte een nieuw record.
4 Het aantal exposanten op de modebeurs in München is in vergelijking met vorig jaar met 5 procent gestegen.
5 Keulen, Frankfurt, Hannover, München en Leipzig zijn belangrijke jaarbeurssteden.
6 In Frankfurt bevindt zich de zetel van de Bundesbank en ook de belangrijkste Duitse beurs.
7 Na een bewogen debat in de Duitse Bondsdag werd Berlijn tot nieuwe hoofdstad van Duitsland gekozen.
8 De firma heeft een schitterend jaar achter de rug en heeft dan ook een hoog dividend uitgekeerd.
9 De centrale van de firma bevindt zich in Essen, maar er is ook een filiaal in Duisburg.
10 Aan de grens tussen Duitsland en Oostenrijk bedroeg de wachttijd één uur.
11 De Sorben zijn een kleine Slavische bevolkingsgroep in het Oosten van Duitsland.
12 De financiële situatie van onze gemeente ziet er niet rooskleurig uit.
13 We hebben vorige zomer onze vakantie aan de Oostzeekust doorgebracht.
14 Sinds dat incident stond hij bij haar op de zwarte lijst.
15 Ogenblikje, ik moet hier eerst nog een postzegel kopen.
16 Veel klanten zweren bij dat merk.

17 Bij die bestelling ging het om een heel grote hoeveelheid en natuurlijk kregen we een belangrijke quantumkorting.
18 Hij zal nog heel veel moeten leren.
19 De huur moet de eerste van de maand betaald worden.
20 Voor de verwarming betalen de huurders iedere maand een vast bedrag.
21 U moet die zaak ook eens vanuit haar perspectief beschouwen.
22 Hoeveel vermogen heeft de vaste schijf van uw computer?
23 De partijvoorzitter heeft voor morgen de pers uitgenodigd.
24 Na de première van haar nieuwe film had ze een goede pers.
25 Duits geldt voor velen als een moeilijke taal.
26 De ministers van Buitenlandse Zaken van de EU moeten nog een hele reeks problemen bespreken.
27 Door de reorganisatie stonden 100 mensen van vandaag op morgen op straat.
28 Ook in moeilijke tijden bleef ze hem trouw.
29 Natuurlijk krijgt ze een weduwenpensioen.
30 Je moet je eens in mijn positie verplaatsen.
31 Iedereen hoopte op een verbetering van de economische toestand.
32 Dat is haar zaak wie ze uitnodigt en wie niet.
33 Ik had mijn parkeerschijf vergeten en dat kostte me een geldstraf.
34 In uw plaats zou ik die zaak niet op de spits drijven.
35 Hij zou van baan willen veranderen.
36 Ze heeft een heel mooie stem.
37 Zijn doodsbericht heeft in alle kranten gestaan.
38 De vraag naar woningen overtreft het aanbod.
39 Het is geen enkel probleem om een wagen van dat merk op de tweedehands-wagenmarkt te verkopen: een advertentie in de krant volstaat.
40 We hebben nog een week tijd.
41 Camembert is een heel bekende Franse kaas.
42 Dat is werkelijk de letter van de wet.
43 De Vrede van Westfalen van 1648 beëindigde de Tachtigjarige Oorlog en werd in de Vredeszaal in Münster gesloten.
44 Daardoor kregen we weer een sprankeltje hoop.
45 De gedachte alleen al aan het examen maakte haar zenuwachtig.
46 Hoe is uw naam, a.u.b.?
47 De goede wil alleen volstaat niet.
48 Zijn rotsvast geloof hielp hem in die moeilijke situatie.
49 De Duitse ploeg staat opnieuw in de finale.
50 Ze bekeek de vakantiefoto's zonder grote interesse.

98 *2. Zelfstandige naamwoorden op -ei/-heit/-keit/-schaft/-ung (101)*

1 Voor de ingang van de discotheek kwam tot een vechtpartij waarbij enkele bezoekers ernstige verwondingen opliepen.
2 Zijn vader leidt een goedlopend advocatenbureau in de hoofdstad.
3 Ik moet nog naar de slagerij en naar de bakkerij.
4 De SPD is de oudste partij van Duitsland.
5 Wegens helerij werd hij tot een gevangenisstraf van zes maanden veroordeeld.
6 De stijgende criminaliteit is de politie boven het hoofd gegroeid.
7 Hij neemt het met de waarheid niet zo nauw.
8 Dat is al lang geen nieuwigheid meer.
9 De regering wilde in de eerste plaats de werkloosheid bestrijden.
10 Kasteel Sanssouci is de belangrijkste bezienswaardigheid in Potsdam.
11 Ze kon de eenzaamheid niet verdragen.

12 Dat is een moeilijkheid waarmee we geen rekening gehouden hadden.
13 We zullen alle mogelijkheden onderzoeken.
14 Ons clientèle is de laatste jaren geweldig gegroeid.
15 Tijdens de laatste maanden van haar zwangerschap is ze thuis gebleven.
16 De wereldeconomie bevond zich toen in een diepe crisis.
17 De informatica is een relatief jonge wetenschap.
18 De Amerikaanse ploeg evenaarde in de finale van de 4 x 100 meter aflossing het wereldrecord.
19 We genoten van het prachtige landschap.
20 Dat was een uitstekende prestatie van de Duitse ploeg.
21 Hebt u al een reactie gekregen op uw sollicitatie?
22 Volgens de opiniepeilingen zou de regering het vertrouwen van de kiezers verliezen.
23 Sinds januari van dit jaar heeft zijn zoon de leiding van de firma overgenomen.
24 Hij werkt al tien jaar in de exportafdeling van die firma.
25 Het onderzoek van de politie heeft totnogtoe niets opgeleverd.

-heit of -keit (102) **99**

1 Volgens de politie is het ongeluk aan overdreven snelheid toe te schrijven.
2 Door haar charme en haar vriendelijkheid was ze bij de klanten erg geliefd.
3 Spaarzaamheid is onder alle omstandigheden een goede deugd.
4 Ik twijfel aan de juistheid van zijn beweringen.
5 Ik begrijp haar onverschilligheid in die zaak niet.
6 Het artikel bevat meerdere onnauwkeurigheden.
7 Niemand mocht zijn opdringerigheid.
8 Kunt u indien mogelijk morgen een half uur vroeger beginnen?
9 Ik had aan die mogelijkheid niet gedacht.
10 Als het om geld gaat, houdt de gemoedelijkheid op.
11 Mag ik nog even om uw aandacht vragen?
12 Je mag wegens die moeilijkheden niet onmiddellijk de moed verliezen.
13 We zullen voorlopig niet op die details ingaan.
14 We zijn in de minderheid en we moeten ons dus naar de meerderheid schikken.
15 Door de toename van het geweld neemt ook het gevoel van onveiligheid toe.
16 Ook in kritieke situaties verliest ze haar zelfzekerheid niet.
17 Hij voelde zich in zijn ijdelheid gekwetst.
18 Met zijn naïef voorstel veroorzaakte hij algemene hilariteit.
19 Ik hecht vanzelfsprekend groot belang aan orde en netheid.
20 Zijn standpunt liet aan duidelijkheid niets te wensen over.

Leenwoorden op -anz/-ek/-enz/-ie/-ik/-iz/-ion/-ät/-ur (103-104) **100**

1 De Japanse handelsbalans vertoont een geweldig overschot.
2 Hij had niet de nodige distantie om objectief te kunnen oordelen.
3 Haar arrogantie maakt haar onsympathiek.
4 Ze gaan ieder weekend naar de discotheek.
5 Dat werk vindt u zeker in de universiteitsbibliotheek.
6 Hun huis is met een hypotheek belast.
7 De harde concurrentie tussen de autoproducenten drukte op de prijzen.

8 De textielindustrie in het Westen krijgt zware concurrentie uit de ontwikkelingslanden.
9 Het was een mislukking over de hele linie.
10 Ik zou dat eerst willen bespreken met mijn gezin.
11 Haar man werkt in een meubelfabriek.
12 Ik vraag me af of dat op lange termijn een verstandige politiek is?
13 De landbouwpolitiek van de EU stuit vaak op groot verzet van de landbouwers.
14 Hoeveel bedroeg de inflatie vorig jaar in ons land?
15 Groot-Brittanië was een van de eerste industrienaties ter wereld.
16 De economische politiek van de president staat al lang ter discussie.
17 Sinds zijn hartoperatie moet hij zich aan een streng dieet houden.
18 Hun zoon studeert geneeskunde aan de universiteit Leuven.
19 Door de internationale concurrentie zijn we verplicht de produktiviteit op te voeren.
20 De temperatuur bedroeg meer dan 30 graden in de schaduw.
21 Hoeveel heeft die herstelling gekost?
22 De conjunctuur bevond zich in een dal.
23 Interesseer je je voor de Duitse literatuur?
24 U moet die kopie officieel laten bekrachtigen.
25 Hamlet is de bekendste tragedie van Shakespeare.

1.3 Onzijdig (105-107)

101 *Ter vertaling in het Duits*

1 Hij heeft zijn studie vorig jaar afgemaakt.
2 Welke datum draagt de brief?
3 Het kieskeurige publiek van de Milanese Scala heeft de bekende operaster uitgefloten.
4 Berlijn is ook een belangrijk cultureel centrum.
5 De regering nam maatregelen om de economische groei te bevorderen.
6 Dat was een spijtige vergissing waarvoor we ons verontschuldigen.
7 Ze verwachten een blijde gebeurtenis.
8 Het resultaat van het onderzoek verwondert me niet.
9 Door die oneerlijke praktijken kwam hij zelfs een paar maanden in de gevangenis.
10 Dat is ondertussen een publiek geheim.
11 Zijn baas had hem daartoe ook de bevoegdheid verleend.
12 Er bestaat geen aanleiding tot bezorgdheid.
13 Wie heeft u daarvoor de toestemming verleend?
14 Het nieuwe produktieprocédé betekent een belangrijke besparing.
15 De zonsverduistering was goed te zien.
16 Het stadhuis is een prachtig historisch gebouw.
17 Hij heeft een heel goed geheugen.
18 Van wie is dat schilderij?
19 Hebt u grote bagage mee?
20 De levensmiddelenafdeling bevindt zich op de gelijkvloerse verdieping.
21 Als jong bediende krijgt hij natuurlijk nog geen al te hoog salaris.
22 Ik verheug me erover dat ik tot zaken gekomen ben met u.
23 De zaak blijft tussen de middag open.
24 Zaken zijn zaken.
25 In de horeca willen alle klanten op hetzelfde moment bediend worden.
26 Bij die zaak hebben we een mooie winst gemaakt.

27 Hoeveel bedroeg de nettowinst vorig jaar?
28 Hij eiste onvoorwaardelijke gehoorzaamheid van zijn medewerkers.
29 Voor het lenen van c.d.'s en video's betalen de leden een kleine vergoeding.
30 Het begrip "Made in Germany" gaat terug op een Britse wet uit de 19e eeuw.
31 Haar geduld was op.
32 We mogen dat gevaar niet onderschatten.
33 Bij de operatie werd een kwaadaardig gezwel weggenomen.
34 Ik sta er borg voor dat die informatie klopt.
35 Het groeiende politieke geweld in dat land is een gevaar voor de democratie.

2 Regels voor het woordgeslacht op grond van de betekenis

Ter vertaling in het Duits

2.1 Mannelijk (108-110) 102a

1 Volgende woensdag vindt de halve finale plaats.
2 Ik moet volgende vrijdag naar een klant in Genève.
3 Het Verre Oosten is op economisch gebied een belangrijke concurrent voor het Westen.
4 Ieder jaar reizen honderdduizenden vakantiegangers naar het Zuiden.
5 Het Noorden van Italië is een modern en rijk industriegebied.
6 Het Nabije Oosten lijkt soms wel een kruitvat.
7 Door de mist gebeurden verschillende kettingbotsingen op de autoweg.
8 Eindelijk hield de regen op.
9 De sneeuw bleef liggen.
10 Die planten verdragen geen vorst.
11 Na jaren van spanning begon eindelijk de politieke dooi tussen de twee landen.
12 Door de ijzel raakten vele verraste chauffeurs in een slip.
13 De dollar is nog altijd de meest gebruikte munteenheid ter wereld.
14 De Franse frank moest worden gedevalueerd.
15 De Zwitserse frank geldt als een van de sterkste munten ter wereld.
16 Bij de invoering van de Duitse mark in 1948 was de dollar 3,3 mark waard. De mark kon die koers niet houden en moest al snel gedevalueerd worden.
17 Bij de monetaire unie tussen de Bondsrepubliek Duitsland en de DDR op 1 juli 1990 werd de Duitse mark ook in het Oosten van Duitsland ingevoerd.
18 Het Britse pond, de Belgische frank, de Oostenrijkse schilling, de Italiaanse lire, de Spaanse peseta en de Zweedse kroon hebben in de loop der jaren allemaal aan waarde verloren tegenover de Nederlandse gulden en de Duitse mark.
19 Hoeveel bedraagt de koers van de ecu in Belgische frank?
20 Hij rijdt met een BMW en zijn vrouw met een Golf.
21 De Mercedes geldt als het paradepaard van de Duitse industrie.
22 Ze hebben een nieuwe Opel gekocht.
23 Die trap is uit witte marmer.
24 Het zand is heel heet.
25 De Mount Everest is de hoogste berg in de Himalaja.
26 De Zugspitze in de Beierse Alpen is Duitslands hoogste punt.
27 De Matterhorn is een van de hoogste bergen in Zwitserland en de hoogste berg in Oostenrijk is de Großglockner.
28 Tijdens onze vakantie in de Harz hebben de we Brocken beklommen.
29 De Eifel en de Taunus zijn Duitse middengebergtes.
30 De Jura ligt op de grens tussen Frankrijk en Zwitserland.

31 De Elzas is een heel mooie streek.
32 Hawaï is een eiland in de Stille Oceaan.
33 Charles Lindbergh maakte in 1927 als eerste een solovlucht over de Atlantische Oceaan.
34 Het vlas heeft de Leiestreek vroeger werk en welstand gebracht.
35 Die vleessalade smaakt heel lekker.

102b 2.2 Vrouwelijk (109)

1 Bremen ligt aan de Weser en Hamburg ligt aan de Elbe.
2 München wordt vaak het "Athene aan de Isar" genoemd.
3 De Roer gaf het Roergebied zijn naam. De Roer ontspringt in het Sauerland en mondt bij Duisburg uit in de Rijn.
4 Tower Bridge is de bekendste brug over de Theems.
5 Hebt u al eens de kastelen van de Loire bezocht?
6 Notre-Dame ligt op een eiland in de Seine.
7 De Donau is de langste Europese rivier: hij ontspringt in Duitsland en mondt uit in de Zwarte Zee.
8 Bernkastel en Traben-Trarbach zijn druk bezochte wijnsteden aan de Moezel.
9 De Oder en de Neiße vormen de grens tussen Duitsland en Polen.
10 Frankfurt is Duitslands financieel centrum aan de Main en wordt daarom vaak "Mainhattan" genoemd.
11 De Rijn is de drukst bevaren rivier ter wereld.
12 Heidelberg aan de Neckar is een bekende Duitse universiteitsstad.
13 Mark Twain groeide op aan de oevers van de Mississippi.
14 We hebben een kruisvaart gemaakt op de Nijl.
15 Is dat een één of een zeven?
16 Ze is taalbegaafd en heeft zowel voor Engels als voor Duits een één gekregen.
17 Je moet eerst de twee nemen naar het station en dan overstappen op de één.
18 Een anjer ruikt heel sterk.
19 "De Witte Roos" was de naam van een verzetsbeweging aan de universiteit München.
20 De ramp met de Titanic gebeurde in 1912.

102c 2.3 Onzijdig (110)

1 Het naoorlogse Duitsland leek aanvankelijk wel één puinhoop.
2 Het Berlijn van de jaren twintig was een bruisende stad.
3 Verschillende landen in Afrika hebben met gelijkaardige problemen te kampen.
4 Na een klinker wordt in het Duits de h niet uitgesproken.
5 Dat is precies de kern van de hele zaak.

3 Verschillend woordgeslacht Duits – Nederlands

Ter vertaling in het Duits (111-113)

103a 3.1 Mannelijk (111)

1 Het afscheid viel haar zwaar.
2 Hoewel een bankbediende ongezien het alarm in werking zette, konden de bankovervallers met een aanzienlijke buit verdwijnen.

3 Die firma is marktleider en heeft haar marktaandeel vorig jaar zelfs nog kunnen uitbreiden.
4 De doelman had een groot aandeel in de overwinning van zijn ploeg.
5 Ze had haar badpak in haar hotelkamer vergeten.
6 Ik moet eens een nieuw fototoestel kopen.
7 Het publiek dankte de dirigent met een stormachtig applaus.
8 Door een studieverblijf van één jaar in Duitsland spreekt hij nu ook vloeiend Duits.
9 We wachten het geschikte ogenblik af.
10 Gelieve een ogenblik te wachten, ze is nog in gesprek.
11 Het dichtste metrostation was maar een paar minuten van ons hotel verwijderd.
12 Het perron stond vol reizigers die allemaal naar de kust wilden.
13 Het houten balkon van het hotel was mooi met bloemen versierd.
14 Dat schandaal was zijn politiek bankroet.
15 Ze hebben gisteren op een persconferentie het jaarverslag gepresenteerd.
16 Dat stageverslag geeft een goed overzicht van wat de stagiair gedaan heeft.
17 Het beroep van journalist is een veeleisend beroep.
18 Welk beroep zou je later willen uitoefenen?
19 Het ging om een heel hoog bedrag.
20 Het bedrijf werd 100 jaar geleden opgericht.
21 Ze heeft een erg aangenaam karakter.
22 Hoeveel bedraagt het disconto nu?
23 De legendarische Kever was indertijd een gigantisch succes.
24 Het succes is hem naar het hoofd gestegen.
25 Ze had helaas geen succes met haar sollicitatie.
26 Voor het geval dat het regent, heb ik een paraplu mee.
27 Ik zal dat in geen geval toelaten.
28 Zoiets is vaak het geval.
29 U zou me daarmee een groot plezier doen.
30 Het goudgehalte van een legering wordt in karaat uitgedrukt: zuiver goud heeft 24 karaat.
31 In zulke situaties is absolute gehoorzaamheid vereist.
32 Ze leiden allebei een druk leven, zijn vrouw oefent ook een beroep uit en daarom hebben ze een huishoudster die het huishouden voor ze doet.
33 Het parlement heeft de begroting voor volgend jaar goedgekeurd.
34 Het hof van de Franse koning Lodewijk XIV was in Versailles gevestigd.
35 Haar vader heeft een tijd geleden een hartinfarct gekregen.
36 Aan de universiteit bleek al vlug dat hij over een scherp intellect beschikte.
37 Het Rijn-Main-Donaukanaal was lange tijd een omstreden project.
38 Ik heb het commentaar in de krant gelezen, maar ik ben het er niet mee eens.
39 Wie heeft het kompas uitgevonden?
40 De Weense psycholoog Sigmund Freud beschreef als eerste het Oedipuscomplex.
41 De nieuwe produktieafdeling is een reusachtig complex.
42 Beide partijen hebben over deze netelige kwestie na moeizame onderhandelingen een compromis bereikt.
43 Vroeg of laat zal de partijleiding in het conflict tussen die twee rivalen moeten tussenbeide komen.
44 Volgend weekeinde vindt in Berlijn een belangrijk wetenschappelijk congres plaats met deelnemers uit de hele wereld en daardoor zijn alle hotels volgeboekt.
45 Door het verlies van enkele grote klanten was het faillissement niet meer te vermijden.
46 Azië is niet alleen het grootste continent van de wereld, het telt ook meer dan 50 % van de totale wereldbevolking.

47 Toen hij dat contract ondertekende, moet hij wel al zijn gezond verstand verloren hebben.
48 Het Daimler-Benz-concern is niet alleen in de automobielbranche actief.
49 De banken wilden hem geen krediet meer verlenen.
50 Het Kremlin heeft nog niet officieel gereageerd op deze nieuwe ontwikkeling.
51 Het gemiddelde uurloon in ons land is veel hoger dan in de lage-lonenlanden.
52 We wachten koelbloedig het geschikte moment af.
53 De maan draait in 28 dagen om de aarde.
54 De onderzoekers stuitten op een moeras van corruptie.
55 Het enige nadeel van die auto is zijn hoge prijs.
56 Het spijt me, maar ik zie het nut van die maatregel niet in.
57 Het paleis van Versailles is een van de bekendste paleizen ter wereld.
58 Achter het kasteel bevindt zich een prachtig park.
59 Langs de rivier loopt een smal pad.
60 Het Sint-Pietersplein in Rome is een van de imposantste pleinen ter wereld.
61 Welk profijt heb je daarvan?
62 De nieuwe besparingsmaatregelen stuitten op hevig protest van de bevolking.
63 Dat Parijse café was in de jaren twintig een belangrijk trefpunt van kunstenaars.
64 Zijn overwinning op de Olympische spelen was het absolute hoogtepunt van zijn loopbaan.
65 We zullen later nog eens op dat punt terugkomen.
66 Aan onze trouwe klanten verlenen we een korting van 10 %.
67 De Keniaan verbeterde zijn eigen wereldrecord met 2 seconden.
68 Op de beurs van New York bereikte de Dow Jones een nieuw record.
69 Na dat schandaal eiste de oppositie het ontslag van de minister van Buitenlandse Zaken.
70 Ik zou een tomatensap willen a.u.b.
71 Hoeveel bedraagt het saldo op mijn rekening?
72 Die bedriegerijen hebben de onderneming aanzienlijke schade berokkend.
73 De verzekering heeft de schaden volledig vergoed.
74 Hoeveel kost zo'n kleurenbeeldscherm?
75 Het Bodenmeer is het grootste Duitse meer en het grenst aan drie landen: aan Duitsland, aan Zwitserland en aan Oostenrijk.
76 Europees staal is duurder dan Amerikaans of Japans staal.
77 Die affaire heeft maandenlang veel stof doen opwaaien.
78 Het was prachtig weer en het strand krioelde van de toeristen.
79 De vakbonden hebben voor volgende woensdag een prikactie aangekondigd.
80 De in opspraak gebrachte politici probeerden het geval in de doofpot te stoppen.
81 Wat een prachtig oosters tapijt! Waar heb je het gekocht?
82 Het goederentransport over de weg is de laatste jaren sterk toegenomen.
83 Door het ongeval vormde zich een file van wel 20 km.
84 In ons land hecht men grote waarde aan het vreemdetalenonderwijs.
85 Waarin bestaat het verschil tussen beide types?
86 We geven de voorkeur aan een ontspannende en rustige vakantie in de bergen.
87 Het Vaticaan is al eeuwenlang de residentie van de paus in Rome.
88 Hij is niet langer boven iedere verdenking verheven.
89 Door de betoging in het stadscentrum moest het verkeer worden omgelegd.
90 Op alle autowegen naar het Zuiden heerste druk verkeer.
91 In de eerste zes maanden van dit jaar leed de firma een gevoelig verlies.
92 Gebruik nu eens eindelijk je verstand!
93 U moet uw huurcontract aangetekend opzeggen.
94 Dat hotel heeft het grote voordeel dat het onmiddellijk aan het strand ligt.

95 Iedereen was in de eerste plaats op zijn eigen voordeel uit.
96 Op de duur zag hij door de bomen het bos niet meer.
97 We hechten grote waarde aan kwaliteit en service.
98 Het Russische staatscircus bezoekt binnenkort ook ons land.
99 Het toeval heeft me geholpen.
100 We hebben dit jaar een omzet van 1 miljard bereikt en dat was ook het doel dat we nastreefden.

3.2 Vrouwelijk (112) 103b

1 De waarde van dat aandeel is de laatste weken spectaculair gedaald.
2 Hebt u al een antwoord gekregen op uw brief?
3 De politie heeft een aantal betogers opgepakt.
4 Wie zijn werk goed organiseert, wint veel tijd.
5 Op de autoweg München-Salzburg ontstond een file van 100 kilometer.
6 Reis je graag per spoor?
7 We zijn van plan volgend jaar een filiaal op te richten in Zuid-Duitsland.
8 De Belgische kampioen verkeerde op het juiste ogenblik in een uitstekende vorm.
9 Bij die botsing werd de voorkant van haar wagen zwaar beschadigd.
10 Hun huwelijk vond in besloten kring plaats.
11 De situatie scheen uitzichtloos, maar plotseling had ze een idee.
12 Dat is een zotte inval waarop we niet verder zullen ingaan.

13 Je mag de last van zo'n beroep niet onderschatten.
14 De transportkosten komen ten laste van de klant.
15 De Duitse mark werd in 1961 voor de eerste keer gerevalueerd tegenover de dollar.
16 Deze maatregel komt veel te laat.
17 Hun omzet heeft dit jaar het miljard overschreden.
18 De schade bedraagt op zijn minst één miljoen mark.
19 Mevrouw Schulze is er op het ogenblik niet. Wilt u een bericht achterlaten?
20 Van het nieuws op radio en televisie word je niet vrolijker.
21 We hebben van de nood een deugd gemaakt.
22 Ze was ternauwernood geslaagd voor haar examen.
23 Hij had een hoge functie bij het ministerie van Financiën en hij krijgt nu ook een hoog pensioen.

24 We overnachtten in een gezellig pension.
25 Bij de voorstelling van zijn gast gaf de moderator eerst enkele gegevens met betrekking tot de persoon.
26 Zijn nieuwste film was een totaal fiasco.
27 Hij staat kort voor zijn faillissement.
28 Tijdens het laagseizoen zijn de prijzen vanzelfsprekend veel lager dan in het hoogseizoen.
29 Eén zwaluw maakt nog geen zomer.
30 Veel Duitsers brengen hun vakantie door aan de Noordzee of aan de Oostzee.
31 De politie was hem allang op het spoor.
32 Op de vluchtstrook mag je alleen in geval van pech stoppen.
33 Om zijn doel te bereiken, moest hij aan een hele reeks moeilijkheden het hoofd bieden.
34 U neemt het best de metro tot aan het station.
35 De radio zendt nu ook in ons land sinds enkele jaren 24 uur per dag uit.
36 Volgens mijn uurwerk is het nu precies één uur.
37 Door het ongeluk dat zijn ouders overkwam, werd hij al op tienjarige leeftijd wees.
38 Ik had de indruk dat ik tegen een muur praatte.
39 Het aantal leden is de laatste jaren aanzienlijk gestegen.
40 Het aantal studenten neemt nog altijd toe.

103c 3.3 Onzijdig (113)

1 De auto is het gemakkelijkste transportmiddel en dat verklaart ook zijn succes.
2 De twee landen hebben daarover een overeenkomst gesloten.
3 De barometer stond op storm en iedereen lette goed op wat hij zei.
4 In de Verenigde Staten is de benzine aanzienlijk goedkoper dan in Europa.
5 We hebben een roeiboot gehuurd.
6 De examenregeling wordt ad valvas bekendgemaakt.
7 De verkeerschaos tengevolge van de ijzel was onbeschrijfelijk.
8 De datum klopt niet, we zijn vandaag de achtste en niet de zevende.
9 De Nijldelta is een zeer vruchtbaar gebied.
10 De toespraak van de president vond grote weerklank bij de bevolking.
11 Via de televisie dringt de ellende van de hele wereld in onze woonkamer binnen.
12 Dat is nog de erfenis van mijn voorganger.
13 Tot mijn grote verwondering heeft hij mijn voorstel verworpen.
14 Ze kreeg plotseling hoge koorts.
15 Ik had die foto nog niet gezien.
16 Wegens oplichterij kwam hij in de gevangenis terecht.
17 Verse groente is gezond.
18 Ik ben blij dat we die zaak eindelijk afgehandeld hebben.
19 Is de vaat al afgeruimd?
20 Het parlement heeft de wet met een ruime meerderheid aangenomen.
21 Lezen is haar belangrijkste hobby.
22 Tijdens hun stage moesten ze de inventaris opmaken.
23 De twintigste eeuw was een heel bewogen eeuw.
24 Hij heeft een erg scherpe kin.
25 Vroeger gingen we bijna iedere week naar de bioscoop.
26 Hij heeft bij dat ongeval zijn rechter knie gebroken.
27 De kerncentrale van Tsjernobyl ontplofte in april 1986.
28 Het is de laatste keer dat ik me zoiets laat welgevallen.
29 Volgende keer komen we op dat geval terug.
30 Ik heb veel geduld gehad, maar nu is de maat vol!

31 Tot in de late middeleeuwen was Brugge een belangrijke havenstad.
32 Ze brengen hun vakantie het liefst aan de Middellandse Zee door.
33 Haar nieuwe bromfiets die ze voor haar verjaardag cadeau gekregen had, werd al na een paar dagen aan het station gestolen.
34 Dat is een erg moeilijke puzzle.
35 Zodra hij 's morgens in de badkamer komt, zet hij de radio aan.
36 Wil ik een taxi voor u bestellen?
37 Waar vind ik hier een openbare telefoon? – Vlakbij de ingang, maar het is wel een kaarttelefoon. Een telefoonkaart kunt u bij mij krijgen.
38 Waar is de koortsthermometer?
39 Die stadspoort stamt nog uit de middeleeuwen.
40 De economische groei viel vorig jaar erg bescheiden uit.

4 Zelfstandige naamwoorden met dubbel woordgeslacht (114)

Ter vertaling in het Duits 104

1 Dat hij niet reageert, spreekt boekdelen.
2 Ik zoek een fotoboek van ons land.
3 Het tweede deel van zijn verzameld werk verschijnt binnenkort.
4 Het Groot Woordenboek der Duitse Taal omvat acht delen.
5 We moeten eens een paar nieuwe videobanden kopen.
6 Ze kreeg met nieuwjaar een gouden armband cadeau.
7 Hij is de enige erfgenaam.
8 Zolang hij minderjarig was, heeft een notaris zich om zijn erfenis bekommerd.
9 U zou beter het waarheidsgehalte van zijn uitlatingen eens ernstig onderzoeken.
10 Het salaris van een secretaresse hangt af van de functie, de leeftijd en de standplaats. Zo is het gemiddelde salaris van een directiesecretaresse in Frankfurt het hoogst.
11 Ik neem mijn hoed af voor zo'n prestatie.
12 Tijdens het interview was de minister erg op zijn hoede voor de vragen van de journalist.
13 Ze drinken meestal cafeïnevrije koffie.
14 De Weense koffiehuizen zijn een begrip. Daar drinkt men niet alleen koffie, maar men leest er b.v. ook de krant.
15 Ze onderscheidde zich door een grote mate aan zelfvertrouwen.
16 We mogen niet met twee maten meten.
17 Nu is de maat vol.
18 Zijn schuldeisers zetten hem het mes op de keel.
19 De thermometer is tot 21 graden gestegen.
20 Je mag niet zo snel de moed verliezen.
21 Ik heb nog eens al mijn moed verzameld en ben aan het werk gegaan.
22 Ze begon eraan met de moed der wanhoop maar uiteindelijk viel het nog goed mee.
23 Niemand kon zijn hoogmoed verdragen.
24 Het grootste deel van de bevolking leeft in bittere armoede.
25 Ik heb de indruk dat hij iets in het schild voert.
26 Hebt u het juiste straatnaambord al gevonden?
27 Wat betekent dat verkeersbord?
28 Bij de meeste waren heeft de streepjescode het klassieke prijskaartje vervangen.
29 Een uitstekende klantenservice is ons belangrijkste uithangbord.
30 Koning Lodewijk II van Beieren zou in het Meer van Starnberg verdronken zijn.

31 Finland wordt het land van de duizend meren genoemd.
32 Het Eriemeer is het zuidelijkste van de vijf Grote Meren in het grensgebied tussen de VS en Canada. De andere meren zijn het Bovenmeer, het Michiganmeer, het Huronmeer en het Ontariameer.
33 De deelstaat Schleswig-Holstein grenst in het noorden aan Denemarken, in het westen aan de Noordzee en in het oosten aan de Oostzee.
34 De Noordzee is de meest bevaren zee ter wereld.
35 De Elbe mondt bij Hamburg in de Noordzee uit.
36 Firma's mogen reclamekosten vanzelfsprekend van de belasting aftrekken.
37 De BTW is niet bij de prijs inbegrepen.
38 Op een erfenis moeten er successierechten betaald worden.
39 In landen zoals België, Nederland, Duitsland, Denemarken en Zweden betalen de burgers hoge belastingen. In de Verenigde Staten en in Zwitserland b.v. zijn de belastingen veel lager en Liechtenstein is pas echt een belastingparadijs.
40 Hoe hoger de belastingdruk, hoe meer belastingen worden ontdoken.
41 Ik voel me moe, neem jij even het stuur over?
42 Toen hij het gevaar zag, heeft hij het roer omgegooid, maar het was te laat.
43 Een politiepatrouille betrapte de dieven op heterdaad.
44 Tussen de straat en het voetpad is er nog een smalle strook gras.
45 Het is het veiligst de straat op het zebrapad over te steken.
46 De politie heeft het grootste deel van het geld al teruggevonden.
47 Het eerste deel van de film vond ik nogal vervelend.
48 Hij heeft een groot deel van zijn geld in aandelen belegd.
49 Ze had een groot aandeel in het succes van haar man.
50 Azië is het werelddeel met de grootste en jongste bevolking.
51 Het voordeel van een kleine wagen is dat je hem overal gemakkelijk parkeren kan.
52 Het eiland Manhattan is het best bekende stadsdeel van New York.
53 Het noordelijk deel van Italië heeft een hogere levensstandaard dan het zuidelijk deel.
54 Ik wil graag mijn deel daartoe bijdragen.
55 Ik voor mijn part ben de discussies daarover beu.
56 Het tegendeel zou me verwonderd hebben.
57 Ik vraag me af of dat vervangstuk nog te krijgen is.
58 De Brandenburgse Poort is het belangrijkste symbool van Berlijn.
59 In de finale tegen Italië scoorde Pele een prachtig doelpunt voor Brazilië.
60 Het is ongetwijfeld de verdienste van Helmut Kohl dat hij zich als eerste voor de Duitse hereniging ingezet heeft.

5 Vrouwelijke zelfstandige naamwoorden op -in (115)

Um aus maskulinen Personennamen auf *-er* (Berufsbezeichnungen, Einwohner) die femininen Formen zu bilden, wird das sehr produktive Suffix *-in* verwendet. Achtung: das Suffix *-in* ist nie betont, die Betonung ist dieselbe wie im maskulinen Wort. Beachten Sie auch folgende Form:

unser Landsmann – unsere Landsmännin onze landgenoot – onze landgenote

105 *Ter vertaling in het Duits (115)*

1 Hun jongste dochter heeft zich als arts in een provinciestad gevestigd.
2 Ze is een algemeen erkende specialiste op het vlak van de Engelse literatuur.
3 De bekende wetenschapster Marie Curie kreeg in 1903 de Nobelprijs voor fysica en in 1911 de Nobelprijs voor scheikunde.

4 Ze is een uitstekende kokkin.
5 Agatha Christie is de bekendste schrijfster van misdaadromans.
6 In de jaren tachtig was Margaret Thatcher premier van Groot-Brittannië.
7 Als directiesecretaresse krijgt ze een goed salaris.
8 Ze werd al meermaals sportvrouw van het jaar in Duitsland.
9 Onze landgenote heeft het er schitterend afgebracht op het wereldkampioenschap.
10 Hij is Duitser en zijn vrouw is Française.
11 De Amerikaanse versloeg de Bulgaarse na een spannende finale.
12 De Chinese won voor de Spaanse en de Italiaanse.
13 Ze is goed geschikt voor het beroep van verkoopster.
14 Voor de definitieve huurprijs moet u zich tot de eigenares wenden.
15 Ze wilde als studente al journaliste worden bij de televisie.
16 Ik vind haar een uitstekende actrice.
17 Zijn vrouw is hoofdredactrice van een vrouwentijdschrift.
18 Als stagiaire moest ze vaak vervelende taken opknappen.
19 Ze werkt als bibliothecaresse in de stadsbibliotheek en ze vindt het werk erg prettig.
20 De voetgangster werd door een auto gegrepen.

B Verbuiging van het zelfstandig naamwoord in het enkelvoud (116-127)

Ein Sonderfall: Das Herz (117) 106

a *Ergänzen Sie die fehlenden Formen:*

1 Ich bedaure diesen Zwischenfall aus tiefst_ Herz_.
2 Als der Prüfungskandidat die drei strengen Herren sah, rutschte *(hem)* __ d_ Herz in die Hose.
3 Ich wünsche Ihnen von ganz_ Herz_ alles Gute zum Geburtstag.
4 Nun faß d__ endlich mal ein_ Herz_ und bitte deinen Chef um die Erlaubnis.
5 Ich nehme Ihre Einladung von Herz_ gern an.

b *Ter vertaling in het Duits*

1 U weet dat mijn beroep me na aan het hart ligt.
2 Je hoeft die bemerking niet zo ter harte te nemen.
3 Hij maakte van zijn hart geen moordkuil en noemde het voorstel gewoon een gek idee.
4 Hoewel ze alles had wat het hartje begeert, voelde ze zich ontevreden.
5 Ze was opgelucht dat ze in een open gesprek met haar baas eens haar hart had kunnen luchten.
6 Ze was bang en durfde niet te zeggen wat ze op het hart had.

7 Het commentaar in de krant is me uit het hart gegrepen: eindelijk eens iemand die die wantoestanden aan de kaak stelt.
8 Hij verkreeg het niet over zijn hart haar de ware reden te vertellen.
9 In de grond van haar hart had ze zich dat heel anders voorgesteld.
10 Er viel een pak van zijn hart toen hij een telefoon kreeg dat hij aangeworven was.

107a 1 Zwakke zelfstandige naamwoorden (118-121)

Ter vertaling in het Duits

Der Herr / Männliche Personen- und Tiernamen auf -e

1 In de vrije markteconomie is de klant koning.
2 Iedere klant is voor ons belangrijk en als we een klant verliezen, dan vragen we ons af waaraan het ligt.
3 Dat behoort bij ons tot de klantenservice.
4 We mogen nooit uit het oog verliezen dat de klant een vrije keuze heeft.
5 Wij zijn al jarenlang vaste klant bij die leverancier.
6 Daarmee waag je je in het hol van de leeuw.
7 Hebt u die brief voor de heer Andersen al verstuurd?
8 We krijgen volgende maand een nieuwe buur.
9 Na de Hongaarse opstand in 1956 zijn veel Hongaren naar het Westen gevlucht.
10 – Postorderbedrijf Quelle, goeiendag.
– Goeiendag. Hier Neumann, firma Sony. Verbindt u me met de heer Becker van de inkoopafdeling a.u.b.
– Ogenblikje, mijnheer Neumann, ik verbind u door.
– Becker, goeiendag.
– Goeiendag, mijnheer Becker. Hier Klaus Neumann van de firma Sony.
– Daag, mijnheer Neumann. Hoe maakt u het?
11 U kunt zich daarvoor het best tot de heer Schulze wenden.
12 Bij de dames won een Française en bij de heren een Duitser.
13 De deelnemers aan de beurs kwamen uit alle landen van de wereld.
14 Hij geldt als een expert op het vlak van de internationale diplomatieke betrekkingen.
15 De verzekering heeft een expert aangesteld om de schade vast te stellen.
16 Als u daar zelf niet van op de hoogte bent, zou u beter de raad van een expert inwinnen.
17 Die misdadiger staat bij de politie als een zware jongen bekend.
18 Hij wilde niet als een kleine jongen behandeld worden.
19 Ze kan erg goed met die nieuwe collega overweg.
20 Mag ik u de heer Hausmann voorstellen? Hij is een collega van mij.
21 Mijn zoon is met een neef voor een maand naar de VS vertrokken.
22 Hij schiet met die collega niet goed op omdat hij hem als een rivaal beschouwt.
23 De legendarische Duitse midvoor Gerd Müller was de succesrijkste doelpuntenmaker van zijn generatie.
24 Ik was een toevallige getuige van dat gesprek.
25 Vandaag hadden we in de firma een Deen, een Ier, een Fransman, een Portugees en een Pool op bezoek.
26 De Rus versloeg de Fransman in de finale in vijf sets.
27 Hun dochter woont al jaren in Griekenland en ze is trouwens met een Griek getrouwd.
28 Op het vliegtuig zat ik naast een Chinees.

29 Hij is in ieder opzicht een typische Brit.
30 We zullen daarvoor een beroep moeten doen op een psycholoog.

Substantive auf -ant/-ad/-at/-ent/-et/-graf/-ist/-it/-ot usw. **107b**

1 We hebben nog nooit problemen gehad met die Duitse fabrikant.
2 We proberen te vermijden van één enkele leverancier afhankelijk te zijn.
3 Maak toch niet van iedere mug een olifant!
4 We zijn een typische toeleverancier en onze belangrijkste klanten zijn fabrikanten van consumentenelektronica.
5 Ik wilde wat geld uit de geldautomaat aan de post halen, maar die was helaas buiten werking.
6 Voor een diplomaat zijn tact en geduld belangrijke eigenschappen.
7 De aanslag kostte het leven aan een Amerikaanse soldaat.
8 We hebben de kandidaat met de grootste ervaring gekozen.
9 De partij van de president leed bij de verkiezingen een verpletterende nederlaag.
10 De Duitse kampioen beschouwde de Fransman als zijn belangrijkste concurrent.
11 Na het concert boden verscheidene toehoorders de dirigent bloemen aan.
12 Voor een student is het erg moeilijk geworden in München een kamer tegen een redelijke prijs te vinden.
13 Voor een atleet is een overwinning op de Olympische spelen het hoogste doel.
14 Veel mensen maken zich zorgen over de toekomst van onze planeet.
15 Omdat de pijn bleef duren, heeft ze een specialist geconsulteerd.
16 Tijdens hun ruimtereis hadden de Amerikaanse astronauten een communicatiesatelliet aan boord.
17 Dankzij de koelbloedigheid van de piloot werd een ramp vermeden.
18 Ze heeft zich door een Duitse chirurg laten opereren.
19 De verdediger vroeg de vrijspraak voor zijn mandant.
20 Hoeveel bedraagt het honorarium van de architect?

der Bär / de Held / der Mensch / der Narr usw. **107c**

1 Helaas willen veel chauffeurs in het verkeer de held uithangen door roekeloos rijgedrag.
2 Ze wilde er met geen mens over spreken.
3 In het leven van een mens speelt vaak het toeval een grote rol.
4 Dat is de zoon van mijn buurman.
5 Als overtuigd christen kon hij dat onmogelijk accepteren.
6 Dat is een heel delicate aangelegenheid voor een christen.
7 Aan de betoging in de hoofdstad namen boeren uit heel Europa deel.
8 Het Duits van een Beier is zelfs voor Duitsers moeilijk verstaanbaar.
9 Wie heeft je dat op de mouw gespeld?
10 Ik laat me toch niet voor de gek houden!

Weglaten van de zwakke uitgang (121): Ter vertaling in het Duits **108**

1 Ik voel me opgelucht nu we eindelijk eens van mens tot mens gesproken hebben.
2 Tussen dokter en patiënt moet er een vertrouwensrelatie heersen.
3 Over het leven van president John F. Kennedy zijn tal van boeken verschenen en werd er ook een film gemaakt.
4 Je bent een brave ziel.
5 De buitenlandse politiek was niet het sterkste punt van de Amerikaanse president.

2 Sterke zelfstandige naamwoorden (122-126)

2.1 Der Name (122)

109

Ter vertaling in het Duits

1 De omega is de laatste letter van het Griekse alfabet.
2 De ambtenaar handelde gelukkig niet naar de letter van de wet, maar toonde begrip voor de situatie.
3 Het ligt voor de hand dat je je contract naar de letter zult moeten nakomen.
4 De twee vijandelijke partijen hebben onderhandelingen aangeknoopt en hopelijk komt er nu snel een duurzame vrede tot stand.
5 De mensen willen het liefst in vrede en vrijheid leven.
6 Doe me een plezier en laat me nu eindelijk eens met rust!
7 Hij gaf uiteindelijk toe ter wille van de lieve vrede.
8 Aan wie werd vorig jaar de Nobelprijs voor de vrede toegekend?
9 De Vrede van Westfalen die in de Vredeszaal in Münster gesloten werd, beëindigde de Tachtigjarige Oorlog tussen Nederland en Spanje.
10 De gedachte alleen aan het examen maakte haar nerveus.
11 Na de heftige persoonlijke kritiek op zijn beleid speelde de minister met de gedachte ontslag te nemen.
12 Haar tip bracht me op dat idee.
13 Dat is een heel verstandig idee.
14 Goed dat je dat voorstelt, ik zou nooit op dat idee gekomen zijn.
15 Ondanks vele bittere ontgoochelingen heeft ze haar geloof in het goede in de mens niet verloren.
16 Ze schonk niet het minste geloof aan zijn woorden, want hij had haar al een paar keer bedrogen.
17 Hebben jullie al een naam gevonden voor de kleine?
18 Iedereen noemde haar Uschi, maar haar werkelijke naam was Ursula.
19 We zijn wel naamgenoten, maar we zijn niet met elkaar verwant.
20 Hoe was uw naam ook weer a.u.b.?
21 Ik ken haar niet persoonlijk, maar alleen van naam.
22 De Roer mondt in Duisburg uit in de Rijn en heeft aan het Roergebied de naam gegeven.
23 Ze heeft een ijzeren wil.
24 Ze heeft hem weer eens haar wil opgedrongen.
25 Waar een wil is, is er ook een weg.

2.2 Genitief enkelvoud: es of s (123)

110

Ter vertaling in het Duits

1 Door de sluiting van die fabriek verloren 200 arbeiders en 45 bedienden hun baan.
2 De verzekering heeft de waarde van zijn huis op 350.000 mark geschat.
3 Waarschijnlijk besluit de Bundesbank op de volgende vergadering tot een verlaging van de discontovoet.
4 Het eerste punt van de dagorde is de verkiezing van een nieuw bestuur.
5 We moeten alleen nog de details van het contract regelen.
6 Hij heeft een derde van zijn vermogen in aandelen belegd.
7 Tijdens de winteropruiming werden sommige artikelen tegen de helft van de oorspronkelijke prijs verkocht.

8 Het grootste deel van de omzet is voor de export bestemd.
9 Hij scoorde een prachtig doelpunt dat beslist als doelpunt van de dag of misschien zelfs van de maand in aanmerking komt.
10 Tengevolge van de staking leed de onderneming belangrijke verliezen.
11 Bij rechtszaken verdedigt het openbaar ministerie de belangen van de staat.
12 De landing op de maan was een van de belangrijkste wetenschappelijke gebeurtenissen van de twintigste eeuw.
13 Het verplaatsen van de hoofdzetel van de onderneming naar Berlijn gebeurde om politieke redenen.
14 Het is de taak van het parlement de regering te controleren.
15 Wegens de dichte mist werd de luchthaven van Frankfurt tijdelijk gesloten.
16 De verzekering heeft het grootste deel van de schade vergoed.
17 Hij moet 25 % van zijn inkomen aan huur uitgeven.
18 Hij is voorzitter van de raad van toezicht van die onderneming.
19 Wegens het grote succes werd de vertoning verlengd.
20 Ondanks het protest van een groot deel van de bevolking zette de minister zijn wil door.
21 De verdachte werd vlakbij de plaats van de misdaad opgepakt.
22 Dresden is de hoofdstad van de deelstaat Saksen.
23 Wegens acuut geldgebrek zijn ze niet op vakantie gegaan dit jaar.
24 Iedereen zag het belang van die gebeurtenis in.
25 Volgens de arts mocht de operatie niet langer worden uitgesteld.

2.3 Het weglaten van de genitiefuitgang (124-125)

Ter vertaling in het Duits 111

1 Dat is een van de populairste uitzendingen van het ZDF.
2 *Die Räuber* is het bekendste toneelstuk van de jonge Schiller.
3 De bedevaartskerk Notre Dame du Haut bij Ronchamp is een van de bekendste werken van de Zwitserse architect Le Corbusier.
4 Het Guggenheimmuseum in New York is een wereldbekend gebouw van de Amerikaanse architect Frank Lloyd Wright.
5 Les Demoiselles d'Avignon is het eerste kubistische schilderij van de jonge Picasso.
6 Een belangrijk punt van de politiek van de eerste Duitse bondskanselier Konrad Adenauer was het vriendschapsverdrag met Frankrijk.
7 De Tachtigjarige Oorlog begon in 1568 tijdens de regering van de Spaanse koning Filip II.
8 Sinds 1991 bevindt het graf van de Pruisische koning Frederik de Grote zich in de tuin van het kasteel Sanssouci in Potsdam.
9 Tijdens de regering van koning Lodewijk XIV werd Versailles het middelpunt van de Franse cultuur.
10 Robert Kennedy was minister van Justitie in de regering van zijn broer president Kennedy.
11 In 1991 werd Berlijn na een bewogen debat in de bondsdag tot nieuwe hoofdstad van het herenigde Duitsland verkozen.
12 Dat zijn beelden van het verwoeste Dresden.
13 In de hoofdstad van Iran kwam het iedere dag tot massabetogingen tegen de Amerikanen.
14 De bevolking van Irak was het grootste slachtoffer van de oorlog.
15 De koers van de yen is lichtjes gedaald tegenover de koers van de dollar. De koers van de Belgische frank verloor terrein tegenover de Duitse mark.

16 De strijd tegen de plaag van het internationale terrorisme vergt internationale samenwerking.
17 Claude Monet, de schilder van *Impression soleil levant*, geldt als de grondlegger van het impressionisme.
18 De oprichting van de kunstenaarsvereniging "Brücke" in Dresden is het begin van het Duitse expressionisme.
19 Met de val van de Muur begon de ineenstorting van het communisme in Europa.
20 "De Straat van de 17e juni" in Berlijn herinnert aan de mislukte volksopstand in de toenmalige DDR op 17 juni 1953.

2.4 Datief enkelvoud (126)

112 *Ter vertaling in het Duits*

1 Komt u goed thuis!
2 Hun vader zou zich in zijn graf omdraaien als hij zag hoe zijn zonen de firma te gronde gericht hebben.
3 Het spijt me dat ik u niet kan helpen, maar ik ben niet thuis op dat gebied.
4 We zullen u de definitieve beslissing in de loop van volgende week laten weten.
5 In de grond hebben we hier te maken met een geval van omkoperij.
6 De spreker heeft dat probleem maar terloops vermeld.
7 Ik heb me daar doodverveeld.
8 Op de keper beschouwd, heeft ze gelijk.

9 Dat verdrag is pas na moeilijke onderhandelingen tot stand gekomen.
10 In de grond van mijn hart ben ik ervan overtuigd de juiste beslissing genomen te hebben.

C Verbuiging van de zelfstandige naamwoorden in het meervoud

Datief meervoud: n (128)

Ter vertaling in het Duits 113

1 In plaats van nog meer arbeiders te ontslaan, werd een vierdaagse werkweek met loonverlies ingevoerd.
2 Ik heb uit de fouten van het verleden geleerd.
3 Over een paar dagen ben ik daarmee klaar.
4 Ze hadden elkaar sinds twee jaar niet meer gezien.
5 Met haar drie kinderen heeft ze natuurlijk de handen vol.
6 Op de internationale wisselmarkten is de rust teruggekeerd.
7 Met deze inlichtingen hebt u ons goed geholpen.
8 We zijn het eens met uw voorstellen.
9 Hij heeft de firma samen met zijn twee zoons opgericht.
10 Ze hebben me bedankt voor mijn interesse, ik heb de baan met andere woorden niet gekregen.

Overzicht van de meervoudsuitgangen van de zelfstandige naamwoorden (129)

114

1 Hebt u nog twee tweepersoonskamers vrij?
2 Dat is een cursus voor beginners.
3 Zeebrugge en Antwerpen zijn de twee belangrijkste Belgische havens.
4 Ze keek hem voortdurend op de vingers.
5 We hebben veertien dagen vakantie genomen aan zee.
6 Opstijgende vliegtuigen maken veel lawaai.
7 Ook voor beginnende artsen zijn het moeilijke tijden geworden.
8 Zijn die moeilijkheden ondertussen opgelost?
9 Na het uiteenvallen van de Sovjet-Unie werden de drie Baltische staten onafhankelijk.
10 Ik moet eens een paar nieuwe hemden kopen.
11 Hebt u kinderen?
12 De volkerenbond was de voorloper van de UNO.
13 Duitse auto's gelden als betrouwbaar.
14 In dat bedrijf werken meer vrouwen dan mannen.
15 Rubens en Van Dyck zijn beroemde Vlaamse schilders.

Type 1a: Der Arbeiter – die Arbeiter (130)

Ter vertaling in het Duits 115

1 Het Goethe-instituut richt overal in Duitsland taalcursussen voor buitenlanders en bijscholingscursussen voor leraren Duits in.
2 De ministers van Buitenlandse Zaken van de Europese Unie hebben daarover een overeenkomst gesloten.
3 De Amerikanen werken gemiddeld langer dan de Europeanen.
4 Op het vlak van de consumentenelektronica en voor camera's zijn de Japanners marktleiders.

5 De Brazilianen versloegen de Italianen in de finale in Mexico met 4-1.
6 De tentoonstelling trok meer dan een half miljoen bezoekers aan. Onder hen waren minstens tien procent buitenlanders.
7 We zoeken reisgidsen met goede kennis van het Duits voor busreizen naar Duitsland en Oostenrijk.
8 De toeschouwers waren erg tevreden over de voorstelling en applaudisseerden enthousiast.
9 Op grond van uw bestelling van vorige week leveren we u uiterlijk eind deze week 20 computers en 5 laserprinters.
10 Topmanagers en voetbaltrainers worden gemeten aan de successen die ze halen. Wie geen succes heeft, of het nu in de sport of in de zaken is, mag zijn koffers pakken.
11 De twee drughandelaars werden tot vijf jaar gevangenis veroordeeld.
12 Door de gestegen autoverkoop beleefden de autohandelaars gouden tijden.
13 De Egyptenaren hadden drieduizend jaar geleden een heel rijke cultuur.
14 Computers vergemakkelijken het werk van de mens.
15 Wolkenkrabbers zijn typisch voor Amerikaanse grote steden zoals New York of Chicago.
16 De invoerbeperkingen gelden niet voor Japanse wagens die in Europa geproduceerd werden.
17 Over dat land is een interessante reeks artikelen in de krant verschenen.
18 De winstmarges op tweedehands wagens zijn vaak erg hoog.
19 In het door oorlog geteisterde gebied heerste een groot gebrek aan geneesmiddelen en levensmiddelen.
20 Eurocheques en kredietkaarten zijn wereldwijd aanvaarde betaalmiddelen.
21 We zullen eens nieuwe tuinmeubelen moeten kopen.
22 We zijn gespecialiseerd in bureaumeubelen.
23 Aan dat congres namen wetenschapslui uit de hele wereld deel.
24 De meeste kamermeisjes waren buitenlandsen.
25 Die twee ondernemingen zijn vorig jaar gefusioneerd.
26 De stad Solingen is wereldbekend voor zijn messen en scharen.
27 De oudste universiteitsgebouwen zijn prachtige historische gebouwen en vormen een mooi kader.
28 Het diepvriesbedrijf koopt zijn verse groenten rechtstreeks van de boeren.
29 De Pyreneeën en de Alpen zijn – misschien wel wegens de Ronde van Frankrijk – de bekendste Europese gebergten.
30 De Harz en de Taunus zijn twee bekende Duitse middelgebergten.

Type 1b: Der Hafen – die Häfen (131)

116 *Ter vertaling in het Duits*

1 Hamburg, Antwerpen en Rotterdam zijn drie belangrijke zeehavens. Rotterdam is zelfs de grootste zeehaven ter wereld.
2 Als de lente eraan komt, beginnen de boeren hun akkers te bewerken.
3 Hij heeft nog twee broers en twee zussen.
4 Benjamin Franklin was een van de vaders van de Amerikaanse grondwet.
5 Ik heb appelen meegebracht van de markt.
6 Door de plotse daling van de temperatuur vlogen de wintermantels de deur uit als warme broodjes.
7 Kraanvogels zijn trekvogels.
8 Enkele kastelen aan de Loire hebben ook prachtige tuinen.

9 De zon steekt. Wil je de rolluiken neerlaten?
10 De meeste winkels in het centrum blijven tussen de middag open.
11 Tijdens de jaren van de heropbouw draaiden de hoogovens van het Roergebied dag en nacht op volle toeren.
12 Stille waters, diepe gronden.
13 Die man heeft alle watertjes doorzwommen.
14 Tijdens de Franse Revolutie werden veel kloosters vernield.
15 Ze hebben twee dochters en drie zoons.

Type 2a: der Krieg – die Kriege (132)

Ter vertaling in het Duits **117**

1 Toen de politie op de plaats van de misdaad aankwam, waren de bankovervallers er allang vandoor.
2 Zoals gewoonlijk hadden de politici van alle partijen de bevolking voor de verkiezingen gouden bergen beloofd, maar na de verkiezingen deden ze de mensen afdokken.
3 Vertegenwoordigers moeten regelmatig verslagen schrijven.
4 Financieel gezonde privé-bedrijven zorgen voor welstand en arbeidsplaatsen.
5 De ingenieurs van Porsche hebben een krachtige nieuwe motor ontwikkeld.
6 Met dat model heeft de Japanse constructeur miljoenenwinsten gemaakt.
7 Het Rode Kruis bouwde tenten voor de vluchtelingen.
8 De rente voor kortlopende kredieten was hoger dan de rente voor langlopende kredieten.
9 Oorlogen brengen alleen maar ellende.
10 We zullen de voor- en nadelen eens goed moeten afwegen.
11 De prijzen van de meeste grondstoffen zijn de laatste jaren relatief stabiel gebleven.
12 De leider in de stand heeft ondanks de nederlaag van vandaag nog twee punten voorsprong op de tweede.
13 De Dow Jones is gisteren met twintig punten gestegen.
14 Ik heb daar mijn twijfels over, want hij heeft geen bewijzen voor zijn stelling.
15 Het kasteel telt meer dan twintig zalen en overal staan prachtige eiken tafels en stoelen en hangen er erg waardevolle Vlaamse wandtapijten.
16 De lange winteravonden vond ze gezellig.
17 Deze afdeling bereidt de leerlingen op praktische beroepen voor.
18 In sommige steden is er een speciaal rijvak voor bussen.
19 Zijn wereldtitel en zijn gouden medaille op de Olympische spelen waren ongetwijfeld zijn grootste successen.
20 U moet het contract drie maanden vooraf per aangetekende brief opzeggen.
21 Ik zou nu niet graag in zijn schoenen staan.
22 In de lente worden de dagen weer langer.
23 Ik zou niet goed met hem kunnen opschieten, want onze karakters passen niet samen.
24 Sommige staatsbedrijven lijden jaar na jaar miljardenverliezen.
25 We hebben op het ogenblik enkele heel interessante speciale aanbiedingen in ons assortiment.
26 De zaken gaan goed en hun omzet zal dit jaar alle records slaan.
27 Onze nationale luchtvaartmaatschappij is van plan enkele nieuwe vliegtuigen te leasen.
28 Na al die jaren kende hij nog heel veel gedichten van Goethe en Schiller van buiten.
29 Internationaal gevraagde fotomodellen krijgen heel hoge gages.

30 Met de nieuwe huurders had de eigenaar niets dan problemen.
31 Beide tekstverwerkingsprogramma's bieden ongeveer dezelfde mogelijkheden, maar misschien is het ene gebruiksvriendelijker dan het andere.
32 Door de internationale concurrentie zijn de ondernemingen gedwongen voortdurend nieuwe en betere produkten tegen concurrerende prijzen te ontwikkelen.
33 De passiespelen van Oberammergau zijn wereldbekend.
34 De eerste moderne Olympische spelen vonden in 1896 in Athene plaats.
35 Het jaaroverzicht op de televisie bracht een overzicht van de belangrijkste gebeurtenissen van het jaar.
36 De gevangenissen zaten propvol en dat leidde nu en dan tot spanningen.
37 De resultaten van de opiniepeiling stonden gisteren in de krant.
38 Eindelijk hebben we alle hindernissen overwonnen!
39 Ik zou mijn kennis van het Frans weer eens moeten opfrissen.
40 Wegens het groot overheidstekort zijn ieder jaar nieuwe besparingen noodzakelijk.

118 Type 2b: der Arzt – die Ärzte (133)

1 In hun tuin hebben ze ook een paar fruitbomen staan.
2 Bij dat reclamecontract ging het om miljoenenbedragen.
3 In het Duits zijn er vier naamvallen.
4 U mag beide gevallen niet met elkaar vergelijken.
5 Ik heb nu weinig tijd, want ik moet nog enkele inkopen doen.
6 De regering wilde de lonen en salarissen voor twee jaar bevriezen.
7 Heb je al toekomstplannen gesmeed?

8 We hebben nog geen vaste vakantieplannen.
9 In het begin van de jaren negentig zijn ook in ons land veel arbeidsplaatsen verloren gegaan.
10 De zitplaatsen waren op een paar uur tijd uitverkocht.

11 De Spaanse stranden trekken ieder jaar miljoenen toeristen aan.
12 De meeste zware ongevallen gebeuren in het weekend.
13 De Onze-Lieve-Vrouwkerk van München heeft twee torens.
14 Door de staking reden er veel minder treinen dan gewoonlijk.
15 De rechter hield bij de aangeklaagde rekening met verzachtende omstandigheden.
16 De omstandigheden lijken op het ogenblik heel gunstig.
17 Waar kan ik daarover inlichtingen inwinnen?
18 Hij waste zijn handen in onschuld.
19 Hij heeft zijn krachten overschat.
20 Grootsteden zoals München, Parijs of Londen hebben geweldige verkeersproblemen.

Meervoudsuitgang -e bij leenwoorden (134)

Ter vertaling in het Duits 119

1 Bij de ontwikkeling van het nieuwe model hebben de ingenieurs werkelijk aan alles gedacht.
2 De vakbondssecretarissen dreigden met een staking als hun eisen niet vervuld werden.
3 De partijfunctionarissen hadden het contact met de basis verloren.
4 Veel miljonairs in de VS zijn met niets begonnen.
5 Hoeveel exemplaren wilt u bestellen?
6 We zullen nieuwe overschrijvingsformulieren moeten aanvragen.
7 De krantecommentaren klonken tamelijk vergoelijkend.
8 In het oude stadsgedeelte vind je talloze gezellige eetgelegenheden.
9 De betogers droegen spandoeken met hun eisen.
10 Aan alle aanplakzuilen hingen er verkiezingsaffiches tussen de gebruikelijke reclameaffiches.
11 Verkopen ze daar ook telefoontoestellen?
12 De eerste resultaten zien er veelbelovend uit.
13 De bloedige aanslagen zorgden voor grote onrust onder de bevolking.
14 Je moet die documenten goed bewaren.
15 De verbuiging van de adjectieven bezorgt veel cursisten onnodig nachtmerries.
16 De paus heeft enkele nieuwe kardinalen benoemd.
17 Enkele ontevreden generaals probeerden door een staatsgreep de macht te veroveren.
18 De geschiedenis van de renaissancepausen is een hoofdstuk apart.
19 Via diplomatieke kanalen werd koortsachtig naar een oplossing voor het conflict gezocht.
20 Bisschoppen uit alle 's heren landen kwamen in Rome samen.

Type 3: der Student – die Studenten (135)

Ter vertaling in het Duits 120

1) Zwakke en vrouwelijk zelfstandige naamwoorden

1 Voor afgestudeerden van de afdeling economische wetenschappen waren de toekomstmogelijkheden erg gunstig.
2 De drughandelaars wilden zoals gebruikelijk de naam van hun medeplichtigen niet verklappen.

3 Sinds op dit kruispunt verkeerslichten opgesteld werden, is het verkeer daar veel veiliger geworden.
4 De politieofficier haalde de schouders op, toen de journalisten vroegen wat de politie tegen de georganiseerde criminaliteit kon doen.
5 De lijst bevat ook de bestelnummers van alle artikelen.
6 De milieuvoorschriften zijn strenger geworden.
7 Bij de produktie worden de nieuwste technologieën gebruikt.
8 Hij heeft jarenlang belastingen ontdoken en moet nu zware geldboetes betalen.
9 Amerikaanse televisieseries worden aan tv-omroepen in de hele wereld verkocht.
10 Commerciële tv-omroepen worden door reclameopbrengsten gefinancierd en openbare omroepen door het kijkgeld.
11 Heb je je huiswerk al gemaakt?
12 Overal hinderden wegenwerken het verkeer.
13 Ze kochten alles op termijnbetaling en hadden op het eind niets dan schulden.
14 De kwaliteitscontroles waren heel streng.
15 De examens staan alweer voor de deur.
16 Het aantal regeringscrisissen in een land als Italië is niet meer bij te houden.
17 De investeringen in die nieuwe machines zullen tot grote besparingen leiden.
18 Hoeveel talen spreekt hij?
19 Beide regeringspartijen hebben stemmen verloren.
20 Amerika geldt als het land van de onbegrensde mogelijkheden.
21 De regeringswoordvoerder zal op de persconferentie verdere bijzonderheden meedelen.
22 Britse ploegen hebben een eigen stijl.
23 Al haar inspanningen hebben tot niets geleid.
24 De kijkcijfers voor sportreportages liggen meestal erg hoog.
25 De Leuvense universiteit is een van de oudste universiteiten in Europa.
26 Haar man bezit meerdere discotheken.
27 De beleggingsadviseur raadde haar aan een deel van haar vermogen in aandelen te beleggen.
28 Ogenblikje, ik moet eerst nog een paar kopieën maken.
29 Na de val van de Muur is de voormalige Sovjet-Unie in verschillende republieken uiteengevallen.
30 De Verenigde Naties hebben hun zetel in New York.
31 De grote internationale persagentschappen hebben in alle landen van de wereld eigen correspondenten.
32 In de personeelsadvertenties worden altijd meertalige secretaresses gezocht.
33 De Japanse won voor twee Amerikaansen.
34 Op de economische redactie werken meerdere redactrices en voor de redactie buitenland werden er onlangs enkele jonge verslaggeefsters aangeworven.
35 Hij heeft een heel bloeiende zaak en werkt met tien verkoopsters.

121 *2) Mannelijke en onzijdige zelfstandige naamwoorden*

1 Het aantal officiële sponsors bij grote organisaties zoals de Olympische spelen blijft al bij al erg beperkt.
2 Politiedirecteuren uit alle delen van het land kwamen vandaag in de hoofdstad samen om een gemeenschappelijke strategie te bepalen.
3 In crisissituaties komt het erop aan zijn zenuwen de baas te blijven.
4 Heb je nog altijd keelpijn?
5 De vijf Grote Meren liggen aan de grens tussen de Verenigde Staten en Canada.
6 In de bergen moet je je huid beschermen tegen ultraviolette stralen.
7 Dat zijn twee totaal verschillende types.

8 Hoeveel rente brengt het geld op mijn spaarboek op als ik het voor drie jaar vastzet?
9 Zijn de bedden al gemaakt?
10 We hebben een ruime keuze vrijetijdshemden.
11 Beide landen hebben in die kwestie gemeenschappelijke interesses.
12 De staat wilde zich door terroristen niet laten afpersen en liet zijn spierballen zien.
13 Het was allemaal één grote vriendjespolitiek.
14 Door de orkaan waren verschillende hoogspanningsmasten vernield.
15 Je zou hem nu beter niet storen, hij zit tot over de oren in het werk.

Type 4: das Volk – die Völker (136)

Ter vertaling in het Duits **122**

1 De arbeidsbureaus deden wat ze konden om de werkzoekenden te helpen.
2 Door het prachtige weer hadden alle openluchtzwembaden veel toeloop.
3 Hebt u de televisiebeelden gezien?
4 U moet ook drie pasfoto's bijvoegen.
5 De bijbel wordt vaak het boek der boeken genoemd.
6 Ze staat al meer dan dertig jaar op de planken.
7 De storm heeft op veel plaatsen de pannen van de daken gerukt.
8 Door de lawine zijn verschillende bergdorpen van de buitenwereld afgesloten.
9 Frans, Engels en Duits waren al altijd haar beste vakken.
10 Met nieuwjaar kreeg ze twaalf champagneglazen cadeau.
11 Op een schaakbord zijn er 64 velden.
12 Hoeveel leden telt de vereniging?
13 De oorlogsgraven zijn als littekens in het landschap die op een indrukwekkende manier van de wreedheid van de oorlog getuigen.
14 We tellen ook enkele grote Duitse postorderbedrijven onder onze klanten.
15 In het centrum vind je bijna alleen nog kantoorgebouwen.
16 Veel kruiden worden ook in de geneeskunde gebruikt.
17 De verhouding tussen Israël en de Arabische buurlanden is vaak gespannen.
18 Ik moet dringend eens naar de tandarts, ik vrees dat ik een paar gaatjes heb.
19 De kastelen van koning Lodewijk II van Beieren worden jaarlijks door honderdduizenden toeristen bezocht.
20 In de energiebranche worden heel hoge salarissen betaald.
21 Ik denk dat je spoken ziet.
22 Je had eens hun gezichten moeten zien toen ik het ze vertelde.
23 Ze zijn op twee Duitse weekbladen geabonneerd.
24 Wat is er eigenlijk aan de hand met hem? Hij loopt al de hele tijd als op eieren.
25 In China zie je meer fietsen dan auto's op straat.
26 De spreker probeerde de gemoederen te kalmeren.
27 Het goederentransport over de weg groeit jaar na jaar.
28 De politie vermoedt dat het om gestolen goederen gaat.
29 Kleren maken de man.
30 Met zo'n salaris kun je natuurlijk geen rijkdommen verzamelen.
31 Montserrat bij Barcelona is een van de belangrijkste Spaanse heiligdommen.
32 De goden speelden in het leven van de Grieken een belangrijke rol.
33 De spookrijder veroorzaakte een zwaar ongeluk.
34 Hij lijkt al zijn gezond verstand verloren te hebben. Stel je voor: hij wil op zijn leeftijd met de motorfiets naar Zuid-Afrika.
35 De directeur van het filiaal werd door de twee gewapende mannen gedwongen de safe te openen.

36 Ik heb zelf geen ski's, maar ik huur er.
37 In de voortuin hebben we een paar rozestruiken en sierstruiken geplant.
38 In Duitsland zijn er nog veel dichte bossen.
39 Het wordt al van de daken geschreeuwd dat hij de baan krijgt.
40 Staatshoofden uit heel de wereld waren naar ons land gekomen om de koning de laatste eer te bewijzen.

Type 5: der Scheck – die Schecks (137)

123

Ter vertaling in het Duits

1 De voetbalsupporters kwamen met al die rechtstreekse uitzendingen ruimschoots aan hun trekken.
2 De mensen zochten in de stadsparken de schaduw op en op de autowegen naar de kust waren er al van 's morgens vroeg files.
3 De vraag naar videocamera's is erg groot in die periode van het jaar.
4 Overal in het land werden er solidariteitsstakingen georganiseerd.
5 Door het overaanbod staan er veel bureaus leeg.
6 Van sportlui worden prestaties verwacht, dat geldt zowel voor amateurs als voor professionals.
7 Oosteuropese handelaars kopen die autowrakken op.
8 Alle hotels aan de kust waren volgeboekt.
9 De verhouding tussen de Israëli's en de Palestijnen bleef erg gespannen.
10 De film loopt in alle grote bioscopen in heel het land.

Bijzondere meervoudsuitgangen bij leenwoorden (138)

124

Ter vertaling in het Duits

1 Vreemde valuta kunt u in iedere bank krijgen.
2 Ze wonen in een mooie villawijk.
3 Als vertegenwoordiger beschikt hij ook over een firmawagen.
4 De conjunctuur verloopt in cyclussen: opleving, hoogconjunctuur, recessie en laagconjunctuur.
5 Computervirussen maken computerprogramma's onbruikbaar.
6 We leven in het tijdperk van de massamedia en politici die verkozen willen worden, moeten in de media goed overkomen.
7 In het centrum van de hoofdstad bevinden zich vooral ministeries en ambassades.
8 Het heeft geen zin te solliciteren, want je beantwoordt niet aan de criteria.
9 De belangrijkste industriecentra bevinden zich in het westen van het land.
10 De meeste stadions waren al maanden van tevoren uitverkocht.
11 Die bedrijfsstages moeten de studenten op het bedrijfsleven voorbereiden.
12 Dat is een nieuwsmagazine dat vooral politieke en economische thema's behandelt.
13 Na die slechte ervaring heeft ze al haar rekeningen bij die bank opgezegd.
14 U mag die risico's niet onderschatten.
15 In de georganiseerde misdaad worden geweldige kapitalen verhandeld.
16 Ze wilde niet van haar principes afwijken.
17 Naast een hoog salaris had hij nog allerlei privileges.
18 Het aantal gemeenschapspraktijken groeit gestaag.
19 Mag ik even uw persoonlijke gegevens?
20 De buren hadden omstreeks het tijdstip van de misdaad twee verdachte individuen gezien.

Bijzonderheden bij de meervoudsvorming (139-141)

Ter vertaling in het Duits 125

1) Verschillende meervoudsvormen met betekenisverschil (139)

1 Het grote woordenboek der Duitse taal van de uitgeverij Duden bestaat nu uit acht delen.
2 Ik zou daarover boeken kunnen schrijven.
3 Er ontbreken miljoenen in de boekhouding en hij is met de noorderzon vertrokken, dat spreekt boekdelen.
4 Bij een partijtje tennis heeft hij een scheuring van de gewrichtsbanden in zijn rechterknie opgelopen.
5 Die videobanden moeten mee naar de beurs.
6 De centrale banken in de EU werken nauw samen.
7 De databanken van de verschillende politiediensten zijn met elkaar verbonden.
8 Na de slechte kritiek in de kranten speelden ze de meeste avonden voor lege banken.
9 Wegens het mooie weer waren er veel wandelaars onderweg en alle banken in het park waren bezet.
10 Voor de kust liggen er verschillende zandbanken die de scheepvaart bemoeilijken.
11 Hebt u die formulieren al opgestuurd?
12 Zijn vingerafdrukken klopten met die die op de plaats van de misdaad gevonden werden.
13 Bij de oprichting van de EG waren zes landen betrokken.
14 In de nieuwe deelstaten werd er zowel door de privé-ondernemingen als door de overheid enorm geïnvesteerd.
15 Nederland onderhoudt sterke economische bindingen met de Bondsrepubliek Duitsland.
16 Wie was koningin van Nederland tijdens de Tweede Wereldoorlog?
17 Veel mensen uit de grensstreek werken in Nederland.
18 De Nederlanders verloren in 1974 de finale van het WK tegen de Duitsers in het Olympiastadion in München met 2-1.
19 Na de val van de Berlijnse Muur trokken de vier zegevierende mogendheden uit de Tweede Wereldoorlog zich uit de Duitse hoofdstad terug.
20 Gelet op de gigantische economische problemen vroeg de eerste minister het parlement om uitgebreide volmachten.
21 Frankrijk en Groot-Brittannië waren belangrijke koloniale mogendheden.
22 Er bevonden zich naar schatting 900 man aan boord van het gezonken schip, misschien zelfs meer, want de kinderen werden niet geregistreerd.
23 President De Gaulle en bondskanselier Adenauer worden als grote staatsmannen beschouwd.
24 "Jullie zijn allebei voorbeeldige echtgenoten", zei ze wat ironisch.
25 Toen de mijnen gesloten werden, verloren honderdduizenden mijnwerkers hun baan.
26 Zo'n werk moet je aan echte vaklui overlaten.
27 Nederlanders hebben de naam uitstekende kooplui te zijn.
28 Onze landgenoten leden een pijnlijke nederlaag.
29 Met deze speciale actie richt zich de luchtvaartmaatschappij vooral tot zakenlui.
30 Het kostte de brandweerlieden grote moeite om de brand te blussen.
31 Ze wilde voor geen geld ter wereld haar beroep opgeven.
32 Naar de woorden van Erich Honecker zou de Berlijnse Muur nog honderd jaar blijven staan.
33 Bij zijn bezoek aan Berlijn in 1963 sprak de Amerikaanse president John F. Kennedy de historische woorden: "Ich bin ein Berliner".

34 *Deutsch als Fremdsprache* van de uitgeverij Langenscheidt is een heel interessant woordenboek met meer dan 66.000 trefwoorden en uitdrukkingen.
35 De spreker had de belangrijkste punten van zijn voordracht in een paar trefwoorden samengevat.
36 Iedere Duitser kent gemiddeld 500 spreekwoorden, zo blijkt uit een wetenschappelijk onderzoek van de universiteit Bochum.

2) Zelfstandige naamwoorden die alleen in het meervoud voorkomen (140)

37 Wanneer begint de zomervakantie?
38 Textiel is een belangrijk exportprodukt voor onze streek.
39 Op het eind van de Tweede Wereldoorlog lag heel het Roergebied in puin.
40 De tweeling leek op elkaar als twee druppels water.

41 Alle banken hebben hun hypotheekrente verhoogd.
42 Het stadhuis dateert uit de middeleeuwen.
43 We staan op elk ogenblik ten dienste van onze klanten.
44 Ze hebben zich in ons voordeel vergist.

3) Telwoord + maataanduidende zelfstandige naamwoorden (141)

45 Hij zal een paar glazen te veel gedronken hebben, toen hij dat beloofde.
46 De temperatuur in New York loopt in de zomer vaak op tot 35 graden in de schaduw. Het dagelijkse leven is er zonder airconditioning ondenkbaar.
47 Voor bestellingen vanaf 100 stuks staan we 5 % quantumkorting toe.
48 Beneden de duizend mark zul je in het centrum niets vinden.
49 Het prijzengeld bedroeg één miljoen dollar.
50 Welke doelstellingen wilt u in de volgende vijf jaar bereiken?
51 Ik heb 80.000 peseta's en 30.000 frank in cash mee.
52 We hebben meer dan twee uur aan de grens moeten wachten.
53 Door het ongeluk vormde zich een file van 10 kilometer.
54 Op de Franse autowegen geldt een snelheidsbeperking van 130 kilometer per uur.
55 Het duurt nog een paar jaar vooraleer het zover is.

Meervoudsvorming zelfstandige naamwoorden: herhalingsoefening (128-143)

126

Ter vertaling in het Duits

1 Dat zijn twee totaal verschillende systemen.
2 In een open en vrije markteconomie worden alle behoeften bevredigd.
3 Van de nieuwe baas worden belangrijke impulsen verwacht.
4 De vakbonden accepteerden de nieuwe voorstellen niet.
5 Wil ik u een paar voorbeelden geven van landen waar zulke experimenten zijn mislukt?
6 De prijzen voor levensmiddelen zijn na de val van het communisme in de meeste voormalige Oostbloklanden spectaculair gestegen.
7 Wegens de hoge yen werd Japan voor investeerders minder aantrekkelijk.
8 Moderne tv-toestellen zijn halve computers.
9 Dat zijn heel interessante markten voor onze produkten.
10 De sociale bijdragen en de belastingen op de lonen en salarissen zullen in de volgende jaren nog toenemen.
11 De politici hebben de wensen en voorstellen van de ondernemers nooit ernstig genomen, zo luidde de kritiek.
12 Insiders beweren dat sommige hoteleigenaars in die landen meer kamers verkopen dan ze kunnen aanbieden. Zo worden de rechten van de klanten natuurlijk met de voeten getreden.
13 U moet vroeg genoeg boeken, want de meeste vluchten naar de VS zijn al maanden van tevoren volgeboekt.
14 Vanmorgen lagen er al 20 faxen klaar op haar bureau.
15 Alle monopolies zullen worden afgeschaft.
16 Voor de gronden en gebouwen zullen we ongetwijfeld gegadigden vinden.
17 Ik heb dat artikel in de *Frankfurter Allgemeine* gelezen.
18 Sommige beleggingsadviseurs verkochten vroeger wasmachines of stofzuigers en nu beleggingsfondsen.
19 De oplichters werkten met dezelfde tricks en probeerden met rendementen van meer dan 20 % klanten te werven.
20 Het aantal winkeldiefstallen is vorig jaar weer gestegen en de experts rekenen met een verdere stijging in de volgende jaren.
21 Op zijn verjaardagsfeestje had hij honderden vrienden uitgenodigd.
22 Bij de ineenstorting van zijn imperium verloor hij alles, ook zijn geloof in vrienden in nood.
23 In onze prestatiemaatschappij zijn alleen winnaarstypes gevraagd, verliezers kunnen nauwelijks op medelijden rekenen. De mensen zijn bang voor verliezers.
24 Eind januari heeft in München de beurs Bau plaats, de belangrijkste Europese beurs voor bouwstoffen, bouwsystemen en bouwtechnieken met meer dan 1.600 exposanten uit meer dan 25 landen.
25 Voor onze bevoorrading zijn goede wegen, bestelwagens en vrachtwagens onontbeerlijk.
26 Hij was acht jaar correspondent voor het nieuwsmagazine Der Spiegel in de Verenigde Staten.
27 Hij heeft nog goede contacten met zijn vroegere collega's.
28 Het staat nu al vast wie de winnaars en verliezers zullen zijn.
29 De Duitse exporteurs hebben verloren gegane buitenlandse markten teruggewonnen.
30 De Europese ondernemingen hebben onder druk van de omstandigheden hun uitgaven voor hun produktiemiddelen drastisch beperkt.

Hoofdstuk IV
LIDWOORDEN

A Bepaald lidwoord

1 Met bepaald lidwoord in het Duits, niet in het Nederlands

127 *Ter vertaling in het Duits*

1.1 Namen van landen en gebieden (145)

1 In oktober 1980 brak een bloedige oorlog uit tussen Irak en Iran.
2 De tweede Golfoorlog begon in augustus 1990 met de overval op Koeweit door Irak.
3 Op 7 juni 1981 vernielden Israëlische gevechtsvliegtuigen bij een doelgerichte aanval een in aanbouw zijnde atoomreactor in Irak.
4 De gijzeling van leden van de Amerikaanse ambassade in Iran gebeurde tegen alle internationale diplomatieke regels in.
5 Tengevolge van die gijzeling heerste tussen Iran en de Verenigde Staten nog jarenlang een gespannen verhouding.
6 Na jaren burgeroorlog was Libanon één puinhoop.
7 In januari 1979 moest de sjah onder de groeiende druk van stakingen en betogingen halsoverkop Iran verlaten.
8 In februari 1979 kwam Khomeini na 15 jaar ballingschap in Parijs naar Iran terug. Van Parijs uit had hij de revolutie in Iran voorbereid.
9 Ethiopië grenst in het westen aan Soedan.
10 Het eiland Cyprus in de Middellandse Zee is een twistappel tussen Griekenland en Turkije.
11 De landing van de geallieerde troepen in Normandië was het begin van het einde voor de Duitsers aan het westelijk front.
12 De Franse wielrenner Jacques Anquetil stamde uit Normandië en zijn collega Bernard Hinault uit Bretagne.
13 Milaan is de hoofdstad van Lombardije.
14 De naam champagne is wettelijk beschermd en voorbehouden aan de drank die in de Champagne geproduceerd wordt.
15 Door de almaar hogere belastingdruk verhuizen sommige rijke Duitsers naar Zwitserland.
16 Zwitserland heeft een stevige faam als internationaal financieel centrum.
17 In 1992 viel Tsjechoslovakije uiteen in Tsjechië en Slovakije.
18 De nieuwe Mercedes-vestiging ligt in de Elzas.
19 Rotterdam is de grootste haven van Nederland.
20 Amsterdam is de hoofdstad van Nederland, maar Den Haag is het politieke centrum van Nederland.

1.2 Eigennamen (146)

21 Het dagboek van Anne Frank is een van de bekendste dagboeken uit de wereldliteratuur.
22 De Griekse filosoof Plato was een leerling van Socrates.

23 Das Parfum is de bekendste roman van Patrick Süskind.
24 Beckenbauer werd zowel als speler en als trainer wereldkampioen.
25 Marlene Dietrich was in de jaren dertig de beroemdste Duitse actrice.
26 Wil je Ina zeggen dat ik hier geweest ben?

1.3 Dagen / maanden (147)

27 Wanneer neemt u vakantie, in juni of in juli?
28 Op maandag zijn de meeste musea in Duitsland gesloten.
29 De internationale meubelbeurs in Keulen vindt in januari plaats. Alleen op zondag wordt er algemeen publiek toegelaten.
30 Je kunt beter in de lente naar Egypte op reis gaan dan in de zomer, want in de zomer is het te warm.
31 De meeste weekendongelukken gebeuren in de nacht van vrijdag op zaterdag en van zaterdag op zondag.
32 Niet voor alle mensen is zondag een rustdag.
33 De examens hebben plaats in de loop van de maand juni.

1.4 Bepaald lidwoord of bezittelijk voornaamwoord (148)

34 Heb je je tanden al gepoetst?
35 Ze verloor haar geduld omdat hij voortdurend dezelfde fout maakte.
36 Hij had medelijden met haar en kon het niet over zijn hart krijgen haar de waarheid te zeggen.
37 Ook als de klanten haar uitscholden, verloor ze haar zelfbeheersing niet en bleef ze vriendelijk.
38 Wees maar op je hoede voor hem.
39 Het was de politieagenten een doorn in het oog dat de heren die ze op heterdaad betrapt hadden, na enkele uren weer vrijgelaten werden.
40 Waar moet ik al dat geld vandaan halen? Ik kan het toch niet uit mijn mouw schudden.
41 Ik zal je zeggen wat ik van de zaak vind. Je neemt me toch niet kwalijk dat ik daarbij geen blad voor mijn mond neem.
42 Hij sprong bijna uit zijn vel van woede toen hij merkte dat hij bedrogen was.
43 Als de baas nu niet met zijn vuist op tafel slaat, zal de toestand hier nooit verbeteren.
44 Dat is nog een man van de oude stempel voor wie een woord een woord is. Ik durf mijn hand voor hem in het vuur te steken.
45 Dat klopt van geen kanten. Dat heeft hij uit zijn duim gezogen.
46 Ik heb lang gewacht, maar nu is mijn geduld op.
47 Je mag mijn woorden niet verdraaien.
48 Sinds hij die successen behaald heeft, loopt hij met zijn neus in de wind.
49 Daar de beklaagde al een en ander op zijn kerfstok had, werd hij tot een langere straf veroordeeld.
50 Precies. U neemt me de woorden uit de mond.

1.5 Uitdrukkingen met lidwoord (150)

Ter vertaling in het Duits **128**

1 Haar grootouders van moederskant zijn nog in leven.
2 Er zijn opnieuw financiële moeilijkheden ontstaan tussen beide partners.

3 Voor wie op zoek is naar vers kapitaal, is de beurs een goed adres.
4 Op weg naar Dresden hebben we een tussenstop gemaakt in Eisenach en daar de Wartburg bezocht.
5 Om acht uur begaf ze zich met haar eigen auto op weg naar haar werk.
6 Het waren vooral de toeristen die op goed geluk af naar Spanje vertrokken waren, die het slachtoffer werden van overboekingen.
7 Ook mensen die al 20 jaar in de onderneming werkten, werden om economische redenen van de ene dag op de andere op straat gezet.
8 Door het faillissement stonden met één klap honderden mensen op straat.
9 We zullen het voorlopig daarbij laten.
10 In aansluiting op de voordracht heeft er een receptie plaats waarop we u heel hartelijk uitnodigen.
11 Op vrijdag zendt het ZDF in aansluiting op het journaal gewoonlijk een thriller uit.
12 De secretaresse ondertekende de brief in opdracht van haar baas.
13 Hij staat al 25 jaar als vrijwillige medewerker in dienst van het Rode Kruis.
14 Het was weekend en we hebben ons tot de dokter van dienst gewend.
15 Uit een onderzoek blijkt dat kinderen gemiddeld 3 uur per dag televisie kijken.
16 Ik heb eigenlijk veel zin om het op te geven. – Serieus?
17 Ingeval u het niet gelooft, hier hebt u het schriftelijke bewijs.
18 Het nieuwe produktiecomplex is nog maar een paar weken in gebruik.
19 In tegenstelling tot vroeger is het klimaat in veel bedrijven veel koeler en zakelijker geworden.
20 Ik dacht dat ze na haar beenbreuk van vorig jaar met het skiën zou stoppen. Wel integendeel, volgende week vertrekt ze opnieuw naar Zwitserland.
21 Mijnheer Kopper is net in gesprek. Wil ik u met zijn assistent verbinden?
22 Ondanks zijn hoge positie is hij ongecompliceerd en het is niet moeilijk om met hem in gesprek te komen.
23 De voorzitter van de raad van bestuur dankte de medewerkers voor hun inzet ook in naam van zijn collega's.
24 In geval van nood kunt u zich het best tot onze klantenservice wenden.
25 Na de val van de Muur zijn grondstukken en huizen in Berlijn spectaculair in prijs gestegen.
26 In principe hebt u gelijk, maar er is niets meer aan te doen.
27 Ik dacht dat je dat voor de grap gezegd had.
28 Ze wilde absoluut bewijzen dat ze in staat was om zelfstandig te werken.
29 Hij is al eens in opspraak gekomen wegens belastingontduiking en zwartwerk.
30 Ik wil overigens ook niet langer dulden dat u nooit stipt begint.
31 Zolang hij geld in overvloed had, had hij ook vele vrienden.
32 In vergelijking met vorig jaar zijn de prijzen met 3 % gestegen.
33 Ze heeft me dat in vertrouwen gezegd, u hoeft dus niet aan te dringen.
34 Zijn ontslag staat natuurlijk in verband met de zware verliezen van de laatste jaren.
35 Ik wil dat dossier vertalen op voorwaarde dat u ervoor betaalt.
36 Je mag niet alles wat je weet van horen zeggen voor gangbare munt aannemen.
37 Toen hij aan de financiële gevolgen van zijn wilde plannen dacht, kwam hij snel weer tot bezinning.
38 Zijn bedenkelijke kredietwaardigheid was algemeen bekend en had tot gevolg dat zijn leveranciers alleen nog tegen vooruitbetaling wilden leveren.
39 Als je dat iedere dag doet, wordt dat op de duur een gewoonte.
40 Bij de hele discussie over de erfenis kwam zijn ware karakter te voorschijn.
41 De verkeersdienst raadde de automobilisten wegens het slechte weer tot voorzichtigheid aan.
42 Hij werd met een overweldigende meerderheid tot president gekozen.

43 Ze werd al op erg jonge leeftijd tot verkoopdirectrice benoemd.
44 Zoiets wordt al snel routine.
45 Door de handel in onroerende goederen en door een aantal extreem goede beleggingen werd hij heel snel een heel rijk man.

2 Samentrekking voorzetsel – bepaald lidwoord (151)

Ter vertaling in het Duits 129

1 Ze was erg ontstemd over wat gebeurd was en stak haar mening niet onder stoelen of banken.
2 Je hoeft me niets meer te vertellen; ik ben volledig op de hoogte.
3 Ze heeft een aangenaam karakter en werkt vlijtig. Daarom staat ze bij haar baas in een goed blaadje.
4 Over de redenen voor zijn ontslag tasten we volledig in het duister.
5 Moet je naar het examen? – Veel geluk!
6 Als je telefoneert, moet je altijd pen en papier bij de hand hebben.
7 In een handomdraai was hij met het werk klaar.
8 Nu blijkt dat we helaas op het verkeerde paard gewed hebben.
9 Ik wil niemand een blok aan het been zijn.
10 Ze hebben in de lotto gewonnen en sindsdien leiden ze een vrolijk leventje.
11 Nu heeft hij eens aan den lijve ondervonden wat het betekent in de steek gelaten te worden.
12 Dat ligt me nog altijd zwaar op de maag.
13 Ik laat me niet voor de gek houden.
14 Waarom hebt u dat gezegd? Daarmee hebt u nog olie op het vuur gedaan.
15 Ze geloofde zich in haar nieuwe betrekking te kunnen verbeteren, maar ze kwam van de regen in de drop.
16 De baas van de firma had het faillissement zien aankomen en op tijd zijn schaapjes op het droge gebracht.
17 Ik zou willen weten wat hij in het schild voert.
18 Ik heb het op de radio gehoord.
19 Marseille ligt aan de Middellandse Zee.
20 De finale wordt gespeeld in het Olympiastadion in Berlijn.
21 Tijdens de beurs waren alle kamers in het hotel Arabella volgeboekt.
22 De universiteitsstad Heidelberg ligt aan de Neckar.
23 De politieke onrust in het Midden-Oosten zorgde voor grote spanningen.
24 Ons hotel lag direct aan de Rijn.
25 In geval van twijfel moet u dat in het woordenboek opzoeken.
26 Dat staat wel niet zo in het leerboek, maar we hebben geen andere keuze.
27 Hij bleef liever op de achtergrond.
28 Bij het vertalen in het Duits maakte ze veel fouten.
29 Dat overkomt me nu al voor de derde keer.
30 Mijn wagen staat op de parkeerplaats aan het station.
31 Alle modellen en prijzen vindt u in de catalogus.
32 De meeste buitenlanders wonen in het Westen, vooral in het Roergebied.
33 Ik moet nog naar de bank, want ik heb nog een paar honderd mark in cash nodig.
34 Ze werkt als omroepster bij de televisie en moet vaak in het weekend werken.
35 Mijn vrouw haalt me op van de vlieghaven.

3 Geen bepaald lidwoord in het Duits

130

Ter vertaling in het Duits (152-156)

1 Mijnheer de bondskanselier, we danken u voor dit gesprek.
2 De heer Heyne is nog tot eind deze week in het buitenland. Wil ik u het nummer geven waar hij bereikbaar is?
3 Het ene woord bracht het andere mee en de stemming werd hoe langer hoe onaangenamer.
4 In plaats van één lijn te trekken, bekritiseerde de ene collega de andere.
5 Met de afstandsbediening zapte ze van de ene zender naar de andere op zoek naar iets interessants.
6 De wind waaide uit het noorden en het was erg koud.
7 Dat is nu werkelijk om bij te wanhopen: wat je hem ook mag zeggen, dat gaat het ene oor in, het andere uit.
8 Voor de produktie van deze luxeprodukten gebruiken we uitsluitend de beste materialen.
9 Ik heb die overname van heel nabij meegemaakt.
10 Jammer dat het op het laatste ogenblik nog misliep.

Uitdrukkingen (157)

131

Ter vertaling in het Duits

1 Onze correspondent in Moskou heeft dat bericht uit de eerste hand.
2 Enkele slachtoffers liepen brandwonden van de derde graad op.
3 Bij de eerste de beste gelegenheid zullen we dat in orde brengen.
4 Je moet dat niet direct aan de eerste de beste verder vertellen.
5 Het eindresultaat moest kloppen, maar voor de rest liet hij zijn medewerkers de vrije hand.
6 Het nieuwe traject moet tegen het begin van de vakantie klaar zijn.
7 We zullen uw bestelling tegen het eind van de maand uitvoeren.
8 Als we niet te veel opgehouden worden door files, kunnen we tegen de middag in Keulen zijn.
9 Ze heeft zelf ontslag genomen, dus ga ik ervan uit dat ze een andere baan in het vooruitzicht heeft.
10 Bij de brand werd ook het hele magazijn in de as gelegd.
11 Het ging om een bestelling ter waarde van een paar miljard mark.
12 De spelers van het legendarische Real Madrid, dat van 1956 tot 1960 vijf keer na elkaar Europees kampioen werd, speelden helemaal in het wit.
13 Ook in de toekomst zullen we waarschijnlijk op het gebruik van kernenergie voor onze elektriciteitsproduktie aangewezen blijven.
14 In sommige landen worden de elementairste milieuvoorschriften gewoon met de voeten getreden.
15 Om hun vakantiebestemming te bereiken, moesten de toeristen kilometerlange files en lange wachttijden aan de grensovergangen op de koop toe nemen.
16 In het parlement werd dagenlang in het lang en het breed over het probleem gediscussieerd.
17 Wie een appartement met drie kamers zoekt, vindt onder de 1.000 mark niets.
18 De arbeiders boven de 45 jaar waren er zich van bewust dat het moeilijk zou zijn om werk te vinden.

19 Hoe had je je dat om 's hemelswil voorgesteld?
20 Kinderen beneden de zestien jaar mogen kosteloos op de kamer van de ouders overnachten.
21 Ze hebben vanaf het begin voor een professionele aanpak gekozen en het heeft gerendeerd.
22 Hoe vervelend het ook was, we hebben de discussie van het begin tot het einde gevolgd.
23 Vanaf het begin liep alles van een leien dakje.
24 Terwijl ze aan het telefoneren was, viel het dossier op de grond.
25 Zijn concurrenten hebben de gelegenheid te baat genomen om hem ten val te brengen.
26 Toen keizerin Zita in 1989 in Wenen ten grave gedragen werd, was heel Wenen op de been.
27 De investeringen van vandaag zullen in de toekomst heel onze streek ten goede komen.
28 Ik heb uw raad ter harte genomen en afgezien van die plannen.
29 Het succes was ze naar het hoofd gestegen en daardoor onderschatten ze de concurrentie.
30 De transportkosten gaan ten laste van de koper.

B Onbepaald lidwoord

Ter vertaling in het Duits (158-160) **132**

1 Het beroep van journalist lijkt voor veel jongeren een droomberoep.
2 De post van ambassadeur brengt een grote verantwoordelijkheid met zich mee.
3 Wegens zijn grote verdiensten werd hem de titel van eredoctor verleend.
4 Niet iedereen is geschikt voor het ambt van burgemeester.
5 Als je die kans nu laat liggen, zul je dat misschien op zekere dag beklagen.
6 Onze slechte ervaringen op de Aziatische markt hebben ons uit de droom geholpen.
7 Hij is de zoon van een handelaar uit een orthodox joods huis.
8 Villa's op een goede stand op het eiland Mallorca kun je onder één miljoen mark niet krijgen.
9 Veel jonge mensen doen zelden of nooit aan sport en bevinden zich in een slechte lichamelijke conditie.
10 Na een grondige voorbereiding voelde hij zich opgewassen tegen zijn nieuwe taak.

Hoofdstuk V: VERBUIGING VAN DE BEPALENDE WOORDEN EN VAN HET ADJECTIEF

1 Uitgangspunt: Verbuiging bepalende woorden

1.1 dieser-Gruppe (162-166)

Am ersten jedes/jeden Monats – Die Ursache allen/alles Übels

Im Genitiv Singular männlich und sächlich haben *der, dieser, jener* als Endung -es (die sog. starke Endung):

das Tor des Jahres / der Kostenpunkt dieses Projektes / der Name jenes Hotels.

Allerdings kommt bei *aller, jeder, mancher, welcher* neben oder statt der starken Endung *-es* die schwache Endung *-en* vor. Bei *jeder* und *welcher* sind beide Formen korrekt:

am ersten jedes/jeden Monats
Schwerin ist die Hauptstadt welches/welchen Bundeslandes?

In Verbindung mit einem Adjektiv oder einem schwachen Substantiv jedoch haben *jeder* und *welcher* immer die starke Endung *-es:*

am Anfang jedes neuen Monats
Schwerin ist die Hauptstadt welches neuen Bundeslandes?
die Aussage jedes Zeugen – die Aussage welches Zeugen?

Bei *aller* und *mancher* kommt heute meistens die schwache Endung *-en* vor:

Trotz allen Fleißes kam er nicht weiter.
Sie behauptete allen Ernstes, daß man sie nicht informiert hatte.
Trotz manchen (seltener: manches) Mißverständnisses kamen sie miteinander gut aus.

Die starke Endung *-es* kommt noch in Verbindung mit einem Adjektiv vor:

Trotz allen/alles guten Willens hat er es nicht geschafft.
Trotz manches peinlichen Mißverständnisses kamen sie miteinander gut aus.

Vor einem substantivierten Adjektiv ist bei *all-* nur die starke Endung *-es* möglich:

Geld ist die Ursache allen Übels – alles Bösen

Vor dem unbestimmten Artikel *ein* und vor einem Adjektiv kommen *manch / solch / welch* auch unflektiert vor:

Manch einer weiß das nicht. / Bei manch jungem Mitarbeiter
Mit solch einem Auto / Bei solch jungem Mitarbeiter
Welch eine Möglichkeit! / Welch guter Mitarbeiter!

Ter vertaling in het Duits 133

1 Het is het recht van iedere burger zich door een advocaat te laten verdedigen.
2 De nieuwe regeling geldt vanaf 1 juni van dit jaar.
3 We bieden u een oplossing voor ieder probleem.
4 Vanavond kijk ik op mijn dooie gemak televisie.
5 Door haar rol in die film werd ze met één slag in heel de wereld bekend.
6 Je hoeft niet te wanhopen, alle begin is moeilijk.
7 Ondanks alle moeite lukte het niet.
8 Na alles wat hij meegemaakt had, had hij de moed verloren.
9 Ondanks alles moeten we weer aan het werk.
10 Hij is een echte man van de daad.
11 Iedere hulp is welkom.
12 We willen dat tot elke prijs vermijden.
13 Dat is zonder enige twijfel voor iedere handelaar de beste oplossing.
14 De curator onderzocht de vorderingen van iedere schuldeiser.
15 Na enige tijd zag hij zijn fout in.
16 De valse beloften van de banken zijn voor de getroffen middenstanders de reden van alle ergernis.
17 Geld is in veel gevallen de bron van alle kwaad.
18 Op dat ogenblik was zijn kredietwaardigheid nog onaangetast.
19 Zijn rijbewijs werd nu al voor de derde keer ingetrokken. Sommigen leren het nooit!
20 Dat is in menig opzicht de beste keuze.
21 Ondanks menig misverstand schoten de twee broers goed met elkaar op.
22 Menig handwerkbedrijf kreeg door het faillissement zelf financiële moeilijkheden.
23 Menigeen was het niet eens met de voorgestelde maatregelen.
24 Nogal wat sportblessures zouden door een gepaste opwarming vermeden kunnen worden.
25 Er ontbreekt nog een en ander.
26 Sommige zaken blijven onduidelijk.
27 Hij was het met veel zaken niet eens.
28 In welke krant is dat artikel verschenen?
29 De nieuwe economische politiek betekende voor sommigen rijkdom, maar voor velen armoede.
30 Sommigen hadden de opdracht onderschat.
31 Dat geldt voor enkelen, maar zeker niet voor allen.
32 Voor sommigen kwam iedere hulp helaas te laat.
33 Er waren er maar enkelen die het wisten.
34 Ik heb het ze beiden gevraagd, maar ze wilden er niets van weten.
35 Ik ken er velen in de branche die het momenteel moeilijk hebben.
36 Ze heeft al veel pech gehad in haar leven.
37 Ik heb weinig hoop dat hij het nog haalt.
38 Door zijn beroep kent hij erg veel mensen.
39 Ze had al haar collega's uitgenodigd.
40 Al mijn moeite is jammer genoeg vergeefs geweest.

solcher / ein solcher (164) 134

Im Plural verwenden wir *solcher*, im Singular gewöhnlich *ein solcher*:

Solche Schwierigkeiten hat der Mann vom Lande nicht erwartet.
Einen solchen Ärger will ich mir in Zukunft ersparen.

Die unverbogene Form *solch* gilt als gehoben:

Bei solch einem Wetter / Bei solch nassem Wetter / Bei solch einem nassen Wetter / Bei einem solch nassen Wetter.

Statt dessen wird in der Umgangssprache *so* verwendet:

Bei so einem Wetter / Bei so nassem / Bei einem so nassen Wetter.
So eine Unverschämtheit!

Ter vertaling in het Duits

1 Voor zo'n fout toonde de baas weinig begrip.
2 Zo'n auto met alles erop en eraan kost op zijn minst 50.000 mark.
3 Zulke risico's horen nu eenmaal bij zo'n beroep.
4 Dat het produkt zo'n succes zou worden, hadden ook wij zelf niet verwacht.
5 Van zo'n salaris kunnen de meeste mensen alleen maar dromen.
6 Ik wist niet dat hij zo'n bedrieger was.
7 Zo'n mooi doelpunt zie je maar zelden.
8 Bij zo'n slecht weer ga ik niet fietsen.
9 Zulke moeilijkheden had ik niet verwacht.
10 Zo'n kans mag je niet laten liggen.

1.2 (k)ein-Gruppe (167-168)

135 *Ter vertaling in het Duits*

1 Dat is een goede eigenschap voor een ondernemer.
2 Ze hebben hun huis verkocht en een appartement in de stad gekocht.
3 Hoe lang hebt u uw auto al?
4 Dat is ons doel op lange termijn.
5 Hij heeft twee zonen, maar geen van beiden wil de zaak overnemen.
6 Ik zou 100.000 frank op mijn rekening willen storten.
7 Totnogtoe had hij met zijn poging geen succes.
8 Als u het risico te hoog vindt, mag u uw geld niet in aandelen beleggen.
9 Bij hem loop je geen risico, hij is een meester in het vak.
10 Volgens mij is dat haar goed recht.
11 Het kopen van een van onze produkten zal u overtuigen dat voor onze onderneming kwaliteit vooropstaat.
12 Onze winst is groter uitgevallen dan verwacht.
13 Hebben jullie je trein nog gehaald?
14 Ons verkooppersoneel staat op elk ogenblik voor u klaar.
15 Dat is onze zaak, we zijn daarin gespecialiseerd.
16 Een van onze partners heeft zich uit het project teruggetrokken.
17 Dat is een van de belangrijkste voordelen van zo'n regeling.
18 We werken sinds enige tijd samen met een van de belangrijkste Duitse firma's uit de branche.
19 Niagara is ook de titel van een van de bekendste films van Marilyn Monroe.
20 Dat is een van de redenen waarom ons project mislukt is.
21 Dat is een van de weinige tips die ik u kan geven.
22 Was dat haar fout? Ik vind van niet.

23 Meer tewerkstelling blijft een van de belangrijkste doelstellingen van de regeringspolitiek.
24 Op een van die punten zou ik willen reageren.
25 De Duitse mark geldt als een van de hardste valuta's ter wereld.
26 Dat is een van onze belangrijkste troeven.
27 Van wie is die paraplu? – Die is van mij.
28 Op een van hun grootste markten hebben ze zware verliezen geleden.
29 Een goed bedrijfsklimaat is een van de belangrijkste factoren om goede prestaties te brengen.
30 Is dat daar uw auto? – Nee, die van ons staat wat verder.

2 De eigenlijke verbuiging van de adjectieven

2.1 Uitgangen

Ter vertaling in het Duits

Sterk / zwak (169-171) 136

1 Dat is een heel aangenaam beroep met veel afwisseling.
2 Ik vind dat een interessante hobby.
3 Dat is inderdaad een heel belangrijke factor die we niet mogen onderschatten.
4 Wie een hoog inkomen heeft, betaalt in de regel ook hoge belastingen.
5 Het is een heel lang artikel.
6 Past u maar op voor hem, want het is een echte leperd.
7 Italië is in ieder opzicht een boeiend land met een rijk verleden, een mooie natuur en interessante steden.
8 Als nieuwe medewerker moest hij op de onderste sport van de ladder beginnen.
9 Iedere baas heeft zijn eigen stijl.
10 Het persoonlijke interview is een door marktonderzoekers vaak gebruikt procédé bij enquêtes.
11 Bij het invoeren van een nieuw produkt is het absoluut noodzakelijk er reclame voor te maken.
12 De Duitse klant is een veeleisende klant die alleen produkten van goede kwaliteit koopt.
13 Nederland geldt in de hele wereld als een tolerant land.
14 Een goede kredietverzekering is geen overbodige luxe.
15 Dat was even een klein misverstand.
16 Ze mag van geluk spreken dat haar vader een goed woordje voor haar gedaan heeft.
17 We zijn een typisch toeleveringsbedrijf.
18 Dat is een heel concreet en constructief voorstel.
19 Dat wordt een belangrijke test voor de jonge ploeg.
20 Na lang aarzelen heeft hij onze aanvraag eindelijk goedgekeurd.
21 Voor een klein land als het onze is een sterke export van groot belang.
22 Zijn baas heeft hem voorgesteld directeur te worden van een nieuw filiaal.
23 Door de sterke internationale concurrentie wisten de vakbonden dat ze geen overdreven eisen mochten stellen.
24 Haar man is politiek redacteur bij een grote Duitse krant en free-lance medewerker bij een privé-zender.

25 De raad van bestuur heeft een nieuwe, ervaren topmanager aangetrokken om het bedrijf uit de rode cijfers te halen.
26 U krijgt de goederen zoals beloofd eind deze maand of begin volgende maand.
27 Ze hebben een erg goedlopende zaak en ze zijn allang binnen.
28 Bij het bekende veilinghuis Sotheby's worden geregeld schilderijen van oude Vlaamse en Duitse meesters uit de 15e en 16e eeuw geveild.
29 In een vrije markt zijn alleen schaarse goederen duur.
30 Door lage lonen en slechte werkvoorwaarden is de produktie in deze arme landen aanzienlijk goedkoper dan in de rijke westerse industrielanden.
31 Sinds het eind van de koude oorlog zijn de politieke verhoudingen op het oude continent helemaal veranderd.
32 Voor de meeste beleggers in aandelen was dit een ontgoochelend jaar.
33 Miljoenen Oostduitsers vluchtten in de loop der jaren om economische redenen en voor politieke willekeur uit hun geboorteland.
34 Door de slechte resultaten stond de directie onder zware druk van de ongeduldige aandeelhouders.
35 Je zou er goed aan doen die spectaculaire prognoses van deze zogezegde experts beter niet te vertrouwen.
36 Als het niet tot een minnelijke schikking met de tegenpartij komt, zullen we onze rechten per kort geding afdwingen.
37 Scheidsrechter zijn, is een moeilijke job.
38 Ondanks alle technische vooruitgang groeit de kloof tussen arme en rijke landen.
39 Ondanks de gespannen verhouding tussen beide landen zijn de regeringsleiders in voortdurend contact met elkaar gebleven.
40 In een parlementaire democratie zijn er voortdurende contacten tussen politici van verschillende partijen.
41 De eenheid van Duitsland was de vrucht van de vreedzame revolutie van de voormalige DDR-burgers die niet meer wilden leven in een systeem van politieke willekeur.
42 De verschrikkelijke terreuraanslagen waarbij honderden onschuldige mensen om het leven kwamen, veroorzaakten onzekerheid en intimidatie bij de bevolking.
43 Ten langen leste moest de regering zich tot het Internationaal Monetair Fonds wenden, want de gigantische economische problemen waren haar boven het hoofd gegroeid.
44 Tientallen bedrogen middenstanders hebben aangifte gedaan, maar de bedrieger is er natuurlijk al lang vandoor.
45 Eén goede reden om voor onze nieuwe software te kiezen is dat u ermee op de elektronische snelweg rijdt, want ons systeem biedt toegang tot de meest uiteenlopende internationale netwerken. Er zijn ook nog tien andere goede redenen.
46 We willen ons ook in de volgende jaren handhaven op een door de sterke internationale concurrentie moeilijke markt.
47 In dit door een wrede burgeroorlog getroffen Afrikaanse land leefden de mensen in heel grote armoede.
48 Zowel de Verenigde Staten als de Europese landen beschouwden het conflict als een voor de internationale stabiliteit irrelevante burgeroorlog.
49 Het duurzame succes van de marktleiders berust niet op blinde loyauteit van het cliënteel, maar op het feit dat ze veel meer geld voor reclame uitgeven dan hun concurrenten.
50 Ondanks wereldwijd optimisme reageerden de Europese beurzen niet navenant.

Im Mai dieses Jahres ~ im Mai vorigen Jahres (170) 137

1 Volgens mij is dat een typisch geval van oneerlijke concurrentie.
2 Ondanks snel ingrijpen van de brandweer liepen verschillende hotelgasten brandwonden van de eerste graad op.
3 Hij wordt algemeen gerespecteerd als een topmanager van internationaal formaat.
4 Managers van dat formaat zijn internationaal erg gevraagd.
5 Hij wendde zich met zijn klacht tot de centrale voor de bestrijding van oneerlijke concurrentie.
6 Volgens een woordvoerder van de politie gaat het om een zaak van internationale omvang.
7 In de vluchtelingenkampen speelden zich scènes van onbeschrijfelijke ellende af.
8 Eind vorige maand kreeg ik nog een bekeuring wegens verkeerd parkeren en begin deze maand alweer. Heeft de politie niets beters te doen?
9 Veel spreekwoorden zoals b.v. "vandaag rood, morgen dood" zijn van bijbelse oorsprong.
10 Wegens acuut geldgebrek werd het hele project afgelast.
11 Ondanks alle rijkdom voelde ze zich ontevreden.
12 De journalisten brachten alsmaar nieuwe zaken aan het licht en het groeide uit tot een schandaal van eerste rang.
13 Wegens dit incident hebben ze een paar maanden niet meer met elkaar gesproken.
14 Je kunt toch niet in alle ernst beweren dat je dat niet wist.
15 De nieuwbouw moet begin volgend jaar klaar zijn. De verhuizing is in ieder geval voor februari volgend jaar gepland.

Parallelle verbuiging (172-174)

Nach unbestimmten Zahlwörtern wie *einige / etliche / manche / mehrere / verschiedene / viele / wenige* wird im Plural das nachfolgende Adjektiv parallel dekliniert, d.h. es bekommt dieselbe Endung wie *einige usw.* Nach *manche* ist neben der parallelen Deklination auch die schwache Deklination üblich:

Manche ausländische(n) Spieler haben am Anfang Anpassungsschwierigkeiten.

Nach *alle, beide* und *sämtliche* folgt in der Gegenwartssprache meist schwache Deklination:

beide jungen Frauen

Ter vertaling in het Duits 138

1 Op enkele kleine incidenten na verliep de betoging heel rustig.
2 Met enige goede wil van beide partners moet dat lukken.
3 Op de beurs hebben we enkele interessante nieuwe technieken leren kennen.
4 Wegens ettelijke zware overtredingen werd hem zijn rijbewijs voor een jaar ingetrokken.
5 Wegens de alsmaar stijgende belastingdruk zijn sommige vermogende ondernemers naar het buitenland verhuisd.
6 Het tijdschrift bevat meerdere interessante artikels over politieke en economische thema's.
7 Sommige nieuwe vakantiebestemmingen zijn erg in trek.

8 Sommigen hadden verschillende kleine en grote bezwaren tegen de nieuwe voorstellen, maar die werden na een serene discussie dan toch met een grote meerderheid goedgekeurd.
9 Het is voor veel onervaren jonge afgestudeerden moeilijk om onmiddellijk de baan van hun dromen te vinden.
10 Er zijn meerdere Duitse reisorganisatoren die deze exotische bestemmingen in verschillende prijscategorieën aanbieden.
11 Door het faillissement van de projectontwikkelaar kwamen ook verschillende kleine handwerksbedrijven in financiële moeilijkheden.
12 Ondanks de vele mooie beloftes werden er totnogtoe maar weinig nieuwe arbeidsplaatsen geschapen.
13 De laatste jaren zijn er verschillende nieuwe privé-zenders bijgekomen.
14 De vele nieuwe wetten en voorschriften van de Brusselse EU-bureaucratie maken de papierwinkel voor de ondernemers alsmaar ingewikkelder.
15 Voor alle betrokken partijen is dat veruit de beste oplossing.
16 Beide Japanse autoproducenten willen in de volgende jaren enkele nieuwe modellen op de markt brengen.
17 Ze hebben een mooi nieuw huis gebouwd.
18 Twijfelt u niet langer: dat is een uiterst interessant en uniek aanbod.
19 Het is een heel praktisch en eenvoudig systeem.
20 We hebben een lang, opbouwend en voor beide partijen vruchtbaar gesprek gehad.
21 Hebt u nog andere interessante tips?
22 Tegen dergelijke laffe en bloedige aanslagen waren de autoriteiten machteloos.
23 Wie een eigen zaak wil beginnen, moet ook aan volgende praktische zaken denken.
24 Sinds de opening van de grenzen zijn er op economisch vlak talrijke nieuwe initiatieven ontstaan.
25 Kunt u nog andere interessante titels aanbevelen?

Speciale gevallen (175-181)

Adjektive von Personennamen abgeleitet, enden heute auf *-sch:*

die Kafkaschen Romane (die Romane Kafkas) – das Brechtsche Theater

Daneben gibt es auch die herkömmliche Endung *-isch.* Bei Eigennamen, die auf *-e* enden (Goethe, Heine), ist *-isch* sogar gebräuchlicher:

die Goethischen Gedichte / die Kantische Philosophie

139 *Ter vertaling in het Duits*

a) Deelwoorden (175)

1 Ik heb een lijst opgesteld van de te bezoeken klanten.
2 De met meer dan 100 % gestegen prijzen voor levensmiddelen veroorzaakten een drastische daling van de levensstandaard van de meeste mensen.
3 We zullen ook voor deze niet te ontkennen moeilijkheden een oplossing moeten vinden.
4 Ze had verborgen talenten als actrice.
5 De bedrogen klanten staken hun mening niet onder stoelen of banken.
6 Dat was haar derde mislukte poging en daarmee is ze uitgeschakeld.
7 De vergadering vond achter gesloten deuren plaats.

8 We moeten afwachten wat het resultaat van de getroffen maatregelen zal zijn.
9 Dat is weggegooid geld.
10 We hebben een erg opbouwend gesprek gevoerd.

b) hoch/dunkel/teuer (176)

11 Ze droeg schoenen met hoge hakken.
12 Veel jonge gezinnen met kinderen kunnen zulke hoge huurprijzen niet betalen.
13 Voor de heropbouw van de economie in de nieuwe deelstaten waren hoge investeringen noodzakelijk.
14 Hij is in allerlei duistere zaakjes betrokken.
15 Dat is een donker kapitel in de Duitse geschiedenis.
16 Hij is in ieder opzicht een heel integere en edele man.
17 Het is duur leven in het skiparadijs Sankt Moritz.
18 Zo'n vakantie in het hoogseizoen is natuurlijk een dure grap.

c) ihr eines Kind (177)

19 Haar ene broer is zelfstandig verpleger en haar andere autoverkoper.
20 Hij was op de duur het vele reizen beu.
21 Op een en dezelfde dag stond de minister van Buitenlandse Zaken de pers te woord in Londen en in Milaan.
22 We mogen niet weer dezelfde fout maken als vorige keer.
23 Ze werkt al twintig jaar bij dezelfde firma.
24 Zo goed ken ik haar niet. De weinige keren dat ik haar ontmoet heb, hebben we nauwelijks een paar woorden met elkaar gewisseld.
25 Jammer dat je vele inspanningen tot niets geleid hebben.
26 Het is pijnlijk op zo'n manier te moeten verliezen.
27 Zo'n belangrijke overwinning is goed voor het zelfvertrouwen.
28 Zo'n mooi weer is altijd aangenaam.

d) Rangtelwoorden (178)

29 Op zes juni 1944 landden de geallieerden op de stranden van Normandië.
30 Haar eerste indrukken waren niet erg positief.
31 In de nacht van negen op tien november 1989 viel de Muur in Berlijn.
32 De Duitse wereldkampioen ging als eerste door de finish, de Fransman werd tweede en de Italiaan derde.
33 Geen van beiden wilde de eerste stap doen.
34 Op het eerste gezicht bleef de schade binnen de perken.

e) Karls neues Motorrad (179)

35 Hamburg is Duitsland grootste haven.
36 De Daimler-Benz NV is Duitslands grootste privé-onderneming.
37 De gearresteerde gangster was niet bereid inlichtingen te geven over zijn handlangers en die d'r duistere zaakjes.
38 Alsmaar meer rijke Duitsers wier hoge inkomen tegen meer dan 60 % belast wordt, verhuizen naar het buitenland.
39 Michail Gorbatsjov, wiens nieuwe politieke stijl tot het uiteenvallen van de voormalige Sovjet-Unie leidde, kreeg in 1990 de Nobelprijs voor de vrede.
40 *Het slot* en *Het proces* zijn Franz Kafka's bekendste romans.

f) wir / ihr (180)

Nach *wir* und *ihr* wird das Adjektiv in der Gegenwartssprache meist schwach gebeugt. Auch das Indefinitpronomen *beide* wird nach *wir* (seltener) und nach *ihr* überwiegend schwach gebeugt:

wir Deutschen / wir beide – (seltener) wir beiden / ihr beiden

41 "Wij Duitsers zijn vandaag het gelukkigste volk ter wereld", zo luidde het enthousiaste commentaar van de Berlijnse regerende burgemeester na de val van de Muur.
42 Hebben jullie Groenen al eens gedacht aan de praktische gevolgen van zo'n maatregel voor de werkgelegenheid?
43 Wij liberalen hebben daar natuurlijk niets tegen.
44 Wij beiden klaren dat wel.
45 Hebben jullie beiden daar geen zin voor?

g) auf gut Glück (181)

46 Ik vind dat een prima voorstel.
47 Gestolen goed gedijt niet.
48 Rustig maar! We hebben nog ruim de tijd.
49 Ze is een onschuldig kind, boven het goede en kwade verheven.
50 We hadden niet gereserveerd en zijn op goed geluk af vertrokken.

2.2 Der Kölner Dom

Adjektive von Städtenamen enden generell auf **-er** und bleiben sonst unflektiert. Sie werden auch immer groß geschrieben. Das gilt auch für *Schweizer* (die *Schweizer* Uhrenindustrie) und *Holländer* (*Holländer* Käse). Bei *Münch[e]ner* kan das *e* vom Stamm wegfallen. Achten Sie auch auf folgendes:

der *Kölner* Dom / der *Kölner* Karneval ~ *Kölnisch Wasser*

140 *Ter vertaling in het Duits (182)*

1 De conferentie van Potsdam vond plaats van 17 juli tot 1 augustus 1945.
2 De finale van het wereldkampioenschap in 1974 vond in het Münchense Olympiastadion plaats.
3 De beurs van New York is de belangrijkste beurs ter wereld.
4 De Scala van Milaan is een van de bekendste operagebouwen van de wereld.
5 De troepen van het Pact van Warschau maakten in augustus 1968 een bloedig einde aan de Praagse lente.
6 De Zwitserse uurwerkindustrie heeft een uitstekende naam in de hele wereld.
7 De jonge Duitser Mathias Rust haalde in 1985 de krantekoppen toen hij met een sportvliegtuig op het Moskouse Rode Plein landde.
8 Friedrich Ebert was de eerste president van de republiek van Weimar.
9 In de Keulse en de Düsseldorfse oude binnenstad zijn er veel gezellige cafés en restaurants.
10 Na hun overwinning in het Europese kampioenschap in 1988 maakten de Nederlandse spelers een boottocht op de Amsterdamse grachten. De Amsterdamse bevolking was buiten zichzelf van vreugde.

11 Het Brusselse stadhuis is een juweel van gotische bouwkunst.
12 Alle parkeergarages in de Hamburgse binnenstad waren vol en in de winkelstraten en de warenhuizen heerste grote drukte.
13 Grote delen van de Brugse binnenstad zijn verkeersvrij.
14 De Weense Hofburg was eeuwenlang de residentie van de Habsburgers.
15 De tentoonstelling vindt plaats in de Londense Tate Gallery.
16 Na de val van de Berlijnse Muur konden de Berlijners na 28 jaar weer te voet door de Brandenburgse Poort lopen.
17 In de Münchense Alte Pinakothek is er ook een Rubenszaal.
18 De Rotterdamse haven werd in de Tweede Wereldoorlog zwaar verwoest.
19 Op de Berlijnse blokkade door de Sovjets reageerden de geallieerden met een luchtbrug.
20 De Zwitserse kunstenaar Paul Klee was een van de belangrijkste kunstenaars van de twintigste eeuw.

Spelling: die deutsche Hauptstadt / die Deutsche Mark / der Berliner Funkturm (183) **141**

Ter vertaling in het Duits

1 De Duitse kampioen won oververdiend de Europese titel in de Griekse hoofdstad.
2 Op 1 november 1993 werd de Europese Gemeenschap tot Europese Unie omgedoopt.
3 Het in 1951 opgerichte Goethe-Institut is een uitstekende ambassadeur van de Duitse taal en de Duitse cultuur.
4 Het verkeer in de Franse hoofdstad is altijd erg druk.
5 De Franse Revolutie begon met de bestorming van de Bastille en van het kasteel van Versailles door de Parijse opstandelingen.
6 De Duitse mark verving in 1948 de waardeloos geworden rijksmark. De eerste wisselkoers was 1 Amerikaanse dollar voor 3,3 Duitse mark.
7 In de loop der jaren heeft de Duitse mark sterk aan waarde gewonnen tegenover de meeste Europese munten zoals het Britse pond, de Belgische en de Franse frank, de Italiaanse lira en de Spaanse peseta.
8 De Zwitserse frank en de Nederlandse gulden gelden als twee harde valuta's.
9 De in 1949 opgerichte Duitse Democratische Republiek noemde zichzelf "de eerste arbeiders- en boerenstaat op Duitse bodem".
10 De Spaanse burgeroorlog duurde van 1936 tot 1939 en eiste naar schatting 500 000 slachtoffers.

2.3 Die sechziger Jahre

Ter vertaling in het Duits (184) **142**

1 De jaren dertig verliepen overal in Europa erg bewogen.
2 In de jaren vijftig groeide de koopkracht in de Bondsrepubliek spectaculair. De lonen en salarissen werden dubbel zo hoog en de kosten van levensonderhoud bleven ongeveer gelijk.
3 In de jaren zeventig en tachtig heeft de overheid boven haar stand geleefd.
4 In het begin van de jaren zeventig werden tengevolge van de oliecrisis in meerdere Europese landen autoloze zondagen ingevoerd.
5 In het midden van de jaren tachtig zorgde Gorbatsjov voor een ommekeer in de politiek van de Sovjet-Unie.

2.4 Substantivierte Adjektive (Zelfstandig gebruikte bijvoeglijke naamwoorden)

143 *Ter vertaling in het Duits (185)*

1 Haar schoonvader is een goede kennis van mij.
2 Dat zijn nog goede kennissen uit haar jeugd.
3 Hij is een typische Duitser.
4 De Westduitsers kregen hun vrijheid cadeau van de Amerikanen, de Oostduitsers hebben hun vrijheid in de herfst van 1989 door een vreedzame revolutie afgedwongen.
5 De Duitsers werden voor het eerst voetbalwereldkampioen in 1954 door een overwinning tegen de Hongaren.
6 Wie is algemeen directeur van de NV Siemens?
7 Groenen en liberalen stemden tegen het voorstel.
8 De Duitse Bondsdag telt sinds de verkiezingen van december 1990 662 volksvertegenwoordigers.
9 Het aantal werklozen in de nieuwe deelstaten is na de hereniging sterk gestegen.
10 Na de zware rellen heeft de politie tientallen gewelddadige jongeren aangehouden.
11 Op 3 oktober 1990 vierden de Duitsers officieel hun hereniging.
12 Personeelsleden krijgen bij alle aankopen 10 % korting.
13 Hun zoon is filoloog van opleiding, maar hij werkt als bankbediende.
14 De voorzitter dankte alle aanwezigen voor hun belangstelling.
15 De toegangsprijs voor volwassenen bedraagt 30 mark, jongeren tot achttien jaar betalen de helft en kinderen onder de 14 jaar mogen gratis binnen.
16 Onder de werklozen bevonden er zich ook veel jongeren met een goede opleiding.
17 Door de open grenzen binnen de Europese binnenmarkt moesten veel douaneambtenaren worden omgeschoold.
18 Voor drugverslaafden is het normale dagelijkse leven een gigantisch probleem.
19 Amnesty International zet zich wereldwijd in voor de verbetering van het lot van politieke gevangenen.
20 Pierre en Marie Curie waren internationaal erkende geleerden op het vlak van de radioactiviteit. Aan beide geleerden werd in 1903 de Nobelprijs voor fysica toegekend.
21 Toppolitici uit bijna alle Italiaanse partijen en verschillende bekende Italiaanse grootindustriëlen kwamen door al die schandalen in opspraak.
22 Duizenden joodse intellectuelen mochten hun beroep niet meer uitoefenen en emigreerden.
23 Christen-democraten en liberalen vormden een coalitieregering.
24 We zullen het advies van een deskundige moeten vragen.
25 In de dichte mist gebeurden er verschillende kettingbotsingen op de autoweg. De stoffelijke schade liep in de miljoenen en helaas vielen er ook twee doden en verschillende zwaargewonden.
26 Zelfstandigen moeten gewoonlijk meer dan 40 uur per week werken.
27 Veel familieleden van hem zijn zelfstandigen en hij zou ook voor zichzelf willen beginnen.
28 Dat is nog een ver familielid van mij van moederskant.
29 Twee ambtenaren op het stadhuis zijn bevoegd voor vreemdelingen.
30 In sommige delen van New York wonen uitsluitend kleurlingen en is het voor blanken gevaarlijk.
31 In de ogen van de kiezers geldt hij als een groene linkse of als een linkse groene.
32 Aan uw rechterkant ziet u de stadsschouwburg en aan uw linkerkant het belfort.
33 Ik heb die foto in een Duits geïllustreerd tijdschrift gezien.

34 Het lijkt soms wel of niemand meer rechten heeft dan een misdadiger.
35 Na de Tweede Wereldoorlog hadden de geallieerden het voor het zeggen in Duitsland.

Etwas Neues (onzijdige vormen) 144

Ter vertaling in het Duits

In Verbindung mit unbestimmten Zahlwörtern wie *allerlei, alles, etwas, genug, manches, nichts, viel, wenig* kommt die neutrale Form des substantivierten Adjektivs vor:

Das ist etwas sehr Wichtiges.

1 We weten nog geen nadere bijzonderheden over de oorzaak van de ramp.
2 We zoeken iets typisch voor de streek.
3 Er is niets nieuws onder de zon.
4 Dat is volgens mij van het goede te veel.
5 We wensen je het beste met je verjaardag!
6 Gezien de situatie was het normaal dat hij ze met gelijke munt wilde terugbetalen.
7 Dat is iets totaal nieuws, dat heb ik nog nooit gezien.
8 De mensen verwachtten weinig goeds van die nieuwe maatregelen.
9 Waarom bent u zo pessimistisch en houdt u direct met het slechtste rekening?
10 Dat leidt tot niets verstandigs.
11 We zouden graag met iets totaal nieuws beginnen.
12 We kunnen het nu toch niet meer veranderen, laten we proberen er het beste van te maken.
13 Ze heeft haar best gedaan maar het heeft desondanks niet mogen zijn.
14 Het heeft me een hoop geld gekost, maar het is ook het beste van het beste.
15 Dat is eens iets heel anders.
16 Op het ogenblik is hij met iets heel anders bezig.
17 We zouden iets gelijkaardigs willen organiseren.
18 Op de jaarbeurs hebben we allerlei nieuws leren kennen.
19 Heeft hij werkelijk niets beters te doen?
20 Laten we van iets anders spreken.

Uitdrukkingen met zelfstandig gebruikte bijvoeglijke naamwoorden (185)

Ter vertaling in het Duits 145

1 Over het algemeen zijn we tevreden met de bereikte resultaten.
2 We willen op de hoogte blijven van de nieuwste trends.
3 Ik hou je in ieder geval op de hoogte.
4 Het is de eerste keer niet gelukt, we zullen het opnieuw moeten proberen.
5 Ze zijn kort geleden getrouwd.
6 Ze wonen hier nog maar sinds kort.
7 De laatste decennia waren Japanse ondernemingen in de hele wereld erg succesrijk, in het bijzonder in de elektronica en in de auto-industrie.

8 Ik kan daar nu niet in detail op ingaan.
9 Over het geheel genomen ben ik het eens met uw voorstel.
10 Ik zou ook nog op het volgende willen wijzen.
11 Alleen het resultaat telt, de rest interesseert me niet in het minst.
12 In de verkoop komt het er in hoofdzaak op aan goede produkten en diensten tegen concurrerende prijzen aan te bieden.
13 Het is me duidelijk dat ik dat niet van vandaag op morgen veranderen kan.
14 Uiteindelijk lieten ze alles bij het oude.
15 Ik weet dat al sinds lang.
16 Het is een gewiekste kerel, pas maar op dat je niet aan het kortste eind trekt.
17 Ze hebben allang hun schaapjes op het droge.
18 De politie heeft geen enkel aanknopingspunt en tast volledig in het duister.
19 Ze heeft al gedaan wat mogelijk is, maar dat heeft jammer genoeg tot niets geleid.
20 Tijdens de bewogen gebeurtenissen probeerden allerlei louche figuren in troebel water te vissen.

Inwonersnamen: Deutsche / Engländer / Franzosen

146 *Ter vertaling in het Duits*

1 De Duitser won voor de Fransman en de Amerikaan.
2 De Duitse won na een spannende spurt voor de Française en de Oostenrijkse.
3 In deze discipline behoren de Kenianen al jarenlang tot de wereldtop.
4 De Duitsers moesten het in de finale afleggen tegen de Italianen.
5 In de jaren zeventig hadden de Nederlanders een ploeg van wereldklasse. Zowel in 1974 als in 1978 stonden ze in de finale, maar in München verloren ze tegen de Duitsers en in Argentinië tegen de Argentijnen.
6 Op het vlak van de consumentenelektronica gelden de Japanners als marktleiders voor de Duitsers.
7 De Amerikanen hebben de Duitsers na de Tweede Wereldoorlog geholpen bij de economische heropbouw.
8 De zesdaagse oorlog in juni 1967 eindigde met een catastrofale nederlaag van de Arabieren.
9 De Palestijnen probeerden door terreur tegen de Israëli's hun doel te bereiken.
10 Door twee slechte ervaringen met een gigantische inflatie in 1923 en na de Tweede Wereldoorlog hechten de Duitsers grote waarde aan een stabiele munt.

Talen en kleuren als zelfstandig gebruikte bijvoeglijke naamwoorden (186-187)

147 *Ter vertaling in het Duits*

1 Als secretaresse moet ze geregeld brieven uit het Nederlands in het Frans, het Engels en het Duits vertalen.
2 Het Nederlands is de moedertaal van 20 miljoen Europeanen.
3 Sinds de hereniging is de belangstelling voor het Duits overal in de wereld toegenomen.
4 Ze woont en werkt al jaren in Duitsland en spreekt een foutloos Duits.
5 Het Engels is een wereldtaal en is de voertaal van de meeste multinationale ondernemingen.
6 In het Engels is de uitspraak erg moeilijk, terwijl in het Duits de spraakkunst velen moeilijkheden oplevert.
7 De Ierse schrijver en Nobelprijswinnaar Samuel Beckett heeft zowel in het Frans als in het Engels geschreven.

8 De personeelsuitstap van volgend weekend wordt een uitstapje met onbekende bestemming.
9 Hij praatte er maar op los en op de duur luisterde niemand meer.
10 De beklaagde loog dat hij zwart zag.
11 De nieuwe regeling is ook nog niet je van het, er moet nog een en ander verbeterd worden.
12 Vroeger woonden ze in het stadscentrum, maar nu wonen ze in een prachtige villa buiten.
13 In het weekend gaan we met z'n allen op stap in de vrije natuur.
14 Met zijn opmerking over de te hoge produktiekosten sloeg hij de spijker op de kop.
15 Het verkeerslicht sprong net op oranje maar hij reed nog vlug door.

3 Trappen van vergelijking

Basisuitgangen en voegwoorden (188-189)

Ter vertaling in het Duits **148**

1 Een mooier compliment is nauwelijks denkbaar.
2 Hebt u een beter voorstel?
3 Een spannendere wedstrijd heb ik nog maar zelden gezien.
4 Ik had eerlijk gezegd op een beter resultaat gehoopt.
5 Wie het snelst reageert, heeft de beste kansen.
6 Wilt u zo snel mogelijk laten weten of u de goederen nog deze maand kunt leveren?
7 Het weer is vandaag jammer genoeg niet zo mooi als gisteren.
8 Ze is even oud als haar man.
9 Ik ben net zo verrast als jullie allemaal.
10 Zoals ik hem ken, is het zogoed als uitgesloten dat hij nog op zijn standpunt terugkomt.
11 Ze had zich heel grondig op het examen voorbereid en voelde zich zo zelfzeker als nooit tevoren.
12 Ze spreekt even vlot Frans als Duits.
13 De baas heeft hem even beleefd als duidelijk op zijn verantwoordelijkheid gewezen.
14 We hebben beide toestellen grondig met elkaar vergeleken en het ene vind ik even geschikt als het andere.
15 Ze werkt even stipt als haar zus.
16 Oostenrijk trekt zowel in de winter als in de zomer veel toeristen aan.
17 Ik hou van allebei, zowel van de bergen als van de zee.
18 Doet u dat maar, u kunt dat beter dan ik.
19 Ze kent beter Frans dan Duits.
20 De operatie heeft meer dan vier uur geduurd.
21 Het is sneller gegaan dan ik gedacht had.
22 Onze landgenoten hebben het er beter afgebracht dan algemeen verwacht.
23 Nederland telt ongeveer vier miljoen inwoners meer dan ons land.
24 Ik wil je niet langer ophouden dan nodig.
25 We gaan liever naar Frankrijk dan naar Spanje op reis.
26 Ze denkt daarover helemaal anders dan haar man.
27 Hij heeft zich allesbehalve correct gedragen.
28 Leonard Bernstein was bekender als dirigent dan als componist.

29 De files aan de grens waren langer dan ooit.
30 Dat geldt vandaag meer dan ooit.

Umlaut: lang – länger – längst (190)

149 *Ter vertaling in het Duits*

1 De oudste medewerkers hebben ook de meeste ervaring.
2 Ze is tien jaar ouder dan haar jongste broer.
3 De armste landen hebben ook de grootste problemen.
4 De domste boeren hebben de grootste aardappels.
5 Het is in ieder geval gezonder niet te roken.
6 Ik ben ervan overtuigd dat we nu het ergste gehad hebben.
7 Beieren is qua oppervlakte de grootste deelstaat en Noordrijn-Westfalen heeft het hoogste aantal inwoners.
8 De concurrentie tussen de automobielproducenten werd almaar harder.
9 Iedereen doet een beetje wat hij wil en het wordt de hoogste tijd dat de baas eens met de vuist op tafel klopt.
10 De Bulgaarse sprong een centimeter hoger dan haar concurrenten.
11 Ze moet een jaar of twee jonger zijn dan haar broer.
12 Januari en februari zijn de koudste maanden van het jaar.
13 De verstandigste geeft toe.
14 Ze is erg begaafd en op school was ze al de knapste van haar klas.
15 Ze was zieker dan vermoed.
16 De kortste weg naar het station voert door het park.
17 De wekelijkse werktijd wordt almaar korter.
18 In december zijn de dagen het kortst en de nachten het langst.
19 Het heeft helaas langer geduurd dan ik gedacht had.
20 In het weekend mogen de kinderen wat langer opblijven dan anders.
21 We zullen daar de volgende keer nader op ingaan.
22 Ze zijn verhuisd omdat ze dichter bij hun werk wilden wonen.
23 De scherpste kritiek kwam uit zijn eigen partij.
24 Op school waren wiskunde en fysica zijn zwakste vakken en talen zijn sterkste.
25 De tijd tussen 1933 tot 1945 was het zwartste hoofdstuk van de Duitse geschiedenis.
26 Voor de volgende dagen worden warmere temperaturen voorspeld.
27 Zoiets komt vaker voor.
28 De 161 meter hoge toren van de munster in Ulm is de hoogste kerktoren ter wereld.
29 De ploeg is nog zwakker geworden dan vorig seizoen.
30 Hij was ongetwijfeld de kandidaat met de sterkste persoonlijkheid.

Bijzondere gevallen: hoch – höher – höchst (191):

150 *Ter vertaling in het Duits*

1 Door onze hoge automatiseringsgraad kunnen we de hoge loonkosten compenseren.
2 Met zo'n belegging neemt u bijzonder hoge risico's.
3 Het ging om een heel hoog bedrag.
4 Door de hoge intrestvoeten werd er minder gebouwd.
5 Er kwamen veel minder bezoekers naar de beurs dan verwacht.
6 In minder dan twee dagen was de zaal uitverkocht.
7 Ze waren allemaal zogezegd bereid mee te werken, maar toen het erop aankwam, hebben er maar zeer weinig inderdaad meegewerkt.

8 Bij een minimumafname van 100 stuks staan we 5 % quantumkorting toe.
9 De minimumlonen werden met 5 % verhoogd.
10 Op levensmiddelen moet de uiterste verkoopdatum vermeld worden.
11 De dader mag van geluk spreken dat hij er met de minimumstraf afgekomen is.
12 We waren helaas in de minderheid.
13 We zijn een hoge-lonenland en we kunnen op de wereldmarkt onmogelijk concurreren met waren van mindere kwaliteit.
14 Ik vind dat persoonlijk van minder belang.
15 Zonder de minste reden wond hij zich geweldig op.
16 Ze had helemaal geen benul van financiële aangelegenheden.
17 Het lijdt niet de minste twijfel dat de gemiddelde levensstandaard in de volgende jaren zal dalen.
18 Dat is het minste wat hij kan doen.
19 De moeilijkheden kwamen gauwer dan gedacht.
20 Ik zou het liefst thuisblijven.

het snelst - am schnellsten (192)

Ter vertaling in het Duits 151

In prädikativem Gebrauch (in Verbindung mit den Verben *sein / werden*) und als Adverb heißt der Superlativ *am dichtesten / am schnellsten / am höchsten usw.*:

Morgens zwischen sieben und neun und abends zwischen fünf und sechs ist der Verkehr am dichtesten.
Sie hat am vernünftigsten gehandelt.

Als Adverb vor einem Adjektiv *(dichtbevölkert / starkbevölkert)* gibt es zwei Formen im Superlativ:

das dichtestbevölkerte / das am dichtesten bevölkerte Gebiet der Bundesrepublik

1 De verminderde vraag was het sterkst voelbaar in de machinebouw en in de automobielbranche.
2 Ze werkt op een groot advocatenkantoor en verdient het meest van ons allemaal.
3 De kerstvakantie wordt als hoogseizoen beschouwd en dan zijn de prijzen ook het hoogst.
4 In de weekends is het verkeer het drukst.
5 Ik denk dat dat het zekerst is.
6 Stuur een fax, dat gaat het snelst.
7 Ik vind dat het minst interessante aanbod van allemaal.
8 Het Roergebied is het dichtstbevolkte gebied van de Bondsrepubliek.
9 Ik was nog het meest verrast van allemaal.
10 U mag kiezen wat u het gemakkelijkst vindt.

Der kürzeste Tag des Jahres: est (193)

Ter vertaling in het Duits 152

Alle Adjektive auf *-haft* und *-los* bekommen im Superlativ die Endung *-est.*
Das gilt auch für die einsilbigen und endbetonten mehrsilbigen Adjektive auf *-d/-t,* auf Zischlaut *(-s/-sch/-ß/-x/-z),* und auf *-sk* (brüsk):

Er ist einer unserer *gewissenhaftesten* Mitarbeiter.
Sie war die *Hübscheste* von allen.

Bei Adjektiven auf *Diphthong* (genau, frei, neu) und *Diphthong oder Vokal +h* (froh, rauh) kommt die Endung *-est* nur bei besonderer Betonung des Superlativs vor. Sonst wird das *e* meistens ausgestoßen:

Haben Sie seinen *neuesten* Film schon gesehen?

1 Volgens mij kan hij dat niet geweest zijn, want hij is een van onze nauwgezetste medewerkers.
2 Ik zou niet graag met hem te maken hebben, want hij is een van de meest gewetenloze mensen die ik ken.
3 Neuschwanstein is ook door zijn ligging een van de sprookjesachtigste Duitse kastelen.
4 Dat is de meest zinloze maatregel van allemaal.
5 Zijn gedrag vond ik nog het onverantwoordelijkst van allemaal.
6 Het was de slechtste oogst sinds jaren.
7 Het bekendste produkt van de N.V. Daimler-Benz is natuurlijk de Mercedes.
8 De Kurfürstendamm is een van de drukste straten in Berlijn.
9 Californië is ook bij Duitse toeristen een van de populairste reisbestemmingen in de Verenigde Staten.
10 Hij is zonder twijfel de geschiktste kandidaat voor die functie.
11 Na een grondige vergelijking blijkt dat deze Duitse leverancier de interessantste voorwaarden biedt.
12 Wat is er eigenlijk aan de hand met hem? Je hoort de laatste tijd de wildste geruchten over hem.
13 Ik zal maar direct met de deur in huis vallen, want dat duurt het kortst.
14 Ze was veruit de intelligentste van haar groep.
15 Dat is een van de gecompliceerdste breuken die je kunt hebben.
16 Ze was een van de beroemdste filmactrices van haar generatie.
17 Weest u maar op uw hoede voor hem, want hij maakt gebruik van de geraffineerdste trucs.
18 We hebben hier te maken met een van de meest complexe problemen van onze tijd.
19 Dat was een van de verhitste debatten die ik ooit meegemaakt heb.
20 Na de middag is het het heetst en dan blijven de mensen binnen.
21 Zelfs bij de gemakkelijkste oefeningen maak je soms fouten door onoplettendheid.
22 Wie het vaakst oefent, kent zijn vak op de duur ook het best.
23 Weet je al het laatste nieuws?
24 Die regeling geldt nog maar sinds zeer korte tijd.
25 Die excursie naar zee is een van mijn vrolijkste herinneringen.
26 We hebben de voorschriften uiterst nauwkeurig gevolgd.
27 Hij heeft geen gemakkelijk leven gehad en al vanaf zijn prilste jeugd hard moeten werken.
28 Dat behoort tot mijn vroegste herinneringen.
29 Het werd een van de opwindendste wedstrijden van de laatste jaren.

30 Bij sportuitzendingen worden de spannendste scènes in slow motion herhaald.

31 Ik stel voor dat we eerst de dringendste gevallen afhandelen.
32 We hebben koelbloedig het geschiktste moment afgewacht.
33 Zelfs de meest dynamische firma's kregen problemen door de teruglopende vraag.
34 Ze heeft de sympathiekste stem van allemaal.
35 Hij is beslist geen doe-het-zelver, wel integendeel, hij is een van de meest onpraktische mensen die ik ken.

Das meistverkaufte Auto der Welt (194) 153

Ter vertaling in het Duits

1 De Franse politicus was de meest genoemde kandidaat voor die post.
2 De legendarische kever is nog altijd de meest verkochte auto ter wereld.
3 De woordenboeken van de uitgeverij Duden zijn de meest gebruikte woordenboeken voor de Duitse taal.
4 De Frankfurter Allgemeine is een van de meest gelezen kranten onder intellectuelen en zakenlui.
5 Neuschwanstein is de meest bezochte toeristische bezienswaardigheid in Beieren.
6 Dat is een van de meest besproken actuele thema's.
7 Ze is al jaren een van de meest begeerde topmodellen ter wereld.
8 Ondanks de meest precieze onderzoekingen heeft de politie nog altijd geen enkel spoor gevonden.
9 Op fiscaal gebied is zij onze meest ervaren medewerkster.
10 Hij liet zich adviseren door een van de bekendste advocaten van het land.
11 Over de meest omstreden punten hebben alle coalitiepartners een overeenkomst bereikt.
12 Ze was nog het meest ontgoocheld door de houding van haar zogenaamde vrienden.
13 Welk automerk wordt in Duitsland het meest verkocht?
14 Hij is een van de minst geliefde politici van ons land.
15 Wat is u op uw reis naar Egypte het meest bevallen?

gleich stark / ein älterer Herr / möglichst schnell / schnellstens – aufs schnellste (195 – 198)

154 *Ter vertaling in het Duits*

a) even goed – gleich gut (195)

1 Beide ploegen hebben even goede kansen om kampioen te worden.
2 We hebben embarras du choix, want er zijn meerdere leveranciers die even goede voorwaarden aanbieden.
3 De twee kandidaten zijn ongeveer even oud.
4 Beide secretaresses in de verkoopafdeling zijn even oud en ze werken hier allebei al even lang.
5 De twee modellen kosten ongeveer even veel.

b) een oudere heer – ein älterer Herr (196)

6 Die film werd al vaker op tv getoond.
7 We hadden al een vrij lang stuk gereden toen me plotseling te binnen viel dat ik mijn portefeuille met mijn rijbewijs en mijn identiteitskaart op mijn hotelkamer had laten liggen.
8 Ik had hem sinds vrij lang niet meer gezien.
9 We kiezen altijd goede hotels.
10 Dat boek vind je in iedere goede boekhandel.

c) zo snel mogelijk – möglichst schnell (197)

Bei den Verbindungen *so bald / so wenig wie möglich* kann man auch die Vergleichspartikel **als** verwenden: *so bald / so wenig* ***als*** *möglich.* Hochsprachlich gilt das nur bei *bald* und *wenig* als korrekt.
Daneben kann man als Variante auch immer Verbindungen mit *möglichst* verwenden:

> *möglichst bald / möglichst wenig / möglichst schnell / möglichst genau*

Möglichst alleine bedeutet *wenn es möglich ist.*

11 Wilt u zo nauwkeurig mogelijk werken zodat u geen fouten maakt?
12 Ik kan dat helaas niet zeggen, maar ik zal het nakijken en u zo spoedig mogelijk terugbellen.
13 Hij haastte zich om zo snel mogelijk te kunnen vertrekken.
14 We proberen altijd onze klanten zo weinig mogelijk te laten wachten.
15 Wilt u indien mogelijk vandaag nog terugbellen?

d) schnellstens / auf schnellste – heel snel (198)

Der Elativ ist ein Superlativ ohne vergleichende Bedeutung. Er drückt einfach den hohen Grad aus:

> *In der Produktionshalle stehen nur modernste (sehr moderne) Maschinen.*
> *Wir haben alles aufs genaueste (sehr genau) geprüft.*

16 Vanzelfsprekend zullen we uw bestelling zoals altijd zeer snel uitvoeren.
17 Door dat onterechte verwijt voelde ze zich zeer diep beledigd.

18 De toestand is uiterst kritiek.
19 Ik was hevig geschrokken bij dat onaangename nieuws.
20 Ze dacht er in de verste verte niet aan zich te verontschuldigen.
21 Ik denk er niet in het minst aan met haar samen te werken.
22 Haar voorstel interesseert me niet in het minst.
23 We zullen eerst het contract door onze juridische afdeling heel nauwkeurig laten onderzoeken en binnen de week laten we u onze beslissing weten.
24 Het is hoogst onwaarschijnlijk dat dat nog een keer gebeurt.
25 We danken u heel hartelijk voor uw hulp.
26 Het moet dit keer lukken, want ik heb me prima voorbereid.
27 Sinds zijn ongeluk gaat het niet zo goed met hem.
28 Ik moet u ontgoochelen, maar dat gaat helaas met de beste wil van de wereld niet.
29 De onderhandelingen zijn bijlange na nog niet in kannen en kruiken.
30 Dat is niets nieuws voor mij, dat weet ik allang.

frühestens – op zijn vroegst (199) 155

Ter vertaling in het Duits

Ten vroegste is schrijftaal, in de normale standaardtaal gebruiken we *op zijn vroegst*. *Ten minste (op zijn minst):* mindestens / wenigstens / zumindest.
Tenminste (althans): zumindest.

Beachten Sie den Unterschied zwischen *höchstens, höchst/aufs höchste, am höchsten:*

Wieviel darf das Haus höchstens kosten?	Hoeveel mag het huis hooguit (maximaal) kosten?
Das ist bei uns höchst/aufs höchste ungebräuchlich.	Dat is bij ons hoogst (erg) ongebruikelijk.
Die Deutsche sprang am höchsten.	De Duitse sprong het hoogst.

1 De nieuwe produktiehallen zullen op zijn vroegst eind volgend jaar klaar zijn.
2 De heer Sundermann is er op het ogenblik niet en hij zal op zijn vroegst om vijf uur terug zijn. Wilt u een bericht voor hem achterlaten?
3 Haar netto-inkomen bedraagt 50.000 frank per maand en ze wil hooguit 15.000 frank per maand voor huur uitgeven.
4 Hij is erg sportief en erg matig met alcohol, hij drinkt hooguit eens een glas wijn op feesten of op oudejaarsavond.
5 Ik weet het niet exact, maar volgens mij kost zo'n toestel hooguit 10.000 frank.
6 De vergadering zal hoogstens een uur duren.
7 De organisatoren van de jaarbeurs verwachten op zijn minst 200.000 bezoekers.
8 Je had het haar op zijn minst kunnen zeggen.
9 Voor zo'n auto betaal je op zijn minst één miljoen frank.
10 Zondags blijven we meestal thuis.
11 Ik wil op zijn laatst vrijdag klaar zijn met het werk.
12 De goederen moeten uiterlijk morgenavond om zes uur in de haven van Zeebrugge zijn.
13 U kunt er nog eens over nadenken, maar uiterlijk overmorgen moet u me uw beslissing laten weten, langer kan ik niet meer wachten.
14 Ook al is het weer niet erg mooi, het regent tenminste niet.
15 Hij zou hier om acht uur stipt zijn, dat had hij tenminste beloofd.

156 **je länger desto/um so mehr – hoe langer hoe meer (200) / die bessere Mannschaft – de betere ploeg (201)**

Ter vertaling in het Duits

a) je länger desto/um so mehr (200)

1 Hoe langer je de beslissing uitstelt, hoe moeilijker het wordt.
2 Hoe meer je in een land rondreist, hoe beter je het leert kennen.
3 Hoe langer je een beroep uitoefent, hoe meer ervaring je krijgt.
4 Hoe meer je een taal leert, hoe beter je ze ook spreekt.
5 Hoe meer ze hem tegensprak, hoe nerveuzer hij werd.

b) die bessere Mannschaft (201)

Bei Vergleichen zwischen zwei Personen oder Sachen verwendet man den Komparativ. Beachten Sie folgende Wendung: *ersterer...letzterer* (eerstgenoemde...laatstgenoemde)

6 Dat is de jongste van mijn twee zusters, ze is vijf jaar jonger dan ik. Mijn oudste zuster is drie jaar jonger dan ik.
7 Venetië en Ravenna zijn twee heel mooie steden; eerstgenoemde is vooral sprookjesachtig, laatstgenoemde biedt de toeristen vooral cultuur.
8 Ik was wel niet erg enthousiast, maar we hebben voor het kleinste kwaad gekozen.
9 We hadden wat laat gereserveerd en de voorste rijen waren al allemaal vol. Daardoor hebben we vrede moeten nemen met een plaats in de achterste rijen.
10 Vooral de bovenste verdiepingen van het flatgebouw waren door de brand zwaar beschadigd. Op de onderste verdiepingen ontstond dan weer vooral waterschade.

4 Bijzonderheden in de vorm van de bijvoeglijke naamwoorden

157 *Ter vertaling in het Duits*

4.1 Stofadjectieven (202)

1 In het midden van de woonkamer stond een zware eiken tafel.
2 In het museum vind je ook veel aarden gebruiksvoorwerpen uit het dagelijkse leven van de Romeinen.
3 Dat restaurant was een goudmijntje voor hen.
4 Hij had haar voor ze trouwden gouden bergen beloofd, maar nu verwaarloost hij haar.
5 Volgende maand vieren haar schoonouders hun gouden bruiloft.
6 De Duitse zwemster had op een gouden of een zilveren medaille gehoopt, maar ze moest zich met een bronzen medaille tevredenstellen.
7 Hij heeft zich weer eens bijzonder lomp gedragen.
8 Van wie is die mooie zijden sjaal?
9 Ze breit vaak wollen truien voor zichzelf.
10 In de zomer van 1989 hebben de Hongaren als eersten het Yzeren Gordijn geopend.
11 In het Romeins-Germaans museum in Keulen vind je nog de resten van een oude houten brug over de Rijn uit de tijd van de Romeinen.
12 Door die glazen deur komt u in het restaurant.
13 U hebt het mis als u denkt dat ik het daarbij zal laten.

14 Het museum beschikt ook over een waardevolle collectie koperen, zilveren en gouden munten.
15 Voor zo'n werk heb je stalen zenuwen nodig.

4.2 das rechte Gebäude (203)

16 Binnen de partij is ze bekend om haar linkse standpunten.
17 De rechtse pers reageerde erg matig op de voorstellen van de linkerzijde.
18 Ze heeft bij het skiën haar rechterschouder ontwricht.
19 Het chemische bedrijf Bayer in Leverkusen ligt aan de rechteroever van de Rijn.

4.3 Der damalige Bürgermeister (204)

20 Mogen we om een spoedig antwoord verzoeken?
21 De economische politiek in de voormalige DDR leidde ook tot een ecologische kaalslag.
22 Stond de foto in de krant van vandaag of in die van gisteren?
23 Niemand had de huidige problemen voorzien.
24 De firma stond op onmiddellijke betaling, terwijl de handelaar een betalingstermijn van drie maanden wilde.
25 De toestanden aldaar zijn niet te vergelijken met die hier ter plaatse.
26 Na al die jaren kende hij zijn klanten van binnen en van buiten.
27 Het ministerie van Buitenlandse Zaken probeert via diplomatieke kanalen een oplossing te vinden.
28 Een speciaal commando heeft een eind gemaakt aan de drie dagen durende gijzeling.
29 Zo'n zes weken durende stage is een nuttige ervaring voor de studenten tijdens welke ze gewoonlijk veel bijleren.
30 De vierjaarlijkse Olympische spelen zijn de belangrijkste sportgebeurtenis ter wereld.

Hoofdstuk VI: BIJWOORDEN

158 Spelling / hinten ~ hinter / -ig ~ -lich (206-208)

Ter vertaling in het Duits

1 Er is nu vaak al dinsdags, 's woensdags, donderdags en vrijdags voetbal op tv en in het weekend sowieso.
2 Op vrijdagavond loopt er meestal een thriller op de Duitse tv.
3 Dat klopt van geen kanten, wat hij daar beweert.
4 Onze hotelkamer ziet vooraan uit op de markt en achteraan op een mooie, grote tuin.
5 Tegen de Braziliaanse tovenaars wisten de Italiaanse verdedigers niet meer waar ze het hadden.

6 De politie heeft het huis van de verdachte van onder tot boven doorzocht, maar niets gevonden.
7 Ze behandelde hem uit de hoogte en daardoor heeft ze het bij hem verkorven.
8 Ze wonen helemaal boven op de achtste verdieping.
9 Naar buiten toe liet ze niets merken, maar van binnen kookte ze van woede.
10 Hij werkt al jaren met groot succes in de buitendienst.
11 Ze is secretaresse van opleiding en zou liever in de binnendienst werken.
12 De nooduitgangen gaan naar buiten toe open.
13 Het kasteel ziet er zowel vanbuiten als vanbinnen als een sprookjeskasteel uit.
14 De ontsnapte gevangenen moeten hulp vanbuiten gekregen hebben.
15 We hebben het stadhuis ook vanbinnen bezocht en het was echt de moeite.
16 Het oude hoofdgebouw wordt momenteel vanbuiten en vanbinnen volledig hernieuwd.

17 De journalisten moesten urenlang buiten wachten, want de onderhandelingen verliepen erg moeizaam.
18 Het was buiten erg koud en de meeste mensen bleven binnen.
19 De ministers van Buitenlandse Zaken van de Europese Unie hebben daarover een gemeenschappelijk standpunt ingenomen.
20 De veiligheid van de burgers hoort tot de bevoegdheid van de minister van Binnenlandse Zaken.
21 Alle parkeergarages in de binnenstad waren al om tien uur vol.
22 Duitse firma's hebben gemiddeld 30 % vorderingen.
23 We werken acht uur per dag en we krijgen één vrije dag per maand.
24 Dat tijdschrift verschijnt wekelijks.
25 De volgende halfjaarlijkse vergadering van de Europese regeringsleiders heeft in Den Haag plaats.

her / hin (209) **159**

Ter vertaling in het Duits

1 De explosie had vele slachtoffers gemaakt en de artsen en E.H.B.O.'ers liepen nerveus heen en weer tussen het puin.
2 We hebben lang gewikt en gewogen wat we zouden doen.
3 Na lang wikken en wegen heeft hij het voorstel aanvaard.
4 Twijfelt u niet: dat is qua vorm en techniek een uitstekende auto.
5 Ik ken haar nog van vroeger.
6 Spreek op! Waar hebt u het vele geld vandaan?
7 De politie zat al een hele tijd achter de bende aan maar heeft pas gisteren toegeslagen.
8 Ik kom uit Berlijn. Waar komt u vandaan?
9 Breng eens de schroevedraaier alsjeblieft.
10 Waar hebt u dat nieuws vandaan?
11 Ik ken de weg, ik zal voorrijden en rijdt u achter me aan.
12 De juryleden onderhielden zich geamuseerd onder elkaar terwijl de kandidaten gespannen de zaal binnenkwamen.
13 Wilt u de volgende kandidaten vragen binnen te komen?
14 In een uitgelaten stemming drongen de toeschouwers het stadion binnen.
15 Hoezeer hij ook aandrong, ze wilde hem niet binnenlaten.
16 Dag, mijnheer Kuntz. Komt u binnen en gaat u zitten.
17 Geef me eens de krant van vandaag.
18 Op de weg hierheen hebben we een zwaar ongeluk gezien.
19 Tot hier en niet verder. Nu moeten we ingrijpen.
20 Wilt u de boekenkast hier neerzetten.
21 Eén retour Keulen, eerste klasse.
22 Toen er brand ontstond, liepen de mensen in paniek naar buiten.
23 Na enige tijd werden de cameraploegen en fotografen naar buiten gestuurd.
24 Wegens bedrog werd hij eruit gegooid.
25 Hoe kom ik hier buiten?
26 Door de groeiende criminaliteit durven veel oude mensen na het invallen van de duisternis niet meer naar buiten.
27 De eigenaar was de voortdurende discussies met de huurder beu en heeft hem eruit gezet.
28 Wil ik je erheen brengen met de wagen?
29 Ze mocht er om één of andere reden niet heen.
30 Willen we hier in dat Italiaans restaurant binnengaan?

31 Op weg hierheen zijn we in een wolkbreuk terechtgekomen.
32 Komt u mee binnen?
33 Ik ga er met mijn eigen wagen heen.
34 Waar wil ik de koffers neerzetten?
35 Terwijl de gasten in de hotelhal wachtten, bracht de hotelbediende hun koffers naar beneden.
36 Het bergpad is hier erg steil. Pas maar op dat je niet naar beneden valt.
37 Ze dacht inbrekers gehoord te hebben, maar ze durfde niet naar beneden.
38 U zou er beter een dokter bij halen.
39 We weten niet waar dat naar toe leidt.
40 Onze correspondent komt net daarvandaan. Hoe is de toestand daar nu?
41 Je komt daar het snelst als je hier de tram neemt, de één of de twee.
42 We wisten niet juist waar hij woonde, maar net toen we aankwamen, reed hij met zijn auto uit de garage.
43 Onmiddellijk na de knal stroomden van alle kanten mensen toe om te zien wat er gebeurd was.
44 Tot dusver is me alles duidelijk.
45 Als het mooi weer wordt, willen de stedelingen in het weekend de stad uit.

her / hin (209) – Idiomatisches

160 *Ter vertaling in het Duits*

1 De meeste mensen konden haar niet uitstaan omdat ze op iedereen neerkeek die haar niet aanstond.
2 We zullen er een jurist bij halen om het geval te laten beoordelen.
3 Ze heeft zich op een paar jaar tijd tot directiesecretaresse opgewerkt.
4 Vanaf volgend jaar zullen de huurprijzen met 5 % opgeslagen worden.
5 We moesten toen vanuit een noodsituatie handelen.
6 Ogenblikje, u krijgt nog één mark terug.
7 De Japanse constructeur wil in de volgende jaren enkele nieuwe modellen op de markt brengen.
8 Ze kon van opwinding geen woord uitbrengen.
9 Welke uitgeverij geeft deze krant uit?
10 Het spijt me, maar ik kan u niet teruggeven van 100 mark.
11 Ik wil me buiten die discussie houden.
12 U hebt uitstekend onderhandeld, u had er echt niet meer kunnen uithalen.
13 Het nieuwe model komt volgende maand uit.
14 U kunt doen wat u wilt, het komt op hetzelfde neer.
15 Hoe is het mogelijk dat de verduistering van zulke gigantische sommen pas na jaren uitgekomen is?
16 Hij probeerde er zich uit te praten, maar hij raakte verstrikt in leugens en tegenstrijdigheden.
17 Die verkoper heeft me erin laten lopen.
18 Ik kom in het weekend eens langs.
19 Op de persconferentie overstelpten de journalisten de eerste minister met hun vragen.
20 Op het personeelsfeest ging het er gezellig aan toe.
21 Dat argument is vergezocht.
22 Wilt u allemaal eens goed luisteren?
23 Het weekend is altijd snel voorbij.
24 In de buurt van Aken zijn er enkele grote bruinkoolgebieden.
25 Je hebt je trui achterstevoren aan.

26 Het gerucht doet de ronde dat hij zijn baan kwijtgeraakt is.
27 Tijdens de vakantie hingen veel jongeren van verveling op straat rond.
28 Ze had weinig orde en overal in haar bureau slingerden vertrouwelijke brieven en documenten rond.
29 Kunt u de foto's even rondreiken?
30 Ze sleepte haar problemen overal met zich mee.
31 Sinds de zoon de firma overgenomen heeft, is ze helemaal aan lagerwal geraakt.
32 Vergeet niet voor je weggaat de rolluiken neer te laten.
33 De Russische regeringsleiders probeerden de catastrofe eerst te bagatelliseren.
34 Binnen de kortste keren heeft hij de zaak te gronde gericht.
35 De regeringswoordvoerder legde er de nadruk op dat er ook in de volgende jaren nog bezuinigingen nodig zouden zijn.
36 Het is niet mooi dat ze altijd haar collega's ervanlangs geeft.
37 Uw argument doet niet ter zake.
38 We zijn hier tien jaar geleden komen wonen.
39 Zo tegen de jaarlijkse vakantie is het altijd erg druk.
40 Zo tegen de avond werd het goddank wat frisser.
41 Zo'n project loopt natuurlijk over meerdere jaren.
42 Uiterlijk liet hij niets merken.
43 Op uw advies hebben we toen voor dat model gekozen.
44 Ik moet de tekst nog op taalfouten controleren.
45 Afgaande op een tip in de krant hebben we toen die aandelen gekocht.
46 Op het gevaar af uitgescholden te worden, nam hij desondanks geen blad voor de mond.
47 Van hier tot boven op de top moeten we nog anderhalf uur klimmen.
48 Een stijgende vraag drijft de prijzen op.
49 We hebben nog voor zes maanden ver bestellingen.
50 Ze deed het werk op zich graag, maar ze werd door haar collega's weggepest.
51 Het werk ging zijn krachten te boven.
52 De nieuwe belastingverhogingen zullen erop uitdraaien dat er nog meer miljarden naar het buitenland vloeien.
53 Ze kon niet zwijgen en heeft het nieuws overal uitgebazuind.
54 Naar aanleiding van de nationale feestdag hadden veel mensen de vlag uitgehangen.
55 We kunnen de beslissing niet langer uitstellen.
56 Haar vader is al ver boven de tachtig.
57 Na twee jaar hopen we over het break-even-point heen te zijn.
58 De oudste zoon is zijn vader boven het hoofd gegroeid.
59 Ze verborg niet dat ze carrière wilde maken in het bedrijf.
60 In plaats van het tot een proces te laten komen, zijn beide partijen op een minnelijke schikking uit.
61 Voor de overname van dat bedrijf hebben ze een aardige som op tafel moeten leggen.
62 De plaats van het ongeluk was afgezet en er mocht niemand door.
63 Nu heeft hij een mooie baan, maar hij heeft een harde leerschool moeten doorlopen.
64 We zijn door het bos heen gelopen.
65 Ze vertelde alles tot in de details, wat erg vervelend overkwam.
66 U moet zich ook eens in zijn positie indenken.
67 Door haar ruime ervaring raakte ze snel met haar nieuwe werk vertrouwd.
68 Hij is in een zelfstandig gezin geboren en hij wilde absoluut ook een eigen zaak beginnen.

69 In die vergaderzaal kunnen 100 mensen.
70 Hij is in de firma ingetrouwd.
71 Hij lachte stilletjes voor zich uit.
72 Ik wil me liever niet in die discussie mengen.
73 Ik ben natuurlijk van huize uit in de zaak gegroeid.
74 Ze wilde niet verhuizen, want ze hoorde daar thuis.
75 Die documenten horen hier niet in dat dossier thuis.
76 Hij probeerde zijn schuldeisers aan 't lijntje te houden, maar die hadden hun geduld verloren en gingen naar de rechter.
77 Hebt u goed geluisterd?
78 Waar moet dat naar toe gaan als iedereen doet wat hij goedvindt?
79 Hebt u nog wat geduld alstublieft, hij krijgt dat wel voor elkaar.
80 Ik wilde hem nog wat vragen, maar hij heeft de hoorn al neergelegd.
81 Haar geduld was op en ze wilde die beledigingen niet meer over haar kant laten gaan.
82 Het duurt nog een poos voor het zover is.
83 Na de moeilijke onderhandelingen reikten de twee ondernemers elkaar opgelucht de hand.
84 We waren het beu onze schuldenaars achterna te lopen en hebben een contract met een factoringmaatschappij gesloten.
85 Zijn collega's hebben hem over de moeilijkheden heen geholpen.
86 Er was veel verkeer en daarom bracht ze het kind naar de andere kant van de straat.
87 We mochten niet naar de andere kant.
88 Ze heeft haar ergernis verkropt en is in heel de discussie rustig gebleven.
89 Hij was natuurlijk niet erg enthousiast toen hij hoorde dat ze dat over zijn hoofd heen beslist hadden.
90 Hij is erg tactvol over die bezwaren heen gegaan.
91 Het heeft jaren geduurd voor ze over het verlies heen kon.
92 Ze heeft die kleine gebreken grootmoedig door de vingers gezien.
93 Ik zou eigenlijk het liefst aan de hele boel de brui geven.
94 De twee concurrenten stuurden aan op een akkoord.
95 Ik wijs er nog eens op dat u hier binnen niet mag roken.
96 Bij de oprichting in 1957 waren er zes lidstaten in de Europese Gemeenschap, achteraf zijn er almaar nieuwe landen bij gekomen.
97 Ik heb daar niets meer aan toe te voegen.
98 De lonen zijn zo laag dat de meeste mensen proberen nog wat bij te verdienen.
99 In de week moet ik er 's morgens om kwart voor zeven uit.
100 De onderhandelingen hebben niet veel opgeleverd.

161 Lijst bijwoorden (210)

Ter vertaling in het Duits

1 Weet je nu al wat je zult doen?
2 Ze komt bijna altijd te laat.
3 We willen eerst het geval onderzoeken en dan een beslissing nemen.
4 Ze had haar zaak goed voorbereid, maar het is desondanks niet gelukt.
5 Hoe dikwijls heb ik je dat al gezegd?
6 Alle hotels in Frankfurt zijn volgeboekt tijdens de beurs. We zullen elders een kamer moeten zoeken.
7 Is er hier ergens een restaurant? – Ja, ginds, naast de post.
8 Het is helemaal zijn vader zowel wat uitzicht als karakter betreft.

9 Hoe lang zullen we nog moeten wachten?
10 Ik heb het toch gezegd dat het zo zou aflopen.
11 Ik had daar inderdaad niet aan gedacht.
12 U mag in ieder geval niet direct de moed verliezen.
13 Mijnheer Kunert is op het ogenblik niet in de firma. Kan ik u misschien helpen?
14 Ik zal vandaag of morgen nog terugbellen.
15 Ze kon het nauwelijks geloven.
16 Ze voelde zich nergens zo goed als thuis.
17 Ik ben ook nog nooit in Hamburg geweest.
18 Ze is onlangs getrouwd.
19 De zaken gingen beter dan ooit.
20 Excuseer, hebben we elkaar laatst niet op het vliegtuig naar Frankfurt ontmoet? – Inderdaad, ik wist dat ik u ergens vandaan kende.
21 Waar heb je het vele geld voor zo'n reis vandaan? – Nergens vandaan, ik heb er eerlijk voor gewerkt en jaren gespaard.
22 Hij hield de touwtjes stevig in handen en bemoeide zich overal mee.
23 Hij heeft een hartinfarct gehad en sindsdien rookt hij niet meer.
24 Soms gaan ze in het weekend naar de opera, maar meestal blijven ze thuis.
25 Komt het er nog van?
26 Ze zal dat incident niet zo gauw vergeten.
27 Goed dat je me eraan herinnert, ik had het bijna vergeten!
28 Toentertijd, in de jaren vijftig, waren de lonen nog heel laag.
29 Zulke fouten worden vaak gemaakt, zelfs door heel ervaren medewerkers.
30 Zoiets komt maar zelden voor.

Bijzondere gevallen (211) 162

1 U betaalt één keer 100 mark inschrijvingsgeld en verder niets.
2 Wenst u anders nog iets?
3 Heeft er anders nog iemand opgebeld?
4 De anders zo drukke straat lag er tijdens de uitzending van de voetbalwedstrijd helemaal verlaten bij.
5 Hebt u anders nog wat gehoord?
6 We zullen het probleem helemaal anders moeten aanpakken.
7 We moeten nu vertrekken, anders halen we onze trein niet meer.
8 Met haar nieuwe kapsel en haar nieuwe bril ziet ze er helemaal anders uit.
9 Nu dat ik de bijzonderheden ken, denk ik daar helemaal anders over.
10 Aan wie had ik het anders moeten vragen?
11 We zullen eerst onderzoeken wat het allemaal kost en dan pas een definitieve beslissing nemen.
12 Wat moet dat eigenlijk betekenen?
13 Ik heb het dossier niet. – Wie heeft het dan wel?
14 Zijn voorstel werd door iedereen fel aangevochten en hij drong dan ook niet verder aan.
15 Eerst waren de resultaten nogal bescheiden, het grote succes is pas later gekomen.
16 De belangstelling van de klanten was veel minder sterk dan we gedacht hadden. We hebben totnogtoe maar 200 stuks verkocht.
17 Die werkt hier nog maar twee jaar en wil al de eerste viool spelen. Hoe stelt die zich dat eigenlijk voor?
18 Ik zal maar één glas drinken, want ik moet nog rijden.
19 Sport interesseert haar niet en wielrennen juist helemaal niet.

20 We zijn nog maar zes maanden op deze markt actief, we moeten dus nog wat afwachten.
21 Ze was pas 18 toen ze trouwde.
22 Ik had dat toch voorspeld dat het zo zou aflopen.
23 Dat zal hij nooit aanvaarden, je kent hem toch.
24 Ik heb daar nu helemaal geen zin voor.
25 Hou daar toch mee op! Dat interesseert me helemaal niet.

163 Voornaamwoordelijke bijwoorden: daran – hieran – woran (212)

Ter vertaling in het Duits

1 Het hangt ervan af hoe de markt zal reageren.
2 Daaraan valt niet aan te ontkomen, we zullen ons daarin moeten schikken.
3 Let erop dat u het contract drie maanden vooraf per aangetekende brief moet opzeggen.
4 Begint u daar niet weer over, ik heb er genoeg van!
5 Waarom wind je je daarover zo op? Dat is toch niet van belang!
6 Daar bedank ik feestelijk voor!
7 Ze beklaagde er zich over bij haar baas dat de woordenboeken waarmee ze moest werken verouderd waren.
8 Ze stond erop daar zelf voor te zorgen.
9 Het komt er bij een sollicitatiegesprek op aan te weten waarin u sterk en zwak bent.
10 Wiskunde? Daarin ben ik nooit erg sterk geweest.
11 Een goed idee! Daar zou ik nooit op gekomen zijn.
12 Wat de anderen er ook van mogen denken, ik blijf erbij dat dat verloren kosten zijn.
13 We zullen daar nu niet nader op ingaan.
14 Ik twijfel eraan of ze daarvoor wel de geschikte persoon is.
15 De inkopers doen er alles aan om de kosten te drukken en we moeten ons daar als toeleveringsbedrijf op instellen.
16 Waarvoor schrik je terug? Er kan toch niets gebeuren.
17 Er is veel diplomatieke bekwaamheid voor nodig, zulke moeilijke onderhandelingen tot een goed eind te voeren.
18 Die dingen hebben voor mij een grote emotionele waarde en ik ben er erg aan gehecht.
19 Hij wees er nog een keer op dat de termijn voor de aanbesteding op 1 december verstreek.
20 Ik weet niet zo goed waarvoor ze zich het meest interesseert.
21 Waartegen protesteren de betogers?
22 Ik verlaat er me op dat je me ook helpt als het erop aankomt.
23 Waartoe dient dat eigenlijk?
24 Het ziet er inderdaad naar uit dat we ons geld kwijt zijn.
25 Waarom gaat het hier eigenlijk?
26 Hij heeft er me om verzocht met niemand daarover te spreken.
27 Waarmee bent u momenteel bezig?
28 Dat zijn haar privé-zaken en hiermee kunnen we natuurlijk geen rekening houden.
29 Dat is vertrouwelijke informatie en ik wil daar geen gebruik van maken.
30 Natuurlijk hechten wij er erg grote waarde aan dat onze klanten tevreden zijn.

164 Voornaamwoordelijke bijwoorden – Idiomatisches

Die Kurzformen wie *dran, drauf usw.* gelten im allgemeinen als umgangssprachlich. Sie kommen aber wohl in stehenden Wendungen vor:

Das Haus mit allem Drum und Drun hat über 400.000 Mark gekostet.

Ter vertaling in het Duits

1 Het zij zo, we kunnen er toch niets meer aan veranderen.
2 De voorbereiding van een beurs met alles wat eraan vastzit, neemt erg veel tijd in beslag.
3 Zijn argumenten klonken erg overtuigend en niemand had daar nog wat aan toe te voegen.
4 Ik stoor er me aan dat het hier altijd een puinhoop is.
5 Nu is het mijn beurt.
6 Ze vond voetbal op zich wel interessant, maar al het gedoe eromheen hing haar de keel uit.
7 Hij probeerde het faillissement nog te ontlopen, maar hij moest er dan toch aan geloven.
8 Ze werkte al zoveel jaren met haar samen, maar ze wist nog altijd niet wat ze van haar moest denken.
9 Haar man heeft een zwaar ongeluk gehad en hij is er slecht aan toe.
10 Onderschat haar niet, ze kan wat.
11 We stonden net op het punt weg te gaan toen hij eindelijk opdaagde.
12 Hij ontkende dat van dat gerucht iets waar was.
13 En de prijs? Daar moet toch nog iets in zitten bij zo'n grote hoeveelheid. – Het spijt me, maar onze prijzen zijn erg scherp berekend en meer zit er niet in.
14 Bij een 3-2 stand op tien minuten van het einde is nog alles mogelijk.
15 U hebt uitstekend onderhandeld. Er zat wel niet meer in.

waaraan / daaraan bij werkwoorden met datief (214) 165

Ter vertaling in het Duits

1 Waaraan is het volgens u toe te schrijven dat u de baan niet gekregen hebt? – Ik zou het niet weten.
2 Er is een kortsluiting ontstaan in de nachtverlichting en daaraan is de brand toe te schrijven.
3 Waaraan heeft ze haar promotie te danken?
4 Waaraan geeft u de voorkeur: vakantie in eigen land of in het buitenland?
5 Ik heb mijn mening gezegd en ik heb daaraan niets meer toe te voegen.
6 Waaraan moet volgens u een goed boek voldoen?
7 Wij stellen onze eisen en wie daaraan niet voldoet, maakt geen kans aangeworven te worden.
8 De meeste ongelukken waren aan de ijzel toe te schrijven.
9 Het grote geld en de luxe waren te sterke verleidingen voor hem en daaraan kon hij niet weerstaan.
10 De handel met de ijdelheid ligt altijd goed in de markt. Daaraan hebben veel oplichters hun vaak verbluffend succes te danken.

Hoofdstuk VII: VOORNAAMWOORDEN

1 Persoonlijk voornaamwoord (217-222)

166 *Ter vertaling in het Duits*

1 Zolang we van hen afhankelijk zijn, moeten we ons naar hen schikken.
2 De details kunt u weglaten, die interesseren me niet.
3 Het is me nog altijd niet duidelijk waarom hij jullie dat niet gezegd heeft.
4 Toen de grond hen te heet werd onder de voeten, namen ze de wijk naar het buitenland.
5 Het spijt me, maar ik kan jullie nu ook niet meer verder helpen.
6 De fax was niet voor haar bestemd.
7 We staan achter u en duimen voor u!
8 Hij heeft haar op een weinig elegante manier op de achtergrond gedrongen.
9 Jullie hebben zich laten bedotten.
10 Een van jullie moet dat toch geweten hebben.
11 Ze wilde niet dat haar ouders ter wille van haar van hun plannen afzagen.
12 Voor mijn part hoef je niet langer te wachten.
13 De kinderen waren ondervoed, maar gelukkig erbarmden internationale hulporganisaties zich over hen.
14 Veel gevangenen stierven ook door ziekte en uitputting. Om hen allen te gedenken hielden joodse organisaties een indrukwekkende rouwplechtigheid.
15 Gelooft u me: we hebben die beslissing in u beider belang genomen.
16 Tot hun beider ontgoocheling ging de zaak uiteindelijk toch niet door.
17 De politieagenten werden het slachtoffer van een laffe aanslag. We herdenken hen vandaag met respect.
18 Tot hun beider ontzetting bedreigde de gangster hen met een geweer.
19 Dat duurde haar allemaal veel te lang.
20 Ook van onze kant zijn er geen bezwaren tegen die regeling.
21 Mensen zoals wij kunnen van zo'n salaris alleen maar dromen.
22 Er is gebeld. Doe jij eens de deur open?
23 U die alle watertjes doorzwommen hebt, schrikt daar toch niet voor terug.
24 Hij heeft enkele jaren geleden de zaak van zijn vader overgenomen en sindsdien houdt hij zelf alle touwtjes in handen.
25 Voor ons part mag u er voor vandaag mee ophouden.

167 Het gebruik van es (220)

Ter vertaling in het Duits

1 Er zijn al verschillende offertes op onze aanbesteding binnengekomen.
2 Er kwamen bij dat onderzoek veel organisatorische tekortkomingen aan het licht.
3 Er solliciteerden meer dan 500 kandidaten naar die baan.
4 Er werd de laatste tijd hoofdzakelijk in de verhoging van de produktiviteit geïnvesteerd.
5 Er komen steeds meer nieuwe concurrenten uit de hele wereld bij.
6 Heeft er nog iemand opgebeld voor dat appartement? – Nee, totnogtoe heeft er niemand meer opgebeld.

7 We hadden natuurlijk nooit verwacht dat er zoveel mensen op onze advertentie zouden reageren. Er moet werkelijk een grote woningnood heersen.
8 De meeste beleggers gaan ervan uit dat er nieuwe renteverhogingen komen.
9 In de toekomst zullen er nog meer ondernemingen hun produktie naar de lagelonenlanden verplaatsen.
10 Wie komen er allemaal in aanmerking voor de opvolging?
11 Van het vele mooie geld bleef er bijna niets meer over.
12 Wie speelde er de hoofdrol in die film?
13 Door de dichte mist gebeurden er op verschillende autowegen kettingbotsingen.
14 Ik neem aan dat er zich nog wel meer gegadigden zullen melden.
15 Ik vraag me af of er veel andere alternatieven zijn.

2 Wederkerend voornaamwoord (223-227)

Akkusativ oder Dativ (224)

Ter vertaling in het Duits 168

Von den Reflexivpronomen kommen auch Nominativformen vor nach Kopula wie *bleiben / sein / werden:*

Er war er selbst nicht mehr. / Sie war sie selbst nicht mehr.

1 Ik heb een paar snacks bereid, want je zult nu wel honger hebben. Bedien je alsjeblieft!
2 Ik heb een paar drukke dagen achter de rug en ik moet eerst eens op verhaal komen.
3 Je hebt aan die zaak al goed je vingers verbrand, je zou er je beter niet meer mee bezighouden.
4 Het verhaal klopt echt, ik heb het niet uit mijn duim gezogen.
5 Ik interesseer me vanwege mijn beroep hoofdzakelijk voor programma's over economische thema's.
6 Ik ben natuurlijk niet van plan me het hoofd te breken over de problemen van anderen.
7 Je zult wel in je vuistje gelachen hebben toen je dat hoorde.
8 Je moet die kritiek niet zo ter harte nemen. Kritiek is niet zo erg zolang het niet juist is wat ze zeggen, en je hebt je ook niets te verwijten.
9 Ik vind het erg aardig van je dat je me troost, maar daar heb ik niets aan.
10 Je zult iets beters moeten bedenken om de klanten te overtuigen.
11 Haast je, anders halen we het vliegtuig niet meer.
12 Schaam je je niet om zo te liegen!
13 Ik bedank voor de eer.
14 Ik zou me willen verontschuldigen voor de vertraging, maar ik heb een uur in de file gestaan.
15 Ik had hem altijd als een betrouwbaar medewerker beschouwd, maar ik heb me erg in hem vergist.
16 De rekening klopt niet, je moet je misrekend hebben.
17 Ik kan me levendig voorstellen hoe je je voelde.
18 Wat beeld je je in godsnaam in?
19 Ik heb de verschillende modellen grondig bekeken en ik zal van de week nog een beslissing nemen.
20 Heb je al een afspraak gemaakt om het appartement te gaan bekijken?
21 Ik heb de wedstrijd op tv bekeken en ik heb me niet verveeld.
22 Ik verheug me voor je dat het je eindelijk gelukt is je het roken af te wennen.

23 Het zou me verwonderen als hij het met dat voorstel eens zou zijn.
24 Ik heb me voorgenomen op die zaak niet meer terug te komen en daar blijft het dus bij.
25 Ik wil er nog eens goed over nadenken alvorens een beslissing te nemen.
26 Aangenaam u te leren kennen.
27 Ik verheug me nu al op je bezoek.
28 Ondanks haar vele successen is ze zichzelf gebleven.
29 Hij was zichzelf niet meer.
30 Door de hele opwinding duurde het een poos voor hij weer zichzelf werd.

Wederkerend in het Duits (225)

169 *Ter vertaling in het Duits*

1 De situatie is van de ene dag op de andere compleet veranderd.
2 Tegen de middag was de mist opgetrokken.
3 Ik ben blij dat dat misverstand opgelost is.
4 We danken u voor uw vertrouwen.
5 Naar voorlopige schatting beloopt de schade door de zwendel op zijn minst 10 miljoen mark.
6 Je bent voor die baan geknipt. Heb je nog niet gesolliciteerd?
7 We nemen van de week nog een beslissing over de definitieve vestigingsplaats van onze nieuwe fabriek.
8 We hebben in overleg met onze advocaat besloten in geen geval in beroep te gaan tegen het vonnis.
9 Op de vergadering van vandaag hebben we tot de verkoop van onze participatie in die firma besloten.
10 De meeste ongelukken gebeuren in het weekend.
11 Uit het jaarverslag blijkt dat het investeringsvolume van het concern met meer dan 7 miljard DM zo hoog was als nooit tevoren.
12 Je moet je warmer kleden, anders zul je kouvatten.
13 We zouden graag zaken doen met u. U kunt inlichtingen over onze firma inwinnen bij onze vaste bankrelatie. Het gaat om het filiaal van de *Deutsche Bank* in Hannover.
14 Dat blijkt de juiste beslissing geweest te zijn.
15 Veel beleggers zijn bang voor het gevaar van een toenemende inflatie.
16 Het gaat om een heel belangrijke investering.
17 Haar inspanningen hebben alleszins de moeite geloond, want ze heeft de baan gekregen.
18 Ik vraag me af of het nog de moeite loont de wagen te laten herstellen.
19 Uit een onderzoek blijkt dat de trouwe televisiekijker een trouweloze zapper geworden is.
20 We naderen langzaam maar zeker onze bestemming.
21 Ze nadert de veertig.
22 Gaat u zitten, mijnheer Kuhnert komt er zo aan. Mag ik u intussen een koffie aanbieden om te drinken? – Ja, heel graag.
23 Het aantal medewerkers in het concern is van 70.000 midden de jaren tachtig gestegen tot 140.000 vandaag.
24 We hebben een beslissing genomen en we weigeren erop terug te komen.
25 Het bleek al snel dat dat een goed initiatief was.

elkaar / elkaars (226-227) 170

Ter vertaling in het Duits

1 De spelers waren erg gelukkig met de overwinning en vielen elkaar om de hals.
2 We hebben elkaar op de industriebeurs in Hannover leren kennen.
3 We ontmoeten elkaar in ieder geval op de aandeelhoudersvergadering.
4 Er was overal druk verkeer en in de binnenstad hinderden de auto's elkaar bij het parkeren.
5 Ze hadden elkaar al een poos niet meer gezien en vandaar hadden ze elkaar natuurlijk heel wat te vertellen.
6 Het is typisch dat ze elkaar de schuld in de schoenen willen schuiven.
7 Moeten die twee met elkaar samenwerken? Ze gunnen elkaar het licht in de ogen niet en ze maken elkaar voortdurend verwijten.
8 Ze zijn als broers en zusters erg aan elkaar gehecht.
9 We zijn elkaar vorige maand toevallig op het lijf gelopen in de luchthaven van Frankfurt.
10 De meningen over de te volgen strategie lopen sterk uiteen.
11 Met kerstavond zitten we met z'n allen gezellig bij elkaar en onderhouden ons over alles en nog wat.
12 In de haast heeft ze de twee dossiers door elkaar gehaald.
13 Zonder dat ze het wisten, werden ze tegen elkaar uitgespeeld.
14 Ze hebben alles voor elkaar over.
15 Hij werd twee keer na elkaar wereldkampioen in die discipline.
16 Het verheugt me dat we weer tot zaken gekomen zijn met elkaar.
17 In de aanvangsfase toonden de twee ploegen te veel respect voor elkaar.
18 Ze hadden elkaar beloofd elkaar in moeilijke situaties bij te staan.
19 De beide tegenstrevers kenden elkaars zwakke punten.
20 Tijdens de selectieprocedure waren de verschillende sollicitanten elkaars concurrenten.

3 Bezittelijk voornaamwoord (228)

Ter vertaling in het Duits 171

1 Ze hebben hun caravan met alles erop en eraan verkocht.
2 We hebben dit boekjaar onze strategische positie weer verbeterd.
3 Van wie is die mantel? – Die is van mij.
4 Ten langen leste heeft ze haar doel ook bereikt.
5 De algemeen directeur dankte – ook in naam van al zijn collega's in de directie – alle medewerkers voor hun engagement.
6 Het is vanzelfsprekend uw goed recht te reclameren.
7 Ze zat op haar centen.
8 In enkele jaren is hun omzet verdubbeld.
9 Dat is hier mijn boek en dat daar is van u.
10 Van wie is die wagen? – Die is van mij.
11 Wanneer krijgen jullie je nieuwe auto?
12 We zouden u in ieder geval onze nieuwe modellen willen aanbevelen.
13 We danken u voor uw begrip.
14 Ik hoop voor haar dat dat incident geen afbreuk zal doen aan haar reputatie.
15 Die maatregelen zijn in ons aller belang.

16 Al haar zogenaamde vrienden hadden het alleen op haar geld afgezien.
17 Met jullie rijke ervaring zullen jullie je kinderen toch met raad en daad kunnen bijstaan.
18 Wat is uw volgende doelstelling?
19 Ik vermoed dat dat niet uit haar koker komt.
20 Op die manier verliezen we onze tijd.

4 Vragend voornaamwoord (229-236)

172 wer / was / woran... (229-232)

Ter vertaling in het Duits

1 Ik weet niet meer aan wie ik dat boek uitgeleend heb.
2 Tot wie hebt u zich daarvoor gewend?
3 Bij wie hebt u het beroep geleerd?
4 Wie zou u willen spreken?
5 Voor wie geldt deze nieuwe maatregel?
6 Van wie is het appartement waarin ze wonen?
7 Je zult het geld goed kunnen gebruiken. – Tegen wie zeg je het! We zouden een huis willen bouwen.
8 Wie niet waagt, niet wint. Ik vraag haar gewoon of ze zin heeft met me naar de discotheek te gaan. Wie kan me dat kwalijk nemen?
9 Wie bedoel je daar nu mee? – Wie de schoen past, trekke hem aan.
10 Van wie is die rode trui? – Weet ik veel!
11 Waar moet het naar toe gaan als iedereen doet wat hij wil!
12 Wat zijn uw doelstellingen voor de volgende vijf jaar en hoe wilt u die bereiken?
13 Waarvoor wordt in die advertentie reclame gemaakt?
14 Waarom gaat het in die film?
15 Waarmee wilt u beginnen?
16 Waaraan is volgens u dat succes te danken?
17 Waaraan is de hoge werkloosheid te wijten?
18 Weet u nog waarop u speciaal moet letten?
19 Waarmee bent u op het ogenblik bezig?
20 Wanneer zul je dat definitief weten?

173 welcher / was für ein (233-234)

In Ausrufen kommt neben *was für ein* auch *welch ein* vor. Allerdings gilt *welch ein* als gehoben:

Was für ein Tor! (Welch ein Tor!)

1 Uit welk land komt u?
2 In welke afdeling werkt u?
3 Om welke onderneming gaat het?
4 Met welke luchtvaartmaatschappij reist u naar de VS?
5 Wat was de belangrijkste reden voor zijn ontslag?
6 Wat zijn volgens u de voordelen van deze methode?
7 Wat voor een argument is dat eigenlijk? Dat kunt u niet ernstig menen.
8 Wat voor boeken leest u het liefst?

9 Wat voor een vereniging is dat?
10 Wat een vergelijking!
11 Nu die zaak aan het licht gekomen is, zie je wat voor een man hij in werkelijkheid is.
12 Wat voor weer krijgen we vandaag?
13 Ik ben eens benieuwd met wat voor een plan hij nu bezig is.
14 Wat voor een mens is hij? Wat voor een karakter heeft hij?
15 Ik ben heel tevreden over mijn printer. – Wat voor een is het?
16 Wat voor een beurs is ISPO? – Dat is een internationale vakbeurs voor sportartikelen en sportmode die in München plaatsvindt.
17 Op welke beurs mogen we niet ontbreken?
18 Voor welk merk hebt u nu uiteindelijk gekozen?
19 Wat voor een merk is dat? – Dat is voor de kenners van de branche het topmerk überhaupt.
20 Leipzig is van oudsher een belangrijke jaarbeursstad waar heel het jaar door belangrijke vakbeurzen plaatsvinden. – Wat voor allemaal?
21 Wat voor een krant is de Frankfurter Allgemeine? – Dat is een van Duitslands absolute kwaliteitskranten.
22 In welke krant is dat artikel verschenen?
23 Om wat voor een beleggingsfonds gaat het? – Dat is een fonds dat vooral in Aziatische aandelen belegt.
24 Ze droomt van een nieuwe wagen. – Van wat voor één?
25 Ik heb hem voor zijn verjaardag enkele nieuwe CD's gekocht. – Wat voor?
26 Belastingtarieven van meer dan 50 %! In wat voor een land leven we eigenlijk?
27 Wat een onbeschoftheid! Dat laat ik me niet welgevallen!
28 Wat een enig mooi doelpunt!
29 In wat voor een hachelijke situatie bevindt ze zich nu weer!
30 Wat een belachelijk voorstel!

5 Betrekkelijk voornaamwoord (237-247)

Allgemeines (237-239)

Ter vertaling in het Duits 174

1 Het hotel dat op het ogenblik gerenoveerd wordt, heeft een lange traditie.
2 Dat is de prijs die de firma voor haar gebrek aan ervaring op die nieuwe markt heeft moeten betalen.
3 Dat is een incident dat ik niet zo gauw zal vergeten.
4 Dat zijn spectaculaire prognoses van beursgoeroes die u beter niet vertrouwt.
5 Dat zijn verkiezingsbeloften die de kiezers allang niet meer geloven.
6 De verschrikkelijke terreuraanslagen waarbij honderden mensen om het leven kwamen, veroorzaakten onzekerheid en paniek.
7 De geruchten volgens welke hij binnenkort zou aftreden, worden sterker.
8 Het contract dat we gisteren ondertekend hebben, geldt voor drie jaar.
9 Hij werd volledig onvoorbereid met uitdagingen geconfronteerd waartegen hij niet opgewassen was.
10 Trouwe klanten met wie we al jaren zaken doen, willen we natuurlijk onder geen enkel beding verliezen.
11 De kosten groeien ieder jaar en daarom hebben we met enkele collega's met wie we al jaren goede relaties hebben, een gemeenschappelijke stand gehuurd.
12 Ik heb eens een lijst opgemaakt van de vakbeurzen waaraan we absoluut moeten deelnemen.

13 Het is uw beslissing, maar volgens mij is dat een belegging waarvan de rentabiliteit op zijn minst twijfelachtig is.
14 De bedienden van wie de arbeidsplaatsen door de nieuwe maatregelen bedreigd zijn, willen volgende week betogen.
15 De onderhandelingen zijn vastgelopen omdat de andere partners eisen stellen waaraan we niet kunnen voldoen.
16 Studenten van wie de ouders meer verdienen, komen niet voor een studiebeurs in aanmerking.
17 Dat is een goed gemaakte krant waarvan de oplage in de laatste jaren sterk gestegen is.
18 De burgemeester dankte de vele vrijwilligers zonder wier onvoorwaardelijke inzet het aantal slachtoffers nog groter geweest zou zijn.
19 Door die verkeerde beslissing waarvan de eerste negatieve gevolgen al zichtbaar worden, komt zijn positie in gevaar.
20 Dat zijn de typische problemen van een familieonderneming waarvan de financiële middelen te beperkt zijn om zich op de internationale markt te handhaven.
21 De personeelschefs van de meeste firma's geven de voorkeur aan afgestudeerden van wie de opleiding niet te theoretisch is.
22 Dat vind ik eerlijk gezegd details waarvan ik het nut niet inzie.
23 De criteria op grond waarvan ze hun beslissing genomen hebben, lijken me op het eerste gezicht aanvaardbaar.
24 Ons land is een industrienatie waarvan het economische succes in hoge mate van de export afhangt.
25 We krijgen morgen de resultaten van het marktonderzoek aan de hand waarvan we onze strategie voor de toekomst kunnen bepalen.
26 Dat zijn allemaal belangrijke vragen die we niet langer uit de weg kunnen gaan.
27 Voor welke krant werkt de journalist tegenover wie u tijdens het televisiedebat zat?
28 Dat zijn precies de mensen die ik wantrouw.
29 U stelt ons voorwaarden waarmee we onmogelijk kunnen instemmen.
30 We hebben hier met ontwikkelingen binnen de georganiseerde criminaliteit te maken wegens welke we ons ernstige zorgen maken.

175 waaraan enz. (240)

Ter vertaling in het Duits

1 Mag ik op een paar zaken wijzen waarop je in de toekomst beter zou moeten letten?
2 Vriendelijkheid en een goede klantendienst zijn twee aspecten waaraan we groot belang hechten.
3 De problemen waarop we gestuit zijn, waren niet te voorzien.
4 Dat zijn kleine onvolkomenheden waarover we ons beter niet opwinden.
5 De bron waarop hij zich beroept, is allesbehalve betrouwbaar.
6 De golf van inbraken en overvallen waarover alle media uitvoerig verslag uitgebracht hebben, bezorgt de politie veel last.
7 De twee gezochte misdadigers zouden ook betrokken geweest zijn bij een overval op een tankstation waarbij de pomphouder om het leven kwam.
8 Dat zijn uitspraken waarmee u heel voorzichtig moet zijn.
9 De regering heeft de maatregelen waartegen de ondernemers protesteerden gedeeltelijk ongedaan gemaakt.
10 Het gebruik van kernenergie waarvoor sinds het ongeluk met de reactor in Tsjernobil veel mensen bang zijn, is voor onze elektriciteitsbevoorrading zogoed als onontbeerlijk.

11 De middelen waarover ze beschikten, volstonden niet.
12 Wilt u me verontschuldigen? Ik heb om 10 uur een afspraak met een klant waaraan ik me absoluut moet houden.
13 Dat is iets waarmee we moeten leren leven.
14 Almaar meer klanten nemen hun tijd om hun rekeningen te betalen, waardoor veel leveranciers zelf in moeilijkheden raken.
15 Een van de partners heeft zich op het laatste ogenblik teruggetrokken, waardoor het hele project ter discussie staat.
16 De klantenadviseur van de luchtvaartmaatschappij heeft ons enkele heel interessante tips gegeven, waardoor alles als vanzelf ging.
17 Om de baan te krijgen, zou hij moeten verhuizen, waartoe hij onder geen enkel beding bereid is.
18 Luxe is iets waaraan je snel went.
19 Er is één en ander gebeurd waarmee we geen rekening gehouden hadden.
20 Er zijn enkele zaken waarvoor we nog een regeling moeten vinden.

wer / derjenige (241-243)

Ter vertaling in het Duits **176**

Nach der neutralen Form dasjenige folgt als Relativpronomen was:

War es dasjenige, was Sie wollten?

1 Nu kun je niet meer terugkrabbelen: wie a zegt, moet ook b zeggen.
2 Wie zoiets beweert, weet niet waarover hij spreekt.
3 Wie in de buitendienst werkt, leert snel de spelregels van de klanten kennen.
4 Wie op zo'n manier zaken doet, kunnen we toch helemaal niet vertrouwen.
5 Wie één keer zo bedrogen werd, overkomt dat geen tweede keer.
6 Wie het artikel aandachtig leest, vallen de tegenstrijdigheden onmiddellijk op.
7 Degene die hiervoor verantwoordelijk is, zal ik eens zeggen waar het op staat.
8 Degenen die vast benoemd zijn, kunnen normaalgesproken niet worden ontslagen.
9 Degenen die zich al heel hun carrière door eerlijkheid en loyauteit onderscheiden, vertrouwen we op hun woord.
10 Degenen die geen ervaring hadden op dat vlak, ging het werk niet gemakkelijk af.
11 Degenen die zich grondig voorbereid hadden, lukte dat zonder grote problemen.
12 Degenen die zich te ver geriskeerd hadden, hielpen die raadgevingen allemaal niets meer.
13 Ze was natuurlijk erg tevreden over haar aanwerving, want een baan als journaliste was datgene wat ze het liefst wilde doen.
14 Datgene wat ik u wil zeggen, blijft natuurlijk onder ons.
15 Met datgene wat hij gisteren op de vergadering voorstelde, ben ik het helemaal niet eens.
16 Ik denk niet graag meer terug aan datgene wat ik daar meegemaakt heb.
17 Hebt u ook bewijzen voor datgene wat u daar beweert?
18 Ze toonde weinig interesse voor datgene wat hij in zijn vrije tijd deed.
19 Ik vind het de moeite niet om te reageren op datgene wat de kranten over dat geval schrijven.
20 Ze was helemaal niet onder de indruk van datgene wat hij haar toevertrouwd had.

177 **was (244-245)**

Ter vertaling in het Duits

1 Dat is alles wat ik u te vertellen had.
2 Alles wat een beetje naam heeft, was er.
3 Dat is toch het minste wat je kunt verwachten.
4 Dat is iets wat ik nooit zou doen.
5 Er is nog veel wat onduidelijk is.
6 Dat is het ergste wat me kon overkomen! Dat is nu werkelijk iets wat me helemaal niet ligt.
7 Door de hardere internationale concurrentie moesten veel bedrijven voor het eerst ook stampersoneel ontslaan, wat het werkklimaat in de bedrijven natuurlijk niet ten goede kwam.
8 Dat is nu net datgene wat ik het meest gevreesd had.
9 Je hoeft het niet eens te zijn met wat ik je voorstel, maar er is geen alternatief.
10 Wie in het middelpunt van de publieke belangstelling staat, moet enorm opletten op wat hij zegt en doet.
11 Ze bracht uitgebreid verslag uit over wat ze op haar reis allemaal beleefd had.
12 Ik blijf bij wat ik u de vorige keer al gezegd heb.
13 Mag ik je nog eens herinneren aan wat je me toentertijd beloofd hebt?
14 De eerste minister distantieerde zich van wat een van zijn ministers in de media verklaard had.
15 De toekomst van de onderneming hangt af van wat we nu beslissen.

178 **da / wo (246) – wie (246)**

Ter vertaling in het Duits

Die Relativadverbien *da* und *wo* beziehen sich auf ein Bezugswort, das Zeit (Tag, Woche, Jahr, Augenblick, jetzt) oder Ort bezeichnet:

> *Jetzt, da/wo die Entscheidung gefallen ist, können Sie keinen Rückzieher mehr machen.*

Allerdings gilt das Relativadverb *da* als veraltet. Es gehört der gewählten, der geschriebenen Sprache an. Statt *da* wird auch in temporaler Bedeutung *wo* verwendet, oder *als*, oder Präposition + Relativpronomen:

> *In der Zeit,* ***da (gehoben)*** / ***wo*** / ***als*** / ***in der*** *wir in München wohnten, machten wir am Wochenende häufig einen Ausflug in die Berge.*

1 Nu dat de beslissing gevallen is, komen uw opwerpingen te laat.
2 De nacht dat de Muur viel, stond Berlijn van vreugde op zijn kop.
3 Die royale regelingen stammen nog uit de tijd dat de welstand ieder jaar groeide.
4 Nu dat de beheersing van de kosten probleem nummer één geworden is, is de druk op de toeleveringsbedrijven aanzienlijk toegenomen.
5 De dag dat hij ontslagen werd, zal hij niet zo licht vergeten.
6 Op het ogenblik dat steeds meer bedrogen beleggers hun geld terugeisten, stortte heel het systeem als een kaartenhuis in.
7 In het jaar dat hij afstudeerde, was de situatie op de arbeidsmarkt nog tamelijk gunstig.
8 In dezelfde ondergrondse parkeergarage waar mijn auto gestolen werd, is nu een collega van mij overvallen.

9 Zijn werkdag begint gewoonlijk in het filiaal waar hij met zijn team de verschillende klantenprojecten bespreekt.
10 Het huis waar ze nu wonen, is uitstekend gelegen.
11 De beurs is de plaats waar het hart van de economie klopt.
12 Dat is een heel gespecialiseerde markt waar veel onervaren investeerders de laatste jaren erg veel geld verloren hebben.
13 Ik bewonder de manier waarop hij dat probleem opgelost heeft.
14 De manier waarop hij zich heeft laten bedriegen, grenst aan het ongelooflijke.
15 De manier waarop hij op de beschuldiging reageerde, spreekt boekdelen.

6 Aanwijzend voornaamwoord (248-253)

Das Demonstrativpronomen *derjenige* kommt in Verbindung mit einem Relativsatz vor. Es ist nachdrücklicher als *der*.

Das Demonstrativpronomen *jener* wird im allgemeinen nur schriftsprachlich oder in gehobener Sprechweise verwendet. Es bezeichnet einen zurückliegenden Zeitpunkt oder eine als bekannt vorausgesetzte Person oder Sache:

Was ich nicht leiden kann, ist jene Arroganz, mit der er die Leute von oben herab behandelt.
Zu jenem Zeitpunkt waren noch alle Möglichkeiten offen.

Bei zwei Personen oder Sachen heißt *dieser* "letzterer" und *jener* "ersterer":

Herr Keitel und Herr Mayer waren beide da. Jener (Herr Keitel) arbeitet als Redakteur beim Fernsehen.
Herrn Fischer und Herrn Jacobs können Sie beide auf unserem Messestand treffen, diesen (Herrn Jacobs) am Montag und Dienstag und jenen (Herrn Fischer) die ganze Woche.

Auch in Verbindung mit einem Relativsatz kommt *jener* häufig vor:

Das stammt noch aus jener Zeit, als wir in München wohnten.

Ter vertaling in het Duits 179

1 Ik vertrek morgen voor veertien dagen naar het buitenland en zoals dat altijd gaat, moet ik op het laatste ogenblik nog allerlei regelen.
2 De sfeer was erg ontspannen en we hebben over alles en nog wat gepraat.
3 De politie is al lang niet meer opgewassen tegen de situatie. Af en toe betrapt ze wel eens deze of gene op heterdaad, maar een uur later zijn de heren weer op vrije voet.
4 Dezer dagen was het in alle winkels erg druk.
5 Ik vind het jammer dat we net op die dag niet thuis zijn.
6 Ze hebben me één keer bedrogen en met die wil ik onder geen enkel beding nog zaken doen.
7 Ik verbind u met mijn collega Wickert van de verkoopsafdeling. Die zal u beter kunnen helpen dan ik.
8 Wie zich na al die berichten over de dubieuze zaken door die heren toch nog laat beetnemen, die is niet meer te redden.
9 Die neemt het met de waarheid niet zo nauw. Je mag niet alles wat hij zegt voor gangbare munt aannemen.

10 Ze hebben me nu mooi erin laten lopen, maar die betaal ik ooit wel eens met gelijke munt.
11 Ik heb mijn mening gezegd en ik heb daar niets meer aan toe te voegen.
12 Die z'n auto zou ik nooit willen kopen.
13 Zijn vriendin en die d'r zusters waren er allemaal.
14 Ik betrouw die allebei niet. Met die d'r louche zaakjes wil ik in ieder geval niets te maken hebben.
15 Alle serieuze bankiers zullen u voor zulke beleggingsadviseurs waarschuwen. Die d'r buitengewone rendementen zijn met normale zaken niet te realiseren, daar kunt u gif op innemen.
16 Dat laat ik natuurlijk nooit gebeuren, daar steek ik een stokje voor.
17 We zullen ons op middellange termijn uit die markt terugtrekken en ons in plaats daarvan op onze basisactiviteiten concentreren.
18 In zo'n situatie moet je rustig blijven en bliksemsnel reageren.
19 Zo'n staking komt natuurlijk voor iedereen erg ongelegen.
20 Wie zo'n polis afsluit, is verzekerd tegen openstaande vorderingen als de klant failliet gaat.
21 De Japanse autoproducent stelde zulke utopische eisen, dat de autohandelaar zijn contract opzegde.
22 Ze maakt altijd opnieuw dezelfde fouten.
23 We gaan daar al jaren op vakantie en logeren altijd in hetzelfde hotel.
24 U mag het draaien en keren zoals u wilt, het komt op hetzelfde neer.
25 De economische problemen zijn in alle industrielanden dezelfde.
26 De twee broers hebben dezelfde opleiding aan dezelfde handelshogeschool gevolgd en ze werken bij dezelfde bank.
27 Ze hebben dezelfde computer en dezelfde printer als de onze.
28 Ik ben niet verwonderd. Dergelijke zaken gebeuren iedere dag.
29 Ik had iets dergelijks verwacht.
30 Een dergelijke smoes klinkt erg ongeloofwaardig.

7 Onbepaald voornaamwoord (254-262)

180

Allgemeines

Ter vertaling in het Duits

1 Zo'n muziek maakt je nerveus.
2 Zoiets kan je natuurlijk op elk ogenblik overkomen.
3 Men weet nooit vooraf hoe zoiets zal aflopen.
4 Zo lang studeren valt niet bij iedereen in de smaak.
5 Een eigen firma runnen, is niet voor iedereen weggelegd.
6 Het is een ieders recht daartegen te protesteren.
7 Als verkoper is het belangrijk tegenover iedereen vriendelijk te zijn.
8 Het is altijd hetzelfde verhaal: ze zoeken bij voorkeur iemand met ervaring.
9 We denken aan iemand die de markt in het Verre Oosten kent.
10 Ze heeft een sterke persoonlijkheid en laat zich door niemand beïnvloeden.
11 Zou ik met iemand van u kunnen meerijden?
12 We zullen het aan iemand anders moeten vragen.
13 Heb je nog met iemand anders kunnen spreken?
14 Hebt u iemand gezien die u kende?
15 Ik heb daar nu geen tijd voor, ik ben nu met iets anders bezig.

16 Dat is iets wat ik niet kon voorzien.
17 Als ik iets nieuws hoor, laat ik het u onmiddellijk weten.
18 Hij heeft het op 35-jarige leeftijd tot algemeen directeur gebracht en dat wil iets betekenen.
19 U moet nog wat geduld hebben, het zal niet lang meer duren.
20 Ik heb daar niets verloren.
21 Er moet een of ander misgelopen zijn.
22 Een of andere politicus heeft zoiets voorgesteld.
23 Ik werd zopas weer opgebeld voor een of ander marktonderzoek. Alsof ik niets beters te doen heb!
24 Dat is niet zomaar iemand, hij staat aan de top van een onderneming met meer dan 500 medewerkers.
25 De banken hebben hem gesteund zolang het enigszins ging.
26 Ik moet een of ander detail vergeten hebben.
27 De een of andere zal daarop wel wat aan te merken hebben, maar ik trek er me niets van aan.
28 Als er zich een of ander probleem voordoet, aarzel dan niet om onmiddellijk onze klantendienst op te bellen.
29 Op een of andere manier moeten we hem dat duidelijk maken.
30 Om de een of andere reden vertrouwde ze hem niet.
31 Dat spijt me ergens wel, maar er is niets meer aan te doen.
32 Ergens hoop ik dat hij zijn fout nog op tijd inziet.
33 Is er hier ergens in de buurt een apotheek?
34 Iemand die een beetje ervaring op dat vlak heeft, spreidt het risico.
35 Iemand zoals jij zou toch beter moeten wissen.
36 Iedereen kan zoiets beweren.
37 Hij komt uit een klein dorp waar iedereen iedereen kent.
38 Dat is niet zo moeilijk. Iedereen die wil, kan dat leren.
39 Ze zijn er nog niet allemaal, er ontbreken er nog enkelen.
40 Er is nog champagne in overvloed. Wilt u er nog?
41 Alle kaarten zijn uitverkocht. Hebt u er nog kunnen vinden?
42 Hij is tot alles bereid om zijn doel te bereiken.
43 Al met al zijn we tevreden over de resultaten van het voorbije jaar.
44 We mogen vooral de fout niet maken de tegenstander te onderschatten.
45 Welke merken hebben ze zo allemaal?
46 Na korte tijd was hun geld allemaal op.
47 Menigeen vroeg zich af wie dat allemaal zou betalen.
48 Hij deed veel moeite maar ondanks dat alles lukte het niet.
49 Ik wens je veel plezier! – Hartelijk dank.
50 De mensen toonden weinig belangstelling voor de nieuwe modellen.
51 We ontmoeten elkaar om de twee maanden.
52 We hebben een nieuwe computer en een nieuwe printer. We zijn met allebei heel tevreden.
53 Ik heb het ze allebei gevraagd en ze vonden het allebei een goed idee.
54 Het is allebei juist.
55 Ik heb daar momenteel weinig zin voor.

Hoofdstuk VIII: PRÄPOSITIONEN

1 Präpositionen mit Akkusativ (263-268)

Folgende Präpositionen stehen mit Akkusativ:

bis, durch, entlang, für, gegen, ohne, um, wider

Die Präposition **entlang** steht nur bei Nachstellung mit Akkusativ, bei Voranstellung dagegen mit Dativ:

den Strand entlang / entlang dem Strand.

Auch die vor allem in der Kaufmannssprache üblichen Präpositionen **per** und **pro** stehen mit Akkusativ:

Die Rechnung ist per 1. März zu zahlen.
Der Preis beträgt 5 Mark pro laufenden Meter.

Die Präposition **wider** ist gehobenes Deutsch für **gegen** und kommt fast nur noch in stehenden Wendungen vor wie:

wider alles Erwarten *tegen alle verwachting in*

181 *Ter vertaling in het Duits (263)*

1 We hebben daarvoor nog tijd tot volgende vrijdag.
2 De kinderen blijven nog tot volgend weekend in Zwitserland.
3 Tegen wanneer kunt u met uw verslag klaar zijn?
4 De levertijd bedraagt twee tot drie weken.
5 Het was me een genoegen! Tot de volgende keer.
6 Door de zware mist moest de luchthaven voor alle verkeer gesloten worden.
7 Ik zal nu nog niet beslissen, ik wil er nog eens over nadenken.
8 Door de voortdurende regen en de sterke wind waren de wegen glad en gevaarlijk.
9 We waren eigenlijk te laat, maar via een collega van mijn vrouw hebben we nog toegangskaarten gekregen.
10 Ze wandelen iedere dag door het park.
11 Langs de Rijn kun je heerlijk fietsen.
12 Het Goethe-Institut richt op verschillende plaatsen in Duitsland cursussen Duits voor gevorderden in.
13 De jaarvergadering is voor volgende maandag gepland.
14 Voor wie is die fax hier bedoeld?
15 Die bemerking geldt natuurlijk ook voor jou.
16 Voor een buitenlander spreekt hij goed Duits.
17 Velen beschouwen hem als een heel geschikt kandidaat voor die post.
18 Tegen wie speelde de Duitse ploeg de finale van het WK in 1990?
19 Wat hebt u eigenlijk tegen dat voorstel?
20 Haar gebrek aan ervaring spreekt natuurlijk tegen haar.
21 Tegen de wereldkampioen is op het ogenblik geen kruid gewassen.
22 Dat was zonder de minste twijfel zijn beste prestatie sinds jaren.

23 Willen jullie bij dat slecht weer gaan wandelen? – Mij niet gezien!
24 Haar ouders maakten zich zorgen om haar.
25 Het gaat om een heel belangrijk contract voor onze firma.

für/vor: Ter vertaling in het Duits (264) **182**

1 Het komt er nu vooral op aan kalm te blijven.
2 De meeste mensen zitten gemiddeld meer dan drie uur per dag voor de televisie.
3 We hebben een huurcontract voor drie jaar ondertekend.
4 Zijn ontslag kwam ook voor mij volledig onverwacht.
5 In de zomervakantie gaan ze altijd voor enkele weken op reis naar de bergen.
6 We hebben ze vier weken geleden al een eerste aanmaning gestuurd, maar ze hebben jammer genoeg nog altijd niet gereageerd.
7 Vooral bij beleggingen is ze bang van haar eigen schaduw.
8 Voor het sollicitatiegesprek was ze erg nerveus.
9 Wie zich goed voorbereidt, hoeft niet bang te zijn voor het examen.
10 Ze maakte een erg zelfzekere indruk bij het personeel en schrikte voor niets en niemand terug.
11 De meeste mensen hadden groot respect voor zijn schitterende prestatie.
12 Ondanks de geruststellende woorden van de arts was de patiënt erg bang voor de operatie.
13 Ze zou beter voor haar eigen deur vegen.
14 Volgende week verschijnt hij voor de rechter.
15 Bij die belegging verloor hij erg veel geld. De banken hadden hem echter voor de risico's gewaarschuwd.

bis (266): **183**

Ter vertaling in het Duits

1 De meeste firma's in de streek zijn wegens jaarlijkse vakantie gesloten van 1 tot 15 augustus.
2 De zaal was al weken tot op de laatste plaats uitverkocht.
3 De nieuwe fabriekshallen moeten tegen het eind van het jaar klaar zijn.
4 Ze waren er allemaal op één na.
5 Lijn 1 en lijn 2 rijden tot aan het station, lijn 3 rijdt tot aan de opera.
6 Als je zin hebt, kunnen we nog tot volgend weekend blijven.
7 De nieuwe regeling geldt alleen voor inkomens tot 50.000 mark bruto.
8 Door de stiptheidsactie van de Franse verkeersleiders liepen de wachttijden ook op de Duitse luchthavens op tot 5 uur.
9 Voor een goed gelegen moderne flat met drie kamers betaal je tot 1.500 mark.
10 Door enkele verkeerde investeringen stak hij tot aan zijn nek in de schulden.
11 Tot voor een paar maanden woonde ze nog bij haar ouders.
12 Ik ben de hele morgen thuis geweest, maar totnogtoe heeft ze nog niet opgebeld.
13 De koers van de dollar is tot onder de psychologische grens van 1,50 DM gedaald.
14 Ze leest vaak tot diep in de nacht.
15 We zullen tot nader order geen nieuwe stagiairs meer aanwerven.
16 Haar inspanningen leidden jammer genoeg niet tot het gewenste resultaat.
17 Kijkt u maar rustig rond, dat verplicht u tot niets.
18 Hij werd tot een gevangenisstraf van zes maanden voorwaardelijk veroordeeld.
19 Het kwam tot zware rellen tussen de betogers en de politie.
20 U wacht beter niet tot het laatste ogenblik om een beslissing te nemen.

184 **Idiomatisches (267-268):**

Ter vertaling in het Duits

1. In Wall Street is de Dow-Jones-index met dertig punten gedaald.
2. De omzet is in vergelijking met vorig jaar met 10 % gestegen, hoewel het aantal medewerkers met 200 man gedaald is.
3. Ze voelde zich door iedereen in de steek gelaten.
4. De Griekse held Achilles was onkwetsbaar tot op de hiel na.
5. We steken op het ogenblik tot over onze oren in het werk en daardoor bedraagt de levertijd zes tot acht weken.
6. Wat wil je? Hij is tot over z'n oren verliefd op haar.
7. Door schade en schande wordt men wijs.
8. Het heeft de hele dag door geregend.
9. Wie de schade heeft, heeft de schande erbij.
10. Ze gaan dolgraag naar Oostenrijk op vakantie.
11. Ik kan het toch niet verhelpen dat je je geld verkeerd geïnvesteerd hebt?
12. Als je als ondernemer op lange termijn succes wilt hebben, moet je daar dag na dag hard voor werken.
13. De Belgische ploeg heeft het er tegen alle verwachting in goed afgebracht.
14. De schilder verkocht alleen contant en aanvaardde geen checks of kredietkaarten.
15. Ze heeft me zomaar uitgenodigd.
16. Die bergpas is voor onervaren chauffeurs niet ongevaarlijk.
17. Als u denkt dat ik dat zomaar zal laten gebeuren, dan hebt u buiten de waard gerekend.
18. Hij draaide eromheen als de kat om de hete brij, maar ze verlangde een duidelijk antwoord.
19. Ik doe mijn beroep graag en ik zou voor geen geld ter wereld willen wisselen met iemand.
20. We stonden een half uur in de file en op een haar na hadden we ons vliegtuig gemist.

2 Präpositionen mit Dativ (269)

Folgende Präpositionen stehen mit dem Dativ:

ab, aus, außer, bei, binnen, dank, entgegen, entsprechend, gegenüber, gemäß, mit, mitsamt, nach, samt, seit, von, zu, zufolge, zuliebe, zum Trotz, zuwider, an...vorbei, an...entlang

Auch die Präpositionen **fern** und **nahe** stehen mit dem Dativ, allerdings gelten beide als gehoben. Statt dessen verwenden wir **weit entfernt von** und **in der Nähe**:

fern der Heimat (gehoben) – weit entfernt von der Heimat
nahe dem Bahnhof (gehoben) – in der Nähe des Bahnhofs

In Verbindung mit Verben der Bewegung kommt bei **außer** auch der Akkusativ vor:

Ich geriet außer mich/außer mir vor Wut.

Allgemeines (269-272): 185

Ter vertaling in het Duits

1 Jongeren vanaf 18 jaar betalen de volle prijs.
2 Vanaf volgende week sluiten we 's avonds onze winkelzaak om zes uur.
3 Ik heb die wagen tweedehands gekocht en ik ben er heel tevreden over.
4 Hij heeft om privé-redenen ontslag genomen.
5 Uit hoeveel deelstaten bestaat de Bondsrepubliek Duitsland?
6 Bij die botsing heeft ze geluk gehad, want behalve een lichte kneuzing bleef ze ongedeerd.
7 Ik was buiten mezelf van vreugde toen ik het gunstige nieuws hoorde.
8 De resultaten van dit jaar zijn op verre na niet zo goed als die van vorig jaar.
9 We hebben alle offertes grondig met elkaar vergeleken en daaruit bleek dat de offerte van die Duitse firma zowel wat de kwaliteit als de service betreft verreweg de beste was.
10 Binnenkort opent in het winkelcentrum een doe-het-zelfzaak.
11 We willen binnen zes maanden met het werk klaar zijn.
12 Hij heeft die baan dankzij zijn ervaring gekregen.
13 Het spijt me, maar ik ben het daar niet mee eens, dat is in strijd met onze afspraak.
14 Tegen alle adviezen in investeerde hij meer dan één miljoen mark in één advertentie. Iedereen verklaarde hem voor gek, maar door die ene advertentie verdubbelde de omzet van zijn onderneming.
15 We verzoeken u het verschuldigde bedrag per omgaande op onze rekening over te schrijven. Overeenkomstig de betalingsvoorwaarden hadden we het bedrag al veertien dagen geleden moeten ontvangen.
16 Overeenkomstig uw bestelling leveren we u hierbij tien antwoordapparaten, type ABC 1, en twintig faxtoestellen, type AZ.
17 Tegenover mij gedraagt hij zich altijd erg aardig.
18 Het museum bevindt zich vlak tegenover de post.
19 Volgens uw wens hebben we van 1 tot 15 juli twee tweepersoonskamers met halfpension voor u gereserveerd.
20 Zoals verwacht won de Italiaanse kampioen ook de finale.
21 Op 30-jarige leeftijd begon hij voor zichzelf.
22 Als baas gaf hij zelf het goede voorbeeld.
23 De directie samen met het hele personeel stonden achter de nieuwe plannen.
24 Na die nieuwe mislukte poging gaf hij de moed op.
25 Na haar studie werd ze uit meer dan honderd kandidaten als trainee in een chemiebedrijf aangeworven.
26 Bij dat zware ongeluk kwamen de chauffeur benevens alle inzittenden helaas om het leven.
27 Ik weet dat al sinds vorige week, want het heeft in alle kranten gestaan.
28 Die plannen bestaan al sinds lang.
29 De beslissing hangt niet alleen van mij af.
30 Voor mijn part kunt u nog tot volgende week wachten.
31 Alle prominenten waren op het zomerfeest van de kanselier uitgenodigd.
32 Vanuit zijn hotel nam hij een taxi naar de luchthaven.
33 Volgens de algemeen directeur zouden er in de volgende jaren nog meer dan honderd banen worden geschrapt.
34 Ondanks de gespannen sfeer op de persconferentie antwoordde de minister erg kalm op de vragen van de journalisten.
35 Op weg naar haar werk komt ze aan de post voorbij.

186 **naar: nach / zu / in / auf / an (273):**

nach:

– immer ohne Artikel
– der Zielpunkt ist ein Ort (Stadt, Land, Richtung) ohne Artikel

Viele Deutsche fahren jeden Sommer nach Spanien in Urlaub.

zu:

– immer mit Artikel außer in den Ausdrücken *zu Tisch bitten / zu Bett gehen*
– der Zielpunkt ist eine Person oder ein Institut (Schule, Bank, Post usw.)

Sie ist zu ihren Eltern / zur Post.

in:

– immer mit Artikel
– der Zielpunkt ist ein Land oder eine Gegend mit Artikel oder ein Erholungsort; auch in Ausdrücken wie *ins Büro gehen / ins Krankenhaus einliefern / in die Stadt fahren / in eine größere Wohnung umziehen*
– Manchmal ist sowohl **in** wie auch **zu** möglich: *in die / zur Kirche ; in die / zur Schule*

Berufshalber muß er oft ins Ausland / in die Schweiz.
Heute abend gehen wir ins Konzert / in die Oper / ins Kino.

auf:

– immer mit Artikel
– der Zielpunkt ist eine Insel

Sie fliegen jedes Jahr auf die Kanarischen Inseln in Urlaub.

– in einigen Ausdrücken als Variante für **zu**: *auf die / zur Universität*

an:

– immer mit Artikel
– der Zielpunkt ist ein Fluß, ein Ufer, eine See, ein Meer

Wir fahren diesen Sommer ans Mittelmeer.

Ter vertaling in het Duits

1 Volgens mij moeten we hier naar links.
2 Komt u goed en veilig thuis!
3 Dat is uilen naar Athene dragen.
4 De kleinkinderen gingen erg graag naar hun grootouders op bezoek.
5 Wil ik een taxi opbellen om u naar het station te brengen?
6 Volgende week gaat het jammer genoeg niet, want dan moet ik naar de beurs in Frankfurt.

7 Haar huisarts stuurde haar naar een specialist.
8 Excuseer, maar ik ben gehaast, want ik moet nog naar de apotheek, naar de bank en naar de supermarkt.
9 Ze hebben al een zoon en een dochter die naar de universiteit gaan.
10 Ze rijdt iedere morgen met een collega mee naar het station.
11 Voor zijn beroep moet hij geregeld naar het buitenland, o.a. naar Turkije en naar Irak.
12 In januari gaan we op skivakantie naar Zwitserland of naar Oostenrijk, we weten het nog niet juist.
13 Na de opening van de grenzen konden de Oostduitsers voor het eerst sinds de bouw van de Berlijnse Muur ongehinderd naar het Westen reizen.
14 Volgende zomer zouden we naar de Verenigde Staten op reis willen gaan.
15 In dat lange weekend gaan we voor een paar dagen naar Nederland.
16 In zijn studententijd was hij een echte filmfan en ging hij iedere week minstens één keer naar de bioscoop.
17 Ik ga vanavond met een paar buitenlandse klanten naar de opera.
18 Ze gaan ieder weekend naar de discotheek.
19 Om in te kopen gaan we het liefst naar stad.
20 Nu ze een kind hebben, zouden ze naar een grotere flat willen verhuizen.
21 De chauffeur werd met zware verwondingen naar het ziekenhuis gebracht.
22 Ook veel Fransen gaan ieder jaar naar de Provence op reis.
23 Ik moet nog eens kort naar mijn bureau, maar om zeven uur ben ik weer thuis.
24 We zijn nog nooit naar het eiland Cyprus op reis gegaan.
25 Ze gaan al jaren iedere zomer op vakantie naar de Middellandse Zee.
26 Met Pinksteren gaan veel Duitsers voor een paar dagen naar de Oostzee of naar de Noordzee.
27 Volgend weekend maken we een uitstapje van een paar dagen naar de Rijn.
28 Ik was graag naar dat concert gegaan, maar er waren geen kaarten meer.
29 In de paasvakantie willen we naar Toscanië.
30 We gaan een week naar Griekenland en dan nog een week naar het eiland Rhodos.

volgens (274): **187**

nach:

– nach jemands Meinung, Ansicht:

meiner Meinung/Ansicht nach – nach meinem Dafürhalten

– nach einem bestimmten Muster oder Vorbild:

nach dieser Theorie / nach der letzten Mode / nach altem Brauch

zufolge: für Nachrichten: *der britischen Presseagentur Reuter zufolge*

gemäß / entsprechend: in Übereinstimmung mit: *Ihrem Wunsch gemäß*

laut: Amtssprache; vor allen Dingen in festen Wendungen wie *laut Vertrag*

Ter vertaling in het Duits

1 Volgens mij is deze mogelijkheid uitgesloten.

2 Volgens de meeste Duitse ondernemers is de opleiding aan de universiteit vaak veel te theoretisch en niet genoeg op de praktijk gericht.
3 Volgens de eerste minister is de veiligheid van de burgers naast de tewerkstelling een van de grootste uitdagingen voor de volgende jaren.
4 Volgens experts moet er bij de politie nog veel meer worden geïnvesteerd in communicatietechnologieën.
5 Wat moet er dan volgens u gebeuren?
6 Ze hecht veel belang aan haar uiterlijk en ze is ook altijd volgens de laatste mode gekleed.
7 Ik heb de indruk dat u volgens alle regels van de kunst bedrogen werd.
8 Het verliep allemaal volgens plan.
9 Volgens de kranten zou er in de hoofdstad de hele nacht geschoten zijn.
10 We zullen de bestelling volgens uw wensen uitvoeren.

3 Voorzetsels met accusatief of datief (275-287)

Folgende neun Präpositionen stehen je nach der Bedeutung mit Akkusativ oder Dativ:

an, auf, hinter, in, neben, über, unter, vor, zwischen.

Die Bedeutung des Verbs bestimmt die Wahl zwischen Akkusativ oder Dativ:

1) In **lokaler** Bedeutung: bei Zustand Dativ (ein Dasein), bei Richtung Akkusativ (ein Dakommen).

Die Bedeutung Zustand oder Richtung hängt von der Bedeutung des Verbs (im Infinitiv) ab. Das Tempus spielt keine Rolle. Es spielt auch keine Rolle, ob die Bedeutung buchstäblich oder übertragen ist.

Sie wohnt seit Jahren im Ausland. ~ Die Polizei geht davon aus, daß der Betrüger sich ins Ausland abgesetzt hat.
Es steht sehr viel Geld auf dem Spiel. ~ Er setzte noch mal alles aufs Spiel.
Der Präsident muß über den Parteien stehen. ~ Freudentränen liefen ihr über die Wangen.

2) Die Präpositionen **an, in, vor** stehen in **zeitlicher** Bedeutung immer im Dativ.

am Wochenende / in zwei Jahren / vor nicht so ganz langer Zeit

3) Die Präpositionen **auf, über** stehen in **nichtlokaler** Bedeutung immer im Akkusativ.

Wir freuen uns auf den Urlaub. / Sie regte sich über den Ärger mit dem Chef fürchterlich auf.

188

Hauptregeln (276-278):

Ter vertaling in het Duits

1 Dat is het belangrijkste aan de hele zaak.
2 Aan welke universiteit hebt u gestudeerd?
3 Op dezelfde plaats is er twee maanden geleden ook al een zwaar ongeluk gebeurd.
4 Trier is de oudste Duitse stad en ligt aan de Moezel.

5 Het ligt niet aan mij dat de zaak mislukt is.
6 Tijdens het gerechtelijk onderzoek kwamen almaar nieuwe feiten aan het licht.
7 Wie op de beurs speculeert, moet goeie zenuwen hebben.
8 Ogenblikje, a.u.b., u komt zo aan de beurt.
9 Wie is er nu aan de beurt?
10 Die luide muziek werkt me op de zenuwen.
11 We houden de ontwikkelingen op de markt nauwlettend in het oog en een van onze troeven is dat we flexibel op nieuwe trends kunnen reageren.
12 Ook al ging hij op zijn kop staan, ik wil niets meer met hem te maken hebben.
13 We zullen dat thema op de jaarvergadering bespreken.
14 Ik heb alleszins nog 20.000 frank op mijn rekening staan.
15 Gelieve het bedrag op mijn postrekening over te schrijven.
16 Het hele personeel stond als één man achter de baas.
17 De dieven waren heel professioneel te werk gegaan en hadden de safe die zich achter zijn bureau bevond, leeggeroofd.
18 De vergadering vond achter gesloten deuren plaats.
19 Ik zou graag eens een blik achter de schermen werpen.
20 Mijn secretaresse zal die stukken tegen morgen in het Engels vertalen.
21 De onderneming heeft erg veel tijd en energie in het nieuwe model geïnvesteerd.
22 Iedereen had de advertentie in de krant gezien.
23 Ze verblijft momenteel voor zaken in het buitenland.
24 We exporteren de helft van onze produktie naar de Verenigde Staten.
25 Naast de eigen binnenlandse zenders ontvangen we ook Franse, Nederlandse, Engelse, Duitse, Spaanse en Italiaanse zenders.
26 Op het marktplein vind je het ene restaurant naast het andere.
27 Ze legde het postcodeboek naast de telefoongids.
28 De werkloosheid in de nieuwe deelstaten ligt ver boven het gemiddelde van de Bondsrepubliek.
29 De conciërge woont met zijn gezin in een appartement boven het bureau van de directeur.
30 Hij stond onder zware financiële druk en op de duur waren de moeilijkheden hem boven het hoofd gegroeid.
31 Ik zou het schilderij boven de piano hangen, daar komt het het best tot zijn recht.
32 's Nachts daalde de temperatuur onder het vriespunt.
33 Onder deze omstandigheden pas ik.
34 Het bekende verhaal: geld en vrouwen, in deze volgorde. Er is niets nieuws onder de zon.
35 De taxi reed tot voor de ingang van de concertzaal.
36 Op het gazon voor het hoofdgebouw staat een modern beeldhouwwerk.
37 Ze parkeerde haar auto voorzichtig tussen twee andere.
38 Tussen de regels kon je lezen wat de commentator van het geval dacht.
39 Tussen de Japanse en Europese autoconstructeurs heerste een sterke concurrentie.
40 Beide partijen wezen het voorstel resoluut van de hand en zo zat de onderhandelaar tussen twee stoelen.
41 Wat doen uw kinderen zo allemaal in het weekend?
42 Op 1 juli gaat hij met pensioen.
43 Op haar verjaardag heeft ze haar collega's van de afdeling op champagne getrakteerd.
44 In oktober verhuizen we naar onze nieuwe vestiging.
45 Ik heb me enige tijd geleden al eens met hetzelfde verzoek tot u gewend, maar ik heb nog altijd geen antwoord gekregen.
46 Ik zou niet reageren op die kritiek.

47 Het antwoord op die vraag ligt voor de hand.
48 Nu we een oplossing gevonden hebben, kom ik niet meer op dat geval terug.
49 De beslissing over die belangrijke investering valt volgende maandag op de vergadering van de bestuursraad.
50 Ik heb lang over de zaak nagedacht en u mag me niet kwalijk nemen dat ik op mijn rechten sta.
51 Onder het hotel bevond zich een parkeergarage voor de gasten.
52 Ze viel onmiddellijk met de deur in huis.
53 Ze stond onder tijddruk en keek voortdurend op haar horloge.
54 Haar verjaardag valt op een zaterdag.
55 Ze liet zich niet intimideren en keek hem recht in de ogen.
56 Wegens zijn onverantwoordelijk gedrag heeft de baas hem op de vingers getikt.
57 De zaak lag erg gevoelig en daarom legde hij ieder woord op een goudschaaltje.
58 De politie is die zaak heel toevallig op het spoor gekomen.
59 Maakt u vooral niet de fout de zaak te licht op te nemen.
60 Ze hield haar hand voor haar mond zodat je ze moeilijk kon verstaan.

189 liegen – legen (279):

Ter vertaling in het Duits

1 De overwinning heeft lange tijd aan een zijden draadje gehangen.
2 Het faillissement hing al een tijd in de lucht want er waren geruchten dat hij tot aan zijn hals in de schulden stak.
3 Ik ken hem al lang en ik wil mijn hand voor hem in het vuur leggen.
4 Dat project ligt me na aan het hart.
5 Ik heb niets te verbergen, dat is niet mijn stijl, en ik wil mijn kaarten open op tafel leggen.
6 De beleggingsadviseur had het geld van zijn klanten in zijn eigen zak gestoken en vertrok met de noorderzon.
7 Toentertijd stak de automatisering nog in de kinderschoenen.
8 Bij de bespreking stonden er vooral financiële belangen op de voorgrond.
9 In het verslag stelde hij vooral zijn eigen prestaties op de voorgrond.
10 Dat artikel is bijzonder goed gedocumenteerd. Hij moet informanten hebben die aan de bron zitten.
11 Zijn schuldeisers zetten hem het mes op de keel.
12 Het heeft geen zin het hoofd in het zand te steken, we moeten de realiteit onder de ogen zien.
13 De verhandelingen verliepen erg moeizaam want er stonden grote belangen op het spel.
14 Het ziet ernaar uit dat we op het verkeerde paard gewed hebben.
15 We hebben niets meer te verliezen en daarom hebben we nog eens alles op het spel gezet.
16 Ik vind dat u de feiten verdraait.
17 Mag ik eerst even de bloemen in een vaas zetten?
18 De kranten hebben zijn omstreden optreden aan de kaak gesteld.
19 We hebben al erg veel geld en energie in die zaak gestoken.
20 Het is duidelijk dat de partij sinds die zware verkiezingsnederlaag in een diepe crisis steekt.

Verben mit fester Präposition vor/an/in (280-282): 190

Ter vertaling in het Duits

1 Wie bang is voor zijn concurrenten, is al voor de helft verloren.
2 De banken hadden hem voor die riskante belegging gewaarschuwd.
3 Toen zijn voorstellen afgewezen werden, werd hij rood van woede.
4 Ik denk daarbij in de eerste plaats aan de goede reputatie van onze firma.
5 Zijn secretaresse herinnert hem regelmatig aan zijn afspraken.

6 Nederland grenst in het noorden aan de Noordzee, in het oosten aan de Bondsrepubliek en in het zuiden aan ons land.
7 Wie zich niet aan de voorschriften houdt, loopt vroeg of laat tegen de lamp.
8 Voor een betrouwbare expertise wendt u zich het best tot een erkend expert.
9 We hebben een grondig marktonderzoek laten uitvoeren en we geloven in onze zaak.
10 Ook verscheidene Duitse firma's zijn bij dat project betrokken.
11 Het werkklimaat is uitstekend. De baas laat zijn medewerkers in de winst delen.
12 De kritiek op zijn beleid stoorde hem niet.
13 Sommige klanten zijn nooit tevreden en hebben op alles iets aan te merken.
14 Vooral in de bouw is er een groot tekort aan geschoolde arbeiders.
15 Na dat dramatische ongeluk leed ze lang aan een zware depressie.
16 Aan de beurs namen opvallend veel exposanten uit de Oosteuropese landen deel.
17 Je mag niet aan jezelf twijfelen.
18 In de krant stond dat er op zijn minst twee Duitse ondernemingen in een overname geïnteresseerd waren.
19 Op het secretariaat van de algemeen directeur wordt koortsachtig aan het jaarverslag gewerkt.
20 Op de persconferentie vertaalde een tolk de vragen van de journalisten uit het Frans in het Duits.
21 Je mag hem niet kwalijk nemen dat hij haar verdedigt, want hij is tot over zijn oren verliefd op haar.
22 Hij was in zijn krant verdiept en had niet gehoord wat ze gevraagd had.

23 Voor de enquête werden de ondervraagde personen in vier verschillende inkomensgroepen verdeeld.
24 In de huurprijs zijn ook de nevenkosten inbegrepen.
25 We hebben ons inderdaad in de marktmogelijkheden grondig vergist.
26 Ze wist heel goed dat haar nog heel wat moeilijkheden te wachten stonden.
27 We hebben vertrouwen in de toekomst.
28 Na zijn studie heeft hij zich als huisarts in zijn geboortestad gevestigd.
29 Hoe lang bent u nog aan het contract gebonden?
30 Hij was in zijn gedachten verzonken.
31 De Moezel mondt bij Koblenz uit in de Rijn.
32 Het toestel kwam met een paar minuten vertraging in de Engelse hoofdstad aan.
33 In het Westen groeit de bezorgdheid voor het milieu.
34 Dat is geen objectief verslag, want de journalist houdt zich niet aan de feiten.
35 In het begin hadden we te veel respect voor de reputatie van onze tegenstrever, maar ons zelfvertrouwen groeide door het succes.

191 **auf / über (283-287)**

Ter vertaling in het Duits

1 Als ze in het openbaar moet spreken, let ze erg op haar taalgebruik.
2 We hebben een heel onaangename discussie gehad en maanden later was ze nog altijd kwaad op me.
3 Hoe heeft hij op ons voorstel gereageerd?
4 De baas weet dat hij zich op zijn medewerkers kan verlaten.
5 Ik heb u dat in vertrouwen gezegd en ik reken op uw discretie.
6 We zijn in geen geval bereid u nog eens uitstel van betaling te verlenen.
7 De onderhandelingen over de ontslagen werden naar volgende week verschoven.
8 Je hoeft je niet te haasten, ik wacht hier op de bank op je.
9 Op die manier willen we onze concurrentiepositie verbeteren.
10 Laten we het glas heffen op een vruchtbare samenwerking tussen onze ondernemingen!
11 Het is dag op dag vijf jaar geleden.
12 Honderden journalisten wachtten in de perszaal op het einde van de vergadering.
13 De kansen op een spoedig einde van de staking zijn weer gestegen.
14 De slechte resultaten hebben de druk op de directie nog versterkt.
15 Laat ik me tot de belangrijkste punten beperken.
16 Als gewiekst koopman is hij natuurlijk in de eerste plaats op zijn voordeel uit.
17 We hebben de laatste drie jaar veel geld besteed aan de modernisering van onze machines.
18 Onze huisbank is altijd bereid inlichtingen over onze onderneming te verstrekken.
19 We beschikken over nog andere sterke troeven.
20 We hechten grote waarde aan een goede klantendienst. De eerste contacten met een nieuwe klant verlopen via de verkoop, maar daarna altijd via de klantendienst.
21 Op de bestuursvergadering bracht de directeur verslag uit over de stand van de onderhandelingen met de vakbonden.
22 Verschillende ondernemingen uit de branche hebben zich over de concurrentievervalsing beklaagd.
23 Laten we de discussie over dat thema hiermee sluiten.
24 We zijn het heel snel eens geworden over de prijs.
25 De ontgoocheling onder de werknemers over het bereikte compromis was erg groot.
26 Ik kan jammer genoeg uw enthousiasme over die nieuwe regeling niet delen.

27 Zelfs de grootste optimisten waren verwonderd over het gigantische succes van die reclameactie.
28 Beide partijen hebben over alle twistpunten een overeenkomst bereikt en moeten nu alleen nog over de details van het contract onderhandelen.
29 Als iedereen op zijn rechten staat, is een akkoord over deze zaak gewoon onmogelijk.
30 Verschillende ploegen hebben de laatste jaren boven hun stand geleefd en betalen daar nu de prijs voor.
31 Toen de politie bij de overvallen bank aankwam, waren de gangsters er allang vandoor.
32 Het gaat mijn verstand te boven dat hij met niemand over zijn moeilijkheden gesproken heeft.
33 Vorig jaar was een moeilijk jaar, maar we hebben gelukkig het ergste achter de rug.
34 Karel de Grote heerste over een groot rijk.
35 Op de vergadering werd lang gediscussieerd over het nut van deze maatregelen.
36 Ze ergerde zich vooral over zijn onbeleefdheid en zijn gebrek aan stijl.
37 Om een onbekende reden heeft de chauffeur de controle over zijn voertuig verloren.
38 Toen ze volledig onverwacht haar ontslag kreeg, sloeg ze de handen boven het hoofd samen van pure wanhoop.
39 Sinds meer dan twee jaar heb ik niets meer van ze gehoord.
40 Het gaat om een investering van meer dan een miljoen mark.

4 Voorzetsels met genitief (288-289)

Ter vertaling in het Duits 192

a) Allgemeines (288)

1 Gelet op het grote tekort van de overheid moet de regering gepaste maatregelen treffen.
2 Aan de hand van die statistische gegevens kunnen we onze strategie voor de volgende jaren bepalen.
3 Naar aanleiding van het honderdjarig jubileum van de firma vond er een groot feest voor alle klanten plaats.
4 In plaats van een nieuwe wagen heeft hij een nieuwe computer gekocht.
5 Op grond van een sterke eerste helft is de overwinning van de bezoekers verdiend.
6 Dat valt buiten mijn bevoegdheid.
7 Buiten de kantooruren is hij voor dringende gevallen onder zijn privé-nummer bereikbaar.
8 Dankzij de inspanningen van de laatste jaren zijn we nu beter gewapend voor de toekomst.
9 Tengevolge van de groeiende concurrentie zijn de prijzen aanzienlijk gedaald.
10 Er zijn al enkele tijd sociale spanningen binnen het bedrijf.
11 Het hotel ligt niet ver van de autoweg.
12 In plaats van het beloofde mooie weer kregen we de hele dag regen en wind.
13 Ondanks onze herhaalde aanmaningen hebben ze nog altijd niets van zich laten horen.
14 Tijdens de besprekingen ging het hard tegen hard.
15 Wegens het gevaar voor inflatie werden de rentevoeten opnieuw verhoogd.
16 Ik wil weten hoeveel de prijs inclusief alle onkosten bedraagt.

17 Dat is de kale huur, d.w.z. de huurprijs exclusief de kosten voor elektriciteit, verwarming, algemene kosten.
18 Ook van de kant van de ondernemers bestond er sterke interesse voor dat project.

b) Dativ oder Genitiv (289)

19 De rechter moest de beklaagde bij gebrek aan bewijzen vrijspreken.
20 Aan de hand van vingerafdrukken kon de dader geïdentificeerd worden.
21 Iedereen is het wachten nu beu en de beslissing moet binnen twee dagen vallen.
22 Het restaurant is nog de hele maand wegens verbouwing gesloten.
23 Ondanks alles mogen we nog van geluk spreken.
24 Ik zou u dan ook nog eens wegens iets anders willen spreken.
25 Op grond van getuigenverklaringen kon de dader aangehouden worden.

193 Wiederholungsübung: Ergänzen Sie

Verschmelzung von Präposition und bestimmtem Artikel:

In allgemeiner Bedeutung und in stehenden Wendungen gibt es in der Standardsprache bei folgenden Präpositionen Verschmelzungen zwischen Präposition und bestimmtem Artikel im Akkusativ und im Dativ:

ans, aufs, durchs, fürs, ins, ums
am, beim, im, vom, zum, zur.

Ich glaube dir aufs Wort. / Der Apfel fällt nicht weit vom Stamm.
am Samstag / beim Arzt / im Sommer / vom Hörensagen / zum Markt

Es gibt noch weitere umgangssprachliche Verschmelzungen (z.B. übers), die aber in stehenden Wendungen auch standardsprachlich vorkommen:

Er konnte es nicht übers Herz bringen, es ihr zu sagen.

1 Seine Kollegen haben ihn mit seiner neuen Freundin ganz schön auf d__ Arm genommen.
2 Bei der Pleite seiner Firma ist der Geschäftsmann mit ein__ blau__ Auge davongekommen.
3 Das Geld kann ich mir doch nicht einfach aus d__ Ärmel schütteln.
4 Sie wollte nicht auf d__ Rat ihrer Eltern hören und rannte mit offen__ Augen in__ Unglück.
5 Sie sollten die Arbeit lieber nicht auf d__ lang__ Bank schieben.
6 Darf ich gleich mit d__ Tür in__ Haus fallen?
7 Drehen Sie doch nicht wie die Katze um d__ heiß__ Brei herum, und nennen Sie das Kind gleich bei__ Name__ .
8 Sie war sehr verärgert und hielt mit ihr__ Meinung nicht hinter__ Berg.
9 Der Überfall wurde erst morgens entdeckt, und bis dann waren die Bankräuber längst über all__ Berg__ .
10 Die ersten Jahre nach d__ Gründung des Geschäfts waren recht schwierig, aber jetzt sind sie über d__ Berg.
11 Bei d__ Debatte nahm sie kein Blatt vor d__ Mund.
12 Die Nachricht von seiner Kündigung traf mich wie ein Blitz aus heiter__ Himmel.
13 Das geht mir ein bißchen zu langsam, ich werde mal etwas Dampf hinter d__ Sache machen.

14 Es scheint, daß er nächstes Jahr in d__ Ruhestand tritt. – Das weiß ich nicht, ich werde mal bei ihm auf d__ Busch klopfen.
15 Es ist doch ganz offenkundig, daß die beiden unter ein__ Decke stecken.
16 Ich bin sehr mißtrauisch, das ist mein__ Meinung nach nicht mit recht__ Ding__ zugegangen.
17 Ihr Umsatz beträgt über d__ Daumen gepeilt 5 Millionen Mark.
18 Wollen Sie nicht mal ein gutes Wort *(voor me)* __ einlegen?
19 Die Polizei tappte lange Zeit völlig *(in het duister)* __ .
20 Trotz sein__ hoh__ Alter__ hält er immer noch alle Fäden fest in d__ Hand.
21 Als er den Brief las, fuhr er aus d__ Haut *(van woede)* __ .
22 Ich habe auf eigen__ Faust gehandelt und nehme denn auch alle Folgen auf mein__ Kappe.
23 Es wird so allmählich an d__ Zeit, daß wir mal mit d__ Faust auf d__ Tisch schlagen, sonst wird der Bau vor d__ Winter nicht mehr fertig.
24 Der Redner ließ sich durch d__ Zwischenrufe nicht aus d__ Fassung bringen.
25 In Bars warf er sein Geld zu__ Fenster hinaus, um den anderen Gästen zu imponieren.
26 Ich kann es nicht leiden, daß jemand mir auf d__ Finger sieht.
27 Bei der ersten Schwierigkeit hat er gleich die Flinte in__ Korn geworfen.
28 Sie haben sich wieder mal danebenbenommen, es ist die höchste Zeit, daß ich mal deutsch *(met ze)*__ rede.
29 Er ist berufstätig und steht also auf eigen__ Füße__ .
30 *(Bij gebrek aan bewijzen)* __ mußte der Festgenommene wieder auf frei__ Fuß gesetzt werden.
31 Er steht mit d__ Chef auf gut__ Fuß.
32 Ich habe auf__ Geratewohl *(bij hen)* __ mal vorbeigeschaut, und zum Glück waren sie zu Hause.
33 Es war zu erwarten, daß sie ihm mit gleich__ Münze heimzahlen würde.
34 Dieses Argument ist wirklich an d__ Haare__ herbeigezogen.
35 Wenn man telefoniert, sollte man immer Papier, Kugelschreiber und alle nötigen Unterlagen zu__ Hand haben.
36 Bei__ Kauf dieses Gebrauchtwagens wurde ich mächtig über__ Ohr gehauen.
37 Moment! Du darfst mir die Worte nicht i__ Mund herumdrehen.
38 Jahrelang hat er die Banken durch sein__ Charme an d__ Nase herumgeführt, bis er eines Tages dann doch erwischt wurde.
39 Wegen ihr__ falsch__ Behauptungen habe ich noch ein Hühnchen *(met ze)* __ zu rupfen.
40 Sie können nicht immer nur den anderen schuld an all__ geben, Sie sollten sich auch mal an d__ eigen__ Nase fassen.
41 Unter d__ Junior ist die Firma innerhalb einig__ Jahre auf d__ Hund gekommen.
42 Ich habe für vieles Verständnis, aber dein gestriges Benehmen geht mir doch über d__ Hutschnur.
43 Es ist verkehrt, alle über ein__ Kamm zu scheren.
44 Er legt jeden Monat ungefähr 10 % seines Gehaltes auf d__ hoh__ Kante.
45 Ich habe die Nase voll, ich lasse mich nicht mehr ständig vor sein__ Karren spannen.
46 Sie verbirgt etwas, sie spielt nicht mit offen__ Karten.
47 Als Kaufmann ist er mit all__ Hunde__ gehetzt, und er ließ sich von d__ Konkurrenz nicht in d__ Karten sehen.
48 Wir haben überhaupt keine Wahl, wir müssen alles auf ein__ Karte setzen.
49 Warum soll ich immer die Kastanien *(voor haar)* __ aus d__ Feuer holen?
50 Meine Bemerkung ist ihm offensichtlich in d__ falsch__ Kehle geraten.
51 Der Angeklagte hatte schon einiges auf d__ Kerbholz, und aus dies__ Grund wurde er zu ein__ länger__ Haftstrafe verurteilt.

52 Lassen Sie sich das noch mal durch d__ Kopf gehen, Sie sollten eine so wichtige Angelegenheit nicht über__ Knie brechen.
53 Alter schützt vor Torheit nicht! Opa hat sich jetzt in d__ Kopf gesetzt, mit sein__ Motorrad in d__ Schweiz zu fahren.
54 Ihre Eltern waren wie vor d__ Kopf geschlagen, als sie von d__ unerwartet__ Heiratspläne__ ihrer Tochter hörten.
55 Ich bin zu dies__ Stelle gekommen, wie die Jungfrau zu__ Kind kommt.
56 Das ist noch ein Mann von echt__ Schrot und Korn. Mit *(hem)* __ kann man Pferde stehlen.
57 Ich glaube, ich stehe noch mit 20 Mark bei *(u)* __ in d__ Kreide.
58 Jetzt ist aber endgültig Schluß! Ich hatte immer sehr große Geduld mit *(hem)* __ , aber eine solche Unverschämtheit geht auf kein__ Kuhhaut.
59 Sie kümmern sich um nichts und leben in d__ Tag hinein.
60 Er kann darüber nicht mitreden, er ist noch gar nicht trocken hinter d__ Ohren.
61 Auf dies__ Weise gießen sie nur Öl in__ Feuer.
62 Nach d__ Examen werden wir kräftig auf d__ Pauke hauen.
63 Während d__ Diskussion i__ Fernsehen haute er all seine Gegner in d__ Pfanne.
64 Nun hat er einen wichtigen Posten in d__ Firma, aber er hat von d__ Pike auf gedient.
65 Seit sie die Firma gewechselt hat, ist sie vom Regen in d__ Traufe gekommen.
66 Die Koalitionsverhandlungen sind in ein__ Sackgasse geraten.
67 Sie hatten ein blühendes Geschäft, und sie haben seit lang__ ihr Schäfchen (op het droge) __ .
68 Irgend jemand muß aus d__ Schule geplaudert haben.
69 An Ihr__ Stelle würde ich die Sache nicht auf d__ Spitze treiben.
70 Für d__ Renovierung des Gebäudes hat die Stadt tief in d__ Tasche greifen müssen.
71 Gegen Ende des Monats sitzen sie finanziell auf d__ trocken__ .
72 Sie brauchen Ihre Sache noch nicht als verloren zu betrachten, denn Sie haben noch alle Trümpfe in d__ Hand.
73 Wir haben keine Wahl, wir werden aus d__ Not eine Tugend machen.
74 Sie sollte lieber vor ihr__ eigen__ Tür kehren, statt über ander__ zu reden.
75 Sie hängt sehr an ihr__ Familie.
76 1969 landeten die Amerikaner *(voor het eerst)*__ auf d__ Mond.
77 Sie mieten über d__ Preis, sie haben zu früh unterschrieben.
78 Die Geschichte darf unter kein__ Umstände__ in d__ Presse kommen.
79 Durch dies__ Erfolg wurde er in all__ Welt berühmt.
80 Durch d__ Wirtschaftskrise sind viele Unternehmen in d__ rot__ Zahlen geraten.
81 Wir können jetzt ruhig die Hände in d__ Schoß legen, jetzt sind zunächst mal die anderen an d__ Reihe.
82 Wir gehen am liebsten in d__ Innenstadt einkaufen.
83 Die Leute nahmen die neuen Maßnahmen der Regierung gelassen zu__ Kenntnis.
84 Mit dieser Kritik hieb er in d__ gleich__ Kerbe wie sein Kollege.
85 Es sieht danach aus, daß ihnen darüber noch langwierige Verhandlungen in__ Haus stehen.
86 Seit d__ Rationalisierungsmaßnahmen sind wir wieder in d__ schwarz__ Zahlen.
87 Die Überfaller hatten sich hinter d__ Busch versteckt.
88 Sie fiel mir ständig in__ Wort.
89 Den meisten Unternehmen aus d__ Branche bläst weltweit der Wind heftig in__ Gesicht.
90 Die Partei steht vor ein__ neu__ Zerreißprobe.

Hoofdstuk IX: VOEGWOORDEN

Voegwoorden en voorzetsels (290): 194

Ter vertaling in het Duits

1 We kunnen niet anders dan wachten tot onze aanvraag goedgekeurd wordt.
2 Sinds de recessie begon, hebben al veel mensen hun werk verloren.
3 Terwijl de meeste aandelenkoersen daalden, stegen zowel in de VS als in Europa de intrestvoeten.
4 Sinds de grenzen in Europa geopend zijn, hebben veel Westeuropese ondernemingen in het Oosten geïnvesteerd.
5 Terwijl de meeste concurrenten in de branche over de zwakke gang van zaken klagen, is de omzet bij die Japanse firma met 10 % gestegen.
6 Sinds die wet aangenomen werd, hebben almaar meer mensen hun geld in aandelen belegd.
7 Terwijl de staking onverminderd voortduurde, onderhandelden de directie en de vakbonden over een akkoord.
8 Sinds die krant een jaar geleden door een concurrent overgenomen werd, maakt ze weer winst.
9 We moeten nog wat geduld hebben tot de nieuwbouw klaar is.
10 Tijdens die stage in het buitenland heb ik veel bijgeleerd.

als / wenn (292) 195

Ter vertaling in het Duits

1 Toen ze in München studeerde, huurde ze daar een kamer.
2 Net toen ik een advocaat wilde inschakelen, hebben we het conflict in der minne geregeld.
3 Hoe reageert u als u onder druk staat?

4 Die speciale korting geldt alleen als u voor 1 december bestelt.
5 Als we de zaak objectief bekijken, dan was uw beslissing volkomen gerechtvaardigd.
6 Ze was 22 toen ze trouwde.
7 Toen het bedrog ontdekt werd, werd hij op staande voet ontslagen.
8 Iedere keer als hij gedronken heeft, wordt hij een onaangenaam mens.
9 Als je op de beurs speculeert, moet je je door een beleggingsadviseur laten adviseren.
10 Toen ik gisteren belde, was het hotel volgeboekt.

196 als / wie in Vergleichen (294)

Ter vertaling in het Duits

1 Het tekort op de Amerikaanse handelsbalans was groter dan verwacht.
2 Het is zogoed als zeker dat er een nieuwe directeur benoemd wordt.
3 Als jongen droomde hij al van een baan als journalist.
4 Als afdelingsleider is hij daarvoor verantwoordelijk.
5 Na korte tijd al bleek die investering een flop te zijn.
6 Ze geldt als een bijzonder betrouwbare collega.
7 Als collega sinds vele jaren beschouw ik het als mijn taak u voor deze intriges te waarschuwen.
8 We willen in de toekomst onze positie als marktleider handhaven.
9 Als kind gold ze al als hoogbegaafd en ze droomde toen al van een carrière als zangeres.
10 Profvoetballers gedragen zich vaak als verwende kinderen.
11 Die twee leven als kat en hond.
12 Sinds die affaire is zijn reputatie als betrouwbaar politicus voorbij.
13 Het artikel in de krant is als een bom ingeslagen.
14 Als bij wonder kwam de chauffeur er met een paar kneuzingen van af.
15 Zoals we verwacht hadden, liep alles van een leien dakje.

197 denn / weil (294)

Ter vertaling in het Duits

1 Omdat de firma haar 50-jarig jubileum viert, wordt een extra dividend uitgekeerd.
2 We kunnen onmogelijk alle kandidaten uitnodigen, want er kwamen niet minder dan vijfhonderd sollicitatiebrieven voor die ene baan binnen.
3 De handel rekent dit jaar met een minus van 3 tot 5 procent, want door de belastingverhogingen zijn de netto-inkomens reëel gedaald.
4 Ze was ervan overtuigd dat ze zou winnen want ze had zich heel goed voorbereid.
5 De staking duurt voort, want de onderhandelingen hebben niets opgeleverd.
6 Ik zou eerst wat willen eten, want ik heb honger gekregen.
7 Ze maakt een goede kans de baan te krijgen, want ze heeft tijdens haar opleiding stage gelopen in het bedrijf.
8 Natuurlijk ben ik ontgoocheld, want ik had gehoopt dat het dit keer zou lukken.
9 De politie wil de controles verscherpen, want bij weekendongevallen is er vaak alcohol in het spel.
10 Wil ik u over een halfuur eens terugbellen, want ik heb nu geen tijd?

Ter vertaling in het Duits 198

a) alvorens te / door te / na te + infinitief (295)

1 We hebben veel geld gespaard door zelf een deel van het werk te doen.
2 Door zelf het initiatief te nemen, heeft ze de zaak tot een goed einde gebracht.
3 Alvorens op reis te vertrekken, liet hij zijn wagen in de garage geheel reviseren.
4 Door stage te lopen in een Duitse onderneming, verbeterde ze haar taalkennis.
5 Door altijd op alles kritiek uit te oefenen, gold hij als een moeilijk mens.
6 Na alle aanbiedingen onderzocht te hebben, moeten we nu een beslissing nemen.

b) aber / sondern (296)

7 We gaan deze zomer een keer niet naar Oostenrijk, maar naar Zwitserland op vakantie.
8 De bestuursvergadering heeft niet morgen, maar pas overmorgen plaats.
9 We zijn niet met het vliegtuig, maar met de Eurostar naar Londen gereisd.
10 Ik ben wel niet rijk geworden in mijn beroep, maar ik doe het desondanks graag.

c) of (297)

Nach Zeitangaben wie *gerade erst, es dauerte nicht lange, kaum* und nach Ausdrücken wie *Es fehlte nicht viel* verwenden wir *da*:

Es dauerte nicht lange, da kam schon der erste Anruf.
Es fehlte nicht viel, da wäre ich ausgerutscht.

11 We waren nog maar een half uur vertrokken, of we stonden al in de file.
12 Hij was nauwelijks in zijn bureau aangekomen of de telefoon rinkelde al.
13 De wedstrijd was nauwelijks afgelopen of de trainer werd door de journalisten en de fotografen bestormd.
14 Het scheelde niet veel of hij was al zijn geld kwijtgeraakt.
15 Ze had nog maar net de ene fax beantwoord of er kwam al een nieuwe.

wenn / wann (298) 199

Ter vertaling in het Duits

wenn: Konjunktion (Bedingung, falls, Zukunft, immer wenn):

Ich rufe an, wenn ich im Hotel angekommen bin.
Wenn ich in Berlin bin, schaue ich mir gern mal in den Buchhandlungen um.

wann:

a) Fragepronomen in direkten und indirekten Fragesätzen (nach Verben wie *sich erinnern, sich fragen, wissen*):

Wann sind Sie mit ihm verabredet?
Ich weiß noch ganz genau, wann das war.

b) *wann auch / wann immer / wann auch immer:* in einräumender Bedeutung

Ich möchte dabeisein, wann es auch sein mag.

1 Als ik tijd heb, doe ik het vandaag nog.
2 Als je handel drijft met het buitenland, is het raadzaam met een documentair krediet te werken.
3 Als het vliegtuig vertraging mocht hebben, dan mis ik mijn verbinding.
4 Als het dit keer weer niet gelukt was, was ik ermee gestopt.
5 U kunt bij ons in de firma langskomen wanneer u ook wilt. Willen we nu een afspraak maken?
6 Ik herinner me nog heel precies wanneer dat gebeurd is.
7 Als ik me juist herinner, is dat twee jaar geleden ook al eens gebeurd.
8 Ligt het tijdstip al vast wanneer de jaarvergadering plaatsheeft?
9 Wanneer kunt u op zijn vroegst met het werk klaar zijn?
10 Wanneer het ook geweest mag zijn, dat speelt nu geen rol meer.

200 **Allgemeines (299):**

Ter vertaling in het Duits

als daß: dan dat
jetzt, wo: nu dat
je nachdem + ob / wie / wieviel: naargelang, naarmate

1 Alsof we dat niet al lang wisten!
2 Sommige verkopers laten hun klanten niet weggaan vooraleer ze een contract ondertekend hebben.
3 Vooraleer we een standpunt innemen, willen we het geval eerst grondig onderzoeken.
4 Je mag niet wachten tot het te laat is.
5 Daar er door het faillissement niets meer te halen is, moeten de banken die sommen nu wel als verlies afschrijven.
6 In het begin vond iedereen dat hij te grote risico's aanging, en nu dat hij succes heeft, vindt iedereen dat hij geluk gehad heeft.
7 Opdat u mij niet verkeerd zou begrijpen, val ik maar direct met de deur in huis: u hebt nog 50.000 mark schulden bij ons. Wanneer zult u die betalen?
8 Ik zal geld op mijn rekening moeten storten, ik wist niet dat ik rood stond.
9 Ofwel stuurt u ons een gekruiste cheque, ofwel schrijft u het bedrag op onze bankrekening over.
10 Ofwel betaalt u binnen de acht dagen, ofwel brengen we de zaak voor het gerecht.
11 Voor zo'n verre reis heb ik zin noch geld.
12 U moet dan maar met het openbaar vervoer reizen, tenzij u een wagen huurt.
13 Door alles op krediet te kopen, raakte hij al snel in financiële moeilijkheden.
14 Hoe meer je verdient, hoe meer belastingen je moet betalen.
15 Hoe vroeger je met de vertaling begint, hoe vroeger je ermee klaar bent.
16 Naargelang de economische opleving sterker werd, groeide de vrees voor inflatie.
17 Naargelang hij ouder werd, werd hij ook rustiger.
18 Naargelang ik tijd heb of niet, spring ik eens binnen.

19 Doet u ook mee? – Al naargelang.
20 We blijven twee of drie weken, naargelang hoe het ons daar bevalt.
21 Na tien jaar bij de fiscus gewerkt te hebben, is hij als fiscaal adviseur voor zichzelf begonnen.
22 De klant vraagt of we dat model nog in voorraad hebben.
23 Of u dat graag hoort of niet, maar we moeten op de internationale markt onze concurrentiepositie handhaven, daar valt niet aan te ontkomen.
24 Hoewel hij zijn rekening onmiddellijk had laten blokkeren, was er geld van zijn rekening afgehaald.
25 Misschien werd hij opgehouden door klanten of staat hij in de file.
26 Zijn vrouw werkt bij een verzekeringsmaatschappij of zoiets.
27 Sinds ik die aandelen gekocht heb, is de koers ervan met 10 % gedaald.
28 Ze was compleet verrast, zodat ze niet wist hoe ze moest reageren.
29 Voor zover ik weet, zijn de banken morgen gesloten.
30 Zijn prestatie is des te opmerkelijker daar er in de branche een meedogenloze concurrentie heerst.
31 De werkgevers waren het eens met een loonsverhoging op voorwaarde dat de bijkomende loonkosten niet stegen.
32 Terwijl de zon schijnt, willen we nog even op het strand wandelen.
33 Zoals de meeste kranten ook voorspeld hadden, heeft de regering de motie van wantrouwen niet overleefd.
34 Iedereen was benieuwd hoe ze op die nieuwe situatie zou reageren.
35 Niemand gaf hem nog een kans, te meer daar de banken hem geen krediet meer wilden verlenen.

Hoofdstuk X: TELWOORDEN

1 Hoofdtelwoorden

201 **eins of ein (303)**

Ter vertaling in het Duits

1 Dat is niet zo'n groot werk en ze was er één, twee, drie mee klaar.
2 Goed gereageerd! Eén nul voor u.
3 Ze willen weer nummer één worden in de wereld.
4 Ik wed honderd tegen één dat dat niet lukt.
5 De vraagprijs voor de luxevilla bedraagt 1,1 miljoen mark.
6 In de 80e minuut, bij een 1-1 stand, kreeg de thuisploeg een strafschop.
7 Volgens mij komt dat op hetzelfde neer.
8 Om één uur stipt vertrekt onze bus. Weest u dus allemaal stipt!
9 In 1990 won Duitsland de finale tegen Argentinië met 1-0.
10 Ik vermoed dat ik zo tegen enen thuis ben.
11 Op zijn verjaardag ging hij na het werk nog één drinken met een paar van zijn collega's.
12 Om één uur is er nieuws.
13 Over één tot twee weken zullen we meer weten.
14 Dat duurt één tot twee uur, zeker niet langer.
15 We zullen nog een dag of twee geduld moeten hebben.
16 Door het slechte weer gebeurden er in een uur of twee tientallen ongelukken.
17 De prijs voor één en hetzelfde artikel kan vaak sterk uiteenlopen.
18 Het gebeurde allemaal op één en dezelfde dag.
19 Zijn gezin betekende alles voor hem.
20 Hopelijk heeft dat zware ongeluk hem eens voor altijd geleerd dat hij voorzichtiger moet rijden.
21 Dat weet je toch, dat behoort tot het abc van de marketing.
22 Op de basisschool leren de kinderen de maaltafels.
23 We hadden met honderd en één moeilijkheden te kampen.
24 Het was even feeëriek als in de sprookjes uit duizend-en-één-nacht.
25 In dat boek vind je duizend en één anekdoten uit het leven van beroemde mensen.
26 Eén iets is me nog altijd niet duidelijk: waar halen we het geld daarvoor vandaan?
27 Ze hebben één zoon en drie dochters.
28 Een van hun zoons studeert in Berlijn.
29 Een van de directieleden heeft zich van stemming onthouden.
30 Met één iets ga ik niet akkoord.

202 **zweier / zu zweit / die dreißiger Jahre (304-306)**

1 We hebben in deze zaak het unanieme advies van drie onafhankelijke experts gevolgd.
2 Voor de aanwerving van twee nieuwe medewerkers zullen we een beroep doen op een personeelsadviesbureau.
3 Volgens de verklaringen van twee ooggetuigen waren de overvallers met zijn drieën.
4 We zijn dan nog met zijn vieren in een Italiaans restaurant gaan eten.

5 We gaan met zijn vijven naar de Verenigde Staten op reis.
6 We waren met zijn achten en we hadden voor alle zekerheid een tafel gereserveerd.
7 Met de kinderen en kleinkinderen waren ze in totaal met zijn twaalven.
8 De kleinsten kropen op handen en voeten door de woonkamer.
9 In het begin van de jaren zestig namen de Beatles hun eerste plaat op.
10 Tijdens de bewogen jaren dertig vluchtten veel Duitsers voor de politieke willekeur hun land uit.

Telwoorden als zelfstandig naamwoord (307-310) 203

Dutzende / Hunderte / Tausende:

Bei selbständigem Gebrauch mit der Bedeutung "eine unbestimmte Zahl von Dutzenden, Hunderten, Tausenden" werden *Dutzende / Hunderte / Tausende* gebeugt und groß geschrieben:

Zu Tausenden strömten die Zuschauer ins Stadion.
Durch das Glatteis passierten im ganzen Land Dutzende Unfälle.
Es bewarben sich Hunderte Kandidaten um diese Stelle.
Wieviel Zuschauer erwarten Sie? – Einige Tausende.
Die Zahl der Arbeitslosen läuft in die Hunderttausende.

Im Genitiv Plural werden diese Zahlwörter als substantivierte Adjektive gebeugt:

Die heftigen Krawalle hatten die Festnahme Dutzender junger Demonstranten zur Folge.

Bei attributivem Gebrauch in Verbindung mit *einige, mehrere, verschiedene, viele* bleiben *Dutzend / Hundert / Tausend* ungebeugt. Häufig wird auch das klein geschriebene Zahlwort *dutzend / hundert / tausend* verwendet:

Es haben sich mehrere hundert/Hundert Kandidaten beworben.

1 Ze was erg taalbegaafd en voor Duits had ze op school altijd een één.
2 U rijdt eerst met lijn één of lijn twee tot aan het station en daar stapt u over op lijn tien.
3 Op veertigjarige leeftijd is het moeilijk om nog van beroep te veranderen.
4 Hij is wat ouder dan ik, hij moet vooraan in de vijftig zijn.
5 Hoewel hij naar de tachtig loopt, is hij nog altijd erg actief.
6 Velen tipten op de zeven als winnaar.
7 Johan Cruijff speelde altijd met het nummer 14 en de legendarische Pele met het nummer 10.
8 Franz Beckenbauer speelde 103 wedstrijden in het nationale elftal.
9 Na zijn spectaculaire verkiezingsoverwinning werd de oppositieleider door tientallen binnen- en buitenlandse journalisten geïnterviewd.
10 De politie heeft tientallen gewelddadige betogers gearresteerd.
11 Het aantal slachtoffers van de oplichter liep in de tientallen.
12 Daarvan gaan er dertien in een dozijn.
13 In de loop der jaren heeft het terroristische geweld in dat land honderden onschuldige slachtoffers geëist.
14 De kosten voor de herstelling lopen in de duizenden.
15 Bij duizenden maakten de klanten van die uiterst gunstige speciale aanbieding gebruik.

16 Op onze stand kregen we gemiddeld enkele honderden bezoekers per dag.
17 Totnogtoe hebben enkele tientallen mensen klacht ingediend bij de politie.
18 Volgens de politie heeft de dievenbende enkele tientallen inbraken op haar kerfstok.
19 Voor enkele tienduizenden burgers betekende de nieuwe regeling een streep door de rekening.
20 Schalke O4 heeft duizenden aanhangers in het Roergebied.
21 Door de besparingsmaatregelen verloren enkele honderden mensen hun baan.
22 De goede resultaten danken we in de eerste plaats aan de inzet van duizenden enthousiaste medewerkers op alle niveaus.
23 De boze reacties van tientallen bedrogen klanten spraken boekdelen.
24 Aan de betoging namen maar een paar honderd mensen deel.
25 Er hebben enkele honderden kandidaten gesolliciteerd, maar we zullen er maar een paar tientallen uitnodigen voor een gesprek.
26 Ik schat dat er een honderdtal mensen in de zaal waren.
27 Bij het samentellen moet je de duizendtallen, de honderdtallen, de tientallen en de eenheden mooi onder elkaar schrijven.
28 Die herstelling zal me gauw enkele briefjes van duizend kosten.
29 Zij is voorin de veertig en haar vader is al ver in de tachtig.
30 Op de kermis stond er ook een achtbaan.
31 Zowel in de vier met stuurman als in de acht wonnen de Duitsers een gouden medaille.
32 De Française behaalde de overwinning in de skiff.
33 We hebben in groepen van vier gewerkt.
34 De stad New York heeft meer dan 7 miljoen inwoners.
35 De kosten voor het project bedroegen twee miljard mark.
36 De luxevilla werd voor 1,1 miljoen mark verkocht.
37 Ik had met anderhalf miljoen frank gerekend, maar uiteindelijk kostte de hele verbouwing me twee miljoen.
38 Er hebben een tiental mensen opgebeld voor die kamer.
39 Er waren maar een duizendtal toeschouwers.
40 Om te vermijden dat nog eens duizenden werknemers zouden moeten worden ontslagen, werd de vierdaagse werkweek met loonverlies ingevoerd.

204 anderthalb / jaartallen / uurtijd / Idiomatisches (311-314)

Ter vertaling in het Duits

1 Onze nieuwe gebouwen moeten over anderhalf jaar klaar zijn.
2 De bouwwerken hebben door het faillissement van de bouwheer twee en een half jaar aangesleept.
3 De eerste Olympische winterspelen vonden in 1928 in het Franse skioord Chamonix plaats.
4 ’s Middags om één uur is er nieuws op de televisie.
5 De vergadering begint om halfdrie.
6 We zijn al om kwart over vijf in ons hotel aangekomen.
7 Er is een bus om vijf over acht, om vijf voor halfnegen en om tien over halfnegen.
8 De Olympische spelen vinden om de vier jaar plaats.
9 De rekeningen worden in viervoud opgemaakt.
10 De meervoudige wereldkampioen won zoals verwacht op een overtuigende manier.
11 Het origineel is voor mij en het afschrift mag u houden.
12 De Duitsers wonnen het dubbelspel.

13 Om het halfuur rijdt er een trein.
14 Ik heb het hem al wel honderd keer gezegd, maar hij wil niet luisteren.
15 Tweeverdieners betalen hoge belastingen.

2 Rangtelwoorden

205

Ter vertaling in het Duits (315-319)

1 De achtste juli vertrekken we op vakantie naar Frankrijk.
2 Hendrik de Achtste was van 1509 tot 1547 koning van Engeland.
3 De opstand van de Gentenaars in 1538 werd door keizer Karel de Vijfde onderdrukt.
4 Hij werd achtste in de olympische finale, op de vorige Olympische spelen werd hij nog derde.
5 Volgend jaar viert de firma haar honderdste verjaardag.
6 Zijn toespraak was moeilijk om volgen, want hij sprong van de hak op de tak.
7 Op 3 oktober 1990 werd Duitsland officieel herenigd.
8 Het is zijn vijftigste wedstrijd voor de nationale ploeg.
9 We verwachten een beslissing voor de vijftiende van deze maand.
10 Als twee honden vechten om een been, loopt een derde ermee heen.
11 Ik heb ten eerste geen zin, ten tweede geen tijd en ten derde is het me allemaal te duur.
12 Gisteren mochten de organisatoren de honderdduizendste bezoeker verwelkomen.
13 U moet het contract opzeggen tegen het eerste van de maand.
14 Zoals verwacht ging de Europese kampioene als eerste door de finish.
15 We nodigen u uit op onze jaarvergadering op maandag 3 juni.
16 Hamburg is de op één na grootste Duitse stad.
17 Dat is zijn op twee na beste prestatie van zijn loopbaan.
18 Uit een enquête bleek dat één op twee ondernemers tegen die maatregelen gekant zijn.
19 We zullen niet overhaast te werk gaan en niet zomaar de eerste de beste kandidaat kiezen.
20 Verschillende mensen liepen verbrandingen van de eerste graad op.
21 Eén op drie klanten is een Duitser.
22 We werken voor dat project samen met een Frans en een Duits ingenieursbureau. Het eerstgenoemde bevindt zich in Parijs, het laatstgenoemde in Berlijn.
23 De concurrentie was heel sterk en ze werd op twee na laatste.
24 De hoeveelste hebben we vandaag?
25 Met hoevelen waren jullie? – Met zijn zessen.

3 Breukgetallen

206

Ter vertaling in het Duits (320)

1 Twee derde van de kandidaten vielen al na de eerste test af.
2 Na de oorlog waren meerdere steden voor de helft verwoest.
3 Eén vijfde van onze klanten zijn Duitsers.
4 We willen in ieder geval de achtste finale bereiken.
5 In de kwartfinale stonden twee Duitsers tegenover elkaar.

6 De belastingen en de kosten bedragen ongeveer een zesde van het totale bedrag.
7 De Duitse verbeterde haar eigen wereldrecord met drie tiende seconde.
8 Het verschil tussen de eerste en de tweede bedroeg een honderdste seconde.
9 De Duitsers werden in de halve finale uitgeschakeld.
10 We hebben daarop anderhalf jaar moeten wachten.

HULPWOORDENSCHAT

1

1 verhuizen: übersiedeln
4 reclame: die Werbung
scheppen: schaffen (u-a)
behoefte: das Bedürfnis (se)
beïnvloeden: beeinflussen
5 het halen: es schaffen (schwach)
8 zich mengen in: sich mischen in + A.
zaak: die Angelegenheit (en)
oplossen: lösen
narigheid krijgen: Ärger bekommen
9 zich vergissen: sich täuschen / sich irren
14 familienaam: der Familienname / der Nachname (-ns,-n)
16 aan de orde zijn: auf der Tagesordnung stehen
17 een overeenkomst bereiken: ein Abkommen erzielen
18 leveren aan een firma: eine Firma beliefern
20 onberispelijk: einwandfrei
22 beurs: die Messe (n)
bevorderen: fördern
24 zorgen voor: sich kümmern um
25 zich iets herinneren: sich erinnern an + A.
met de beste wil van de wereld: beim besten Willen
27 de hereniging: die Wiedervereinigung
29 onderzoeken: prüfen

2

1 receptie: die Rezeption
4 grondig: gründlich
5 incident: der Zwischenfall
als de pest: wie die Pest
6 volgens de dokters: nach Meinung der Ärzte
7 dubbel en dwars: doppelt und dreifach
8 spreken: reden
10 tegenspraak: der Widerspruch
11 gebruiken: verwenden
12 zoeken naar: fahnden nach
misdadiger: der Verbrecher (-)
13 ervaren: empfinden
15 naar verluidt: dem Vernehmen nach / wie verlautet
binnenkort: demnächst
16 een eigen zaak beginnen: sich selbständig machen
18 bekijken: betrachten
21 afstand doen van: verzichten auf + A.
22 iemand in de steek laten: jn. im Stich lassen
24 oogsten: ernten
de vrucht: die Frucht (Früchte)
25 geschikt zijn voor: sich eignen zu/für
zich afvragen: sich fragen
28 waarschuwen voor: warnen vor + D.
zakkenroller: der Taschendieb (e)

3

1 het deel: der Teil
de bevolking: die Bevölkerung
enorm: ungeheuer
onvoldoende: unzureichend
opleiding: die Ausbildung
2 de kloof: die Kluft
4 goed uitkomen: sich gut treffen
vertrekken: losfahren
7 thriller: der Krimi (s)
8 gemakkelijk: etwas leicht vergessen
9 op het gebied van software: im Bereich der Software
10 cursus: der Kurs (e)
seminarie: das Seminar (e)
deelnemen aan: teilnehmen an + D.
12 op tv: im Fernsehen
13 wantoestand: der Mißstand (Mißstände)
15 eraan toegaan: zugehen
19 merkwaardig: merkwürdig, seltsam
een standpunt innemen: einen Standpunkt vertreten
20 milieubelasting: die Umweltsteuer
belastingen heffen: Steuern erheben
vervuiling: die Verschmutzung

4

2 omstreeks: rund
4 dwaas: dumm
verhaal: die Geschichte (n)
5 de verkeerregels overtreden: gegen die Verkehrsregeln verstoßen
boete: das Bußgeld
8 op de hoogte houden: auf dem laufenden halten
9 op skivakantie gaan: in Skiurlaub fahren
10 met nieuwjaar: zu Neujahr
televisietoespraak: die Fernsehansprache
11 van een leien dakje lopen: wie am Schnürchen laufen
12 raad geven: beraten
cliënt: der Klient (en/en)
op juridisch vlak: im juristischen Bereich
belang: das Interesse (n)
voor de rechtbank: vor Gericht / vor dem Richter
15 ingrijpend: tiefgreifend
bezuinigingsmaatregel: die Sparmaßnahme (n)
op verzet stuiten: auf Widerstand stoßen (ie-o)
16 das: die Krawatte
18 iemand uitnodigen tot: jn. einladen zu
vakbond: die Gewerkschaft (en)
gesprek: das Gespräch (e)
het conflict: der Konflikt (e)
20 begrip: das Verständnis

7
4 hertrouwen: sich wiederverheiraten
5 advocaat: der Anwalt
6 de bergtocht: die Bergtour (en)
verkouden: erkältet
8 ontslag: die Kündigung
rekening houden met (verwachten): rechnen mit
9 bekijken: betrachten
13 zien gebeuren: beobachten
14 vacature: die freie Stelle (n)
sollicitant: der Bewerber (-)
16 in het duister tasten: im dunkeln tappen
17 coalitiepartner: der Koalitionspartner (-)
onderhandelen over: verhandeln über + A.
het compromis: der Kompromiß (sse)
20 waarschuwen voor: jn. warnen vor + D.
de bevolking: die Bevölkerung

8
3 tweedehands wagen: der Gebrauchtwagen (-)
4 geheimzinnig: geheimnisvoll
5 scheuren: zerreißen (i-i)
6 omverduwen: umstoßen (ie-o)
7 strip: der Comic (s)
8 genieten van: etwas genießen (o-o)
10 geheimhouden: geheimhalten

9
1 van nieuwsgierigheid: vor Neugier (die Neugier/Neugierde)
2 de explosie: die Explosion
het gebouw: das Gebäude (-)
3 het gevolg: die Folge (n)
5 herkennen: erkennen
de stem: die Stimme (n)
6 afkeuren: aberkennen
buitenspel: das Abseits (wegen Abseits)
8 de weg kennen: sich auskennen
9 herkennen: wiedererkennen
veranderen: sich ändern
10 tot voorzitter benoemen: zum Vorsitzenden ernennen
12 in woede ontstoken: wutentbrannt
leugenaar: der Lügner (-)
13 iemand op heterdaad betrappen: jn. auf frischer Tat ertappen
14 kleinkind: der Enkel (-) / das Enkelkind (er)
15 doorbrengen: verbringen
16 dan ook: denn auch
18 rechtstreeks: live
uitzenden op tv: im Fernsehen senden
19 de bevoegde dienst: die zuständige Stelle
zich wenden tot: sich wenden an + A.
20 parkeerplaats: der Parkplatz (Parkplätze)
met piepende banden: mit quietschenden Reifen
wegrijden: davonfahren

11
1 een proces aanspannen: einen Prozeß anstrengen
2 woordvoerder van de directie: der Vorstandssprecher
toegeven: einräumen
tegenvallen: hinter den Erwartungen zurückbleiben
3 opschieten: gedeihen
4 een auto huren: ein Auto leihen
6 het schandaal: der Skandal
8 zich in de handen wrijven: sich die Hände reiben
9 zodra: sobald
terugzien: wiedersehen
iemand iets onder de neus wrijven: jm. etwas unter die Nase reiben
11 ongeloofwaardig: unglaubhaft
16 zijn gal spuwen: Gift und Galle speien
17 onroerende goederen: Immobilien
18 tegen de avond: gegen Abend
stijgen tot: steigen auf
de koorts: das Fieber
19 geboortestreek: die Heimat
21 wijzen op: hinweisen auf + A.
23 iemand uit het land wijzen: jn. des Landes verweisen / jn. aus dem Land ausweisen
25 uitgeschakeld worden: ausscheiden
de halve finale: das Halbfinale

12
1 er zich doorbijten: sich durchbeißen
3 lijken op: gleichen + D.
4 bocht: die Kurve (n)
5 BTW: die Mehrwertsteuer
7 hevig: stark
overslaan op: übergreifen auf + A. (haben)
8 ertussenuit knijpen: auskneifen
9 verlies: der Verlust (e)
verliezen lijden: Verluste erleiden
10 pesterij: die Schikane (n)
11 de première: die Uraufführung
de acteur: der Schauspieler (-)
12 merrie: die Stute (n)
springconcours: das Springturnier (e)
13 cadeau krijgen: geschenkt bekommen
kristallen vaas: die Kristallvase
14 op kousevoeten: auf Zehenspitzen
de trap opsluipen: die Treppe hinaufschleichen
wakker maken: wecken
15 betoger: der Demonstrant (en/en)
rot: faul
16 invullen: ausfüllen
scheuren: zerreißen
17 rallyrijder: der Rallyefahrer (die Rallye)
een bocht afsnijden: eine Kurve schneiden
18 vorderen: fortschreiten
geneeskunde: die Medizin
19 het verslag: der Bericht (e)

eerst: zuerst
alinea: der Abschnitt (e)
20 betwisten: bestreiten
bewering: die Behauptung (en)
21 gordijn: der Vorhang (Vorhänge)
23 hoewel: obwohl
principe: der Grundsatz (Grundsätze)
24 hopelijk: hoffentlich
het gevaar: die Gefahr (en)
25 de helft: die Halbzeit (en)
gelijkstellen: ausgleichen
de thuisploeg: die Heimmannschaft (en)

13
1 een zijstraat inslaan: in eine Nebenstraße einbiegen
verkeerd rijden: sich verfahren
2 affaire: die Affäre (n)
zijn ontslag aanbieden: seinen Rücktritt anbieten
4 vluchtig doornemen: überfliegen
(krante)kop: die Schlagzeile (n)
6 op de lange baan schuiven: auf die lange Bank schieben
7 uitstellen tot: verschieben auf + A.
8 portefeuille: die Brieftasche
9 opwegen tegen: aufwiegen
10 met de haren erbij slepen: an/bei den Haaren herbeiziehen
11 oplopen: sich etwas zuziehen
13 flat: die Wohnung (en)
verhuizen naar: umziehen in + A.
15 één lijn trekken: an einem Strang ziehen

14
1 daaraan verbonden: damit
2 mist: der Nebel
3 erop aandringen: dringen/drängen auf + A.
5 akelig: unheimlich
binnendringen in: eindringen in + A.
7 in ieder opzicht: in jeder Hinsicht
10 hees: heiser
12 verkiezingen: die Wahl (en)
de meerderheid: die Mehrheit
verwerven: erringen
13 bankovervaller: der Bankräuber (-)
verdwijnen in het verkeer: im Verkehr verschwinden
motorfiets: das Motorrad (Motorräder)
15 de opera: die Oper (n)
16 spreker: der Redner (-)
18 naar: ärgerlich/unangenehm
19 de gloeilamp: die Glühbirne (n)
21 in ieder geval: auf jeden Fall
het lijk: die Leiche (n)
het meer: der See (n)
22 dankzij: dank + D.
wilskracht: die Willenskraft
23 overlaten: über**lassen**
24 verslinden: verschlingen
25 ervaren: empfinden

15
1 bedoeling: die Absicht (en)
verbergen voor: verbergen vor + D.
2 beurshal: die Messehalle (n)
barsten van de bezoekers: von Besuchern bersten
3 porselein: der Porzellan
breken (stukgaan): zerbrechen
6 dat is voor u bedoeld: das gilt Ihnen
7 zich dood schrikken: zu Tode erschrecken
8 schrikken van: erschrecken vor + D.
9 iemand voor leugenaar uitschelden: jn. einen Lügner schelten
11 op jonge leeftijd: im jungen Alter
13 iemands humeur bederven: jm. die Laune verderben
wegslepen: abschleppen
14 solliciteren: sich bewerben um
16 voor zich innemen: bestechen
charme: der Charme
17 reclame maken voor: werben für
18 terwijl: während
file: der Stau (s)
gelukkig: zum Glück
airconditioning: die Klimaanlage (n) (eine K. haben)
20 verwijten: jm. etwas vorwerfen
21 iemand in de steek laten: jn. im Stich lassen
22 iemand helpen aan: jm. verhelfen zu

16
2 met volle teugen: in vollen Zügen
3 op handen en voeten kruipen: auf allen vieren kriechen
4 zoeken naar: fahnden nach
lucht van iets krijgen: den Braten riechen
7 water gieten: in Strömen gießen
8 nauwgezetheid: die Genauigkeit
10 glijden: rinnen
13 als een sprookje: wie ein Märchen
nachtmerrie: der Alptraum (Alpträume)
15 niet goed wijs zijn: spinnen

17
1 het protest: der Protest
2 aanvechten: anfechten
6 slavernij: die Sklaverei
7 geborgen: gut aufgehoben
8 geld opnemen: abheben
rekening: das Konto (Konten)
10 liegen dat hij zwart ziet: lügen wie gedruckt
11 zijn schaapjes scheren: seine/sein Schäfchen ins trockene bringen/scheren
15 zweren bij: schwören auf + A.
16 bij hoog en bij laag zweren: bei allem, was einem heilig ist
18 vervallen: erlöschen / auslaufen
19 uitdoven: erlöschen

20 het voor en tegen: das Für und Wider

18 1 in de smaak vallen: gefallen
2 blijven duren: anhalten
3 biefstuk: das Steak
4 in een slip raken: ins Schleudern geraten
8 incident: der Zwischenfall (Zwischenfälle)
9 kalm blijven: die Nerven behalten
10 gelijk krijgen: recht behalten
uiteindelijk: letztendlich
13 het erbij laten: es dabei belassen
17 geklets: das Gerede
iemand de keel uithangen: jm. zum Hals heraushängen
18 aan een zijden draadje hangen: an einem seidenen Faden hängen

19 1 vernemen: erfahren
3 verantwoordelijkheid: die Verantwortung
4 zich iets op de hals halen: sich etwas auf den Hals laden
koppig: störrisch / starrköpfig / starrsinnig
6 sfeer: die Atmosphäre
9 rondrit door de stad: die Stadtrundfahrt
10 verslaan: schlagen

20 4 met twee maten meten: mit zweierlei Maß messen
6 vliegramp: die Flugkatastrophe (n)
8 tevreden over: zufrieden mit
blijken: sich ergeben
9 opkomen voor: eintreten für
10 de Verenigde Naties: die Vereinten Nationen
ambassadeur: der Botschafter (-)
11 om voor de hand liggende redenen: aus naheliegenden Gründen
aftreden: zurücktreten
14 om inlichtingen vragen: um Auskunft bitten
15 inzittende: der Insasse (n/n)
op slag dood: auf der Stelle tot
bezwijken aan: erliegen + D.

21 1 bediende: Angestellter (s.A.)
3 aanbeveling verdienen: sich empfehlen
4 iemand iets kwalijk nemen: jm. etwas übelnehmen
5 zijn zin krijgen: seinen Willen bekommen
6 exposant: der Aussteller (-)
10 in de pan hakken: in die Pfanne hauen
het televisiedebat: die Fernsehdebatte
tegenstander: der Gegner (-)
12 de grond werd hem te heet onder de voeten: der Boden brannte ihm unter den Füßen
ervandoor gaan: abhauen
13 ook weer: gleich wieder
15 belopen: sich belaufen auf
17 verzet: der Widerstand
19 in botsing komen met: zusammenstoßen mit
20 de wet overtreden: gegen das Gesetz verstoßen

22 1 eruitzien: danach aussehen
3 verkeerd aflopen: schiefgehen
4 recht: direkt
afgaan op: losgehen auf + A.
6 slagen voor een examen: ein Examen bestehen
7 staan op: bestehen auf + D.
een overeenstemming bereiken: eine Einigung erzielen, erreichen
9 bekennen: gestehen
de beklaagde: der Angeklagte
10 zijn best doen: sein Bestes tun

23 2 achter de rug hebben: hinter sich (D.) haben
3 kring: der Kreis (e)
5 de overwinning behalen: den Sieg davontragen
7 van mening veranderen: seine Meinung ändern
9 gelovige: der Gläubige (s.A.)
de vrede: der Frieden
10 verkeerd rijden: sich verfahren (haben)
15 minderwaardigheidscomplex: der Minderwertigkeitskomplex
jeugd: die Jugend
21 per se: unbedingt
daarachter steken: dahinterstecken
23 portemonnee: der Geldbeutel
25 ongevraagd bezoek: ungebetener Besuch

24 1 schuldeiser: der Gläubiger (-)
3 etalage: das Schaufenster (-)
4 aan de kant dringen: zur Seite drängen
7 naar buiten dringen: hinausdrängen
11 schrikken van: erschrecken vor + D.
12 wat (in uitroepen): wie
15 gerinkel: das Geklingel
19 ophangen: aufhängen / einhängen / auflegen
20 de huik naar de wind hangen: den Mantel nach dem Wind hängen
21 misdadiger: der Verbrecher (-)
22 aan de grote klok hangen: etwas an die große Glocke hängen
23 aan de haak hangen: an den Nagel hängen
24 gehecht zijn aan: hängen an + D.
27 grote waarde hechten aan: großen Wert legen auf + A.
28 opzij leggen: auf die hohe Kante legen
financiële tegenvaller: finanzieller Rückschlag
levensstandaard: der Lebensstandard
30 voor de hand liggen: auf der Hand liegen
31 grond: der Boden
33 inkomensgroep: die Einkommensgruppe (n)
34 zomeropruiming: der Sommerschlußverkauf

36 vraag (economische vraag): die Nachfrage
opslaan: steigern
37 lectuur: die Lektüre
39 op zoek zijn: auf der Suche sein
een advertentie: die Anzeige

25 1 zich afvragen: sich fragen
2 openbaar: öffentlich
5 het over zijn hart krijgen: es über sich kriegen
6 zich krom lachen: sich krummlachen
7 waar hij aan toe is: woran er ist
iemand klare wijn schenken: jm. klaren/reinen wein einschenken
8 wegschenken: etwas an jn. verschenken
12 uitgerust: erholt
thuiskomen: nach Hause kommen

27 2 testpersoon: die Testperson (en)
bij iemand in de smaak vallen: jm. gefallen (haben)
4 iemand trakteren op: jm. etwas spendieren
champagne: der Champagner
10 misleiden: täuschen
12 doorgaans: gewöhnlich
13 pesten: schikanieren
17 betogen: demonstrieren
18 gespecialiseerd in: spezialisiert auf + A.
van uitstekende kwaliteit: hochwertig

28 1 te werk gaan: vorgehen
achterlaten: hinter**lassen**
3 over het hoofd zien: über**sehen**
4 iemand passeren: jn. über**gehen**
7 bepaling: die Bestimmung (en)
iemand tegenspreken: jm. wider**sprechen**
8 traject: die Strecke (n)
voor het verkeer openstellen: dem Verkehr über**geben**
9 kleine letters: Kleingedrucktes (s.A.)
nalaten (achterwege laten): unterlassen
10 over de kop gaan: sich überschlagen

30 1 openluchtzwembad: das Freibad (Freibäder)
3 klimmen: klettern
4 kabelbaan: die Seilbahn
7 sportief: sportlich
8 de trein nemen: mit dem Zug fahren
het vliegtuig nemen: fliegen
12 remmen: bremsen
14 met een Ferrari rijden: einen Ferrari fahren
15 zonder ongelukken: unfallfrei
16 in de prak rijden: zu Bruch fahren
18 estafetteploeg: die Staffel
19 pole-position: die Pole-position
20 vliegbrevet: der Pilotenschein / der Flugschein

32 4 beginnen aan: beginnen mit
5 hartinfarct: der Herzinfarkt
9 op een gelijkspel eindigen: unentschieden enden
12 cruise: die Kreuzfahrt
13 middagmalen: zu Mittag essen
17 verminderen: nachlassen
20 de dokter laten komen: nach dem Arzt schicken
21 geheugen: das Gedächtnis
22 medicament: die Arznei (en)
voorschrijven: jm. etwas verschreiben

34 1 receptie: der Umtrunk / der Empfang
3 een risico op zich nemen: ein Risiko eingehen
4 toeleveringsbedrijf: der Zulieferbetrieb / der Zulieferant / Zulieferer
7 stagiair: der Praktikant (en/en)

35 3 recessie: der Abschwung
ontsluiten: erschließen
afzetmarkt: der Absatzmarkt (Absatzmärkte)
4 ter verantwoording roepen: zur Rechenschaft ziehen
7 toepassen: anwenden (wandte an - angewandt)
8 wekelijkse arbeidstijd: die Wochenarbeitszeit
11 inlichtingen inwinnen: Auskünfte einholen über + A.
14 bezwaar: das Bedenken (-)

36 1 het conflict: der Konflikt (e)
in der minne schikken: gütlich beilegen
2 op verhaal komen: sich erholen
3 de conjunctuur doen opleven: die Konjunktur beleben
6 rekening houden met: etwas berücksichtigen, Rücksicht nehmen auf + A.
7 bezuinigingsmaatregel: die Sparmaßnahme (n)
bevolking: die Bevölkerung
op verzet stuiten: auf Widerstand stoßen
8 deeltijdbaan: die Teilzeitbeschäftigung
de voorkeur geven aan iets: etwas bevorzugen
9 klacht indienen tegen: Beschwerde einlegen/einreichen gegen
10 een bestelling annuleren: eine Bestellung widerrufen, stornieren
13 benieuwd: gespannt
zijn belofte houden: sein Versprechen einhalten
14 zich waarmaken: sich bewähren
16 eigenaar: der Inhaber (-)
gegadigde: der Interessent (en/en)
18 volgeboekt: ausgebucht

37
2 annuleren: stornieren
4 relaties: Beziehungen
5 blijken: sich ergeben / sich herausstellen
vervalsen: fälschen / frisieren
7 nadat: nachdem
de discontovoet: der Diskontsatz
centrale bank: die Notenbank
9 onmisbaar: unverzichtbar
op dat terrein: in diesem Bereich
het dagelijks leven: das Alltagsleben
11 iets beu zijn: etwas satt sein/haben
12 zich vergissen in: sich irren in + D.
13 daaraan verbonden: damit verbunden
14 iemand een dienst bewijzen: jm. einen Dienst erweisen
15 uitvoerbaar: ausführbar / durchführbar
16 goed beseffen: sich (D.) über etwas im klaren sein
17 overwegen: abwägen
vooraleer: bevor

38
2 het eens worden: sich einigen / (mit jm.) eins werden
langdurig: langwierig
5 weerbericht: die Wettervorhersage
6 loslopen: werden

45
1 parlementair: parlamentarisch
2 tsaar: der Zar (en/en)
vermoorden: ermorden
3 terechtstelling: die Hinrichtung
taboe: etwas ist tabu / ein Tabu
verjaardag: der Jahrestag
buste: die Büste
5 functie: das Amt (Ämter)
9 het Pact van Warschau: der Warschauer Pakt
op verzet stuiten: auf Widerstand stoßen
10 asielzoeker: der Asylant (en/en)
overspoelen: überschwemmen
11 teisteren: heimsuchen
12 creëren: schaffen (u-a)
beïnvloeden: beeinflussen
13 boekdrukkunst: die Buchdruckerkunst / der Buchdruck
15 in het nauw brengen: in die Enge treiben
schuldeiser: der Gläubiger (-)

46
1 invoerbeperkingen: Einfuhrbeschränkungen
opleggen: auferlegen
5 zaak in elektrische artikelen: das Elektrogeschäft (e)
7 voltooien: zu Ende führen / unter Dach und Fach bringen
8 op staande voet: fristlos
9 het is de vraag: es ist fraglich
koopkracht: die Kaufkraft
op het huidige niveau: auf dem heutigen Stand
handhaven: erhalten
10 bezwaar maken tegen: etwas beanstanden / Einspruch erheben gegen
11 aanvullen: nachfüllen
12 toelichten: erläutern
14 schepen van Cultuur: der Stadtrat für Kultur
15 EMS: der Europäische Währungsfonds

47
1 toekennen (prijs): jm. einen Preis verleihen
7 korting verlenen: einen Rabatt/Nachlaß gewähren
8 overhandigen: überreichen
9 tijdstip: der Termin
10 per afzonderlijke post: mit getrennter Post
toesturen: zuschicken / zusenden
11 iemand iets op het hart drukken: jm. etwas aufs Herz binden
nochtans (echter): jedoch / allerdings
toegeven: nachgeben
onder geen enkel beding: unter keiner Bedingung / unter gar keinen Umständen
12 met gelijke munt betalen: jm. mit gleicher Münze heimzahlen
13 op de kerfstok hebben: auf dem Kerbholz haben
14 iemand de mantel uitvegen: jm. den Kopf waschen
onbetamelijk: ungehörig
15 iemand de schuld in de schoenen schuiven: jm. die Schuld in die Schuhe schieben (o-o)

48
1 plechtigheid: die Feier
politieagent: der Polizeibeamte (s.A.)
5 autoproducent: der Autohersteller (-)
6 explosie: die Explosion
7 industrietak: der Industriezweig (e)
8 beschouwen: betrachten
9 wantrouwen: mißtrauen
10 betoging: die Demonstration
terreuraanslag: der Terroranschlag
indrukwekkend: beeindruckend

50
1 procédé: das Verfahren (-)
produktiekosten: Fertigungskosten
verlagen: herabsetzen
5 geld verduisteren: Gelder unterschlagen
6 afspreken: vereinbaren
zich aan een termijn houden: eine Frist einhalten
9 vragenlijst: der Fragebogen
10 klagen over: sich beklagen, sich beschweren über + A.
13 een zaak afhandelen: ein Geschäft abwickeln
14 luisteren naar: hören auf + A.
15 wiskunde: die Mathematik / Mathe
17 aflopen: ausgehen
19 zich vermaken: sich amüsieren
de volgende dag: am nächsten Tag

21 erop rekenen: sich darauf verlassen
in orde komen: in Ordnung gehen
24 de publieke opinie: die öffentliche Meinung
afzien van: verzichten auf + A.
28 even: mal kurz
nakijken: nachsehen
29 iemand krediet verlenen: jm. Kredit gewähren (der Kredit)

51 5 op de prijs afdingen: den Preis herunterhandeln
6 begrotingstekort: das Haushaltsdefizit
beperken: beschränken
7 voorkomen: einer Sache (Dativ) vorbeugen
10 aanzien: (mit) ansehen
11 uitvlucht: die Ausrede (n)
soort: die Art (en)
13 geheugen: das Gedächtnis
15 tussenkomen: dazwischenkommen
op tijd: rechtzeitig

52 2 arrogantie: die Arroganz, die Überheblichkeit
4 rondreis: die Rundreise, die Rundfahrt
8 expert: der Experte (n/n), der Sachverständige (s.A.)
10 slagroom: die Schlagsahne
taart: der Kuchen
14 ongelijk hebben: unrecht haben
15 bewering: die Behauptung
19 verrassing: die Überraschung
21 er redelijk goed afkomen: mit einem blauen Auge davonkommen

53 3 aandringen: dringen/drängen
8 toegangsprijs: der Eintrittspreis
10 snoep: Süßigkeiten
14 durven: sich trauen

54 8 een film gaan bekijken: sich (D.) einen Film ansehen
12 begaafdheid: die Begabung / das Zeug
15 het kalmer aan doen: kürzertreten

55 6 aanvankelijk: anfangs
7 stagiair: der Praktikant (en/en)
stageleider: der Praktikumsleiter (-)
opmaken: erstellen
9 voorstellen: darstellen
10 zich bemoeien met: sich kümmern um
14 wijk: die Siedlung (en)
15 commissie: der Ausschuß (Ausschüsse)
16 algemeen directeur: Vorstandsvorsitzender (s.A.)
19 hoe: woher
23 schietpartij: die Schießerei
25 een compromis bereiken: sich auf einen Kompromiß einigen / einen Kompromiß erzielen
28 uitpakken: kommen

56 3 de jarige: das Geburtstagskind
6 stoppen: haltmachen
even: mal kurz
8 het initiatief nemen: die Initiative ergreifen

58 5 op de hoogte zijn van: auf dem laufenden sein über / im Bilde sein über
7 transfersom: die Ablösesumme (n)
10 sollicitatiegesprek: das Vorstellungsgespräch / Bewerbergespräch

59 8 ik ben er zeker van: ich bin mir sicher
schilderij: das Gemälde (-)

60 3 afzien van: verzichten auf + A.
5 vanzelfsprekend: selbstverständlich
7 er is niets meer aan te veranderen: da kann man nichts mehr machen
8 ommekeer: die Wende

62 9 via: über

63 7 lijken: scheinen
11 begrip opbrengen: Verständnis aufbringen
13 herkennen: wiedererkennen

64 6 devaluatie: die Abwertung
11 nakijken: nachschlagen

65 4 misdaad: das Verbrechen (-)
6 het kan me niets schelen: es schert mich nicht / es macht mir nichts aus / es ist mir egal
7 voorkomen: jm. vorkommen
8 op het eerste gezicht: auf den ersten Blick
9 in staat zijn tot: in der Lage sein zu
10 hevig discussiëren: heftig diskutieren
13 de wagen is total loss: das Auto hat Totalschaden
14 boeiend: fesselnd

66 3 natuurlijke hulpbronnen: natürliche Ressourcen
energievoorziening: die Energieversorgung
6 aanwakkeren: schüren
7 uitdaging: die Herausforderung (en)
14 beginnen aan: beginnen mit
20 nadere bijzonderheden: Näheres

67 4 ophouden met roken: mit dem Rauchen aufhören
6 iets achter de rug hebben: etwas hinter sich (D.) haben
8 te wachten staan: bevorstehen + D.

68 3 herenigen: wiedervereinigen
5 stil: leise
7 kampen met: bekämpfen
10 laat staan: geschweige (denn)

69 6 uitglijden: ausgleiten, ausrutschen
8 geloven in: glauben an + A.
11 steunen: unterstützen
12 besparen: sich (D.) etwas ersparen

70 1 zaken doen met iemand: mit jm. ins Geschäft kommen

4 verwijt: der Vorwurf (Vorwürfe)
5 een beslissing nemen: sich entscheiden, eine Entscheidung treffen
9 uitstel: der Aufschub
gezien: angesichts + G.
18 het beste: das beste / am besten
19 buiten: auf dem Lande
71 2 verminderen: abnehmen, sich vermindern
3 controleren: prüfen
73 2 iets aanmerken op: etwas aussetzen an + D.
4 rekenen op: rechnen mit
10 het begin van het einde: der Anfang vom Ende
12 bevriezen: einfrieren
13 uit goede bron: aus guter Quelle
van plan zijn: beabsichtigen, die Absicht haben
14 de voorkeur geven aan: bevorzugen
15 marktonderzoek: die Marktforschung
74 4 zijn diploma halen: sein Diplom erwerben
5 zich houden aan: einhalten
termijn: die Frist
8 of...of: seien es...seien es/oder
sociale bijdragen: Sozialabgaben
9 kans: die Chance / die Aussicht (en)
77 1 uitdoen: ablegen
3 als een klein kind behandelen: wie ein kleines Kind behandeln
4 met rust laten: in Ruhe lassen
8 durven: sich trauen
12 zich opwinden: sich aufregen
15 nadenken over: sich (D.) etwas überlegen
16 bekijken: sich (D.) etwas ansehen
19 informeren: sich erkundigen
20 van de eerste keer: beim ersten Mal
26 tabel: die Tabelle (n)
29 uitstaan: leiden
30 nakijken: nachsehen
35 op de hoede zijn voor: auf der Hut sein vor + D.
78-1 1 gazon: der Rasen
3 stomen: reinigen
5 accepteren: akzeptieren
8 buurt: die Gegend (en)
78-2 17 zonder accent: akzentfrei
18 iemand links laten liggen: jn. links liegenlassen
78-3 32 het klimaat: das Klima
34 een poos: eine Weile
de voorpagina halen: Schlagzeilen machen
35 gevat: schlagfertig
36 verstrooidheid: die Zerstreutheit
37 gijzeling: die Geiselnahme
44 zin hebben: Lust haben
78-4 47 zich inspannen: sich anstrengen, sich Mühe geben
50 de kosten van levensonderhoud: die Lebenshaltungskosten
51 pech: das Pech
78-5 57 het is te druk: es ist/herrscht zuviel Betrieb
78-6 64 druk: belebt/lebhaft
sprookjeskasteel: das Märchenschloß
65 er alles voor overhebben: alles dafür übrig haben
78-7 69 zijn rijbewijs halen: den Führerschein machen
70 naam: der Ruf
verwerven: erwerben
71 een contract opzeggen: einen Vertrag kündigen
72 particulieren: Privatpersonen
aanzwengelen: ankurbeln
74 vruchteloos: fruchtlos, vergeblich
78-8 76 zijn gezin onderhouden: seine Familie ernähren
80 Ik vind het leuk: Es macht mir Spaß
81 zijn best doen: sich bemühen
85 een oproep doen tot: appellieren an + A.
89 vooruitkomen: vorankomen, vorwärtskommen
78-9 91 vereisen: erfordern
78-10 99 slordigheid: die Nachlässigkeit
79 7 er alles voor doen: alles daransetzen
8 binnen de perken blijven: sich in Grenzen halten
toeslaan: zuschlagen
12 vingerafdruk: der Fingerabdruck (Fingerabdrücke)
15 de finish: das Ziel
19 ernstig: ernsthaft, ernstlich, ernst
naar het ziekenhuis brengen: ins Krankenhaus einliefern
20 correctie: die Korrektur
80 2 appartement: die Wohnung (en)
3 prospectus: der Prospekt (e)
4 huurauto: der Leihwagen/Mietwagen (-)
6 drukte: der Betrieb
8 op de hoogte brengen: auf dem laufenden bringen
12 laserprinter: der Laserdrucker (-)
15 het nut: der Nutzen
81 2 postbode: der Briefträger (-)
3 stage: das Praktikum (Praktika)
7 tsaar: der Zar (en/en)
8 concurrerend: konkurrenzfähig
10 vakman: ein Meister seines Faches / der Fachmann
82 1 korting verlenen: Rabatt gewähren (der Rabatt)
6 raad van commissarissen: der Aufsichtsrat
directie: der Vorstand
7 gerechtelijke stappen ondernemen: den

Rechtsweg einschlagen, beschreiten, gehen
8 in geen geval: auf keinen Fall
9 annuleren: stornieren
10 wegvallen: ausfallen
gevoelig: empfindlich
13 toedracht: der Sachverhalt
15 contractbreuk: der Vertragsbruch
schadevergoeding: der Schadenersatz
18 verzilveren: einlösen
22 benijden om: beneiden um/wegen
32 lastig: lästig
kwijt zijn: los sein
36 op de spitsuren: zu den Stoßzeiten
37 voor zichzelf beginnen: sich selbständig machen
38 voor de wet trouwen: standesamtlich heiraten
voor de kerk: kirchlich

83 6 uitwijken voor: ausweichen
fietser: der Radfahrer (-)
tegenligger: ein entgegenkommender Wagen
7 ruzie: der Streit
ontwijken: ausweichen
8 omzeilen: ausweichen
12 op dat punt: in diesem Punkt
gelijk geven: jm. beistimmen
19 afspraak: der Termin
21 bedenken: sich etwas einfallen lassen
24 monster: das Muster
beurs: die Messe
26 bezwijken aan: erliegen (a-e)
31 grondstof: der Rohstoff (e)
34 bezoek aan München: der Besuch in München
37 tegendeel: das Gegenteil
44 kalmte: die Ruhe
45 verduistering: die Veruntreuung (en)
50 baat bijbrengen: nutzen
51 schikken: passen
59 onderhevig zijn aan: unterliegen
schommeling: die Schwankung (en)
63 besmettelijk: ansteckend
73 roetsjbaan: die Achterbahn
76 zwichten voor: nachgeben
77 sceptisch staan tegenover iets: einer Sache (D.) skeptisch gegenüberstehen
78 op kunnen tegen: jm. gleichkommen
79 de toets van een onderzoek doorstaan: einer Untersuchung standhalten
80 tegenwerken: entgegenwirken

84 2 toevertrouwen: anvertrauen
verantwoordelijk: verantwortlich, verantwortungsvoll
10 postorderbedrijf: das Versandhaus
thuis bezorgen: ins Haus bringen
12 aanreiken: herüberreichen
17 ansicht: die Ansichtskarte (n)
19 belegging: die Anlage (n)
26 verwaarlozen: vernachlässigen
27 de toegang tot: der Zutritt zu
39 nadenken over: sich etwas durch den Kopf gehen lassen
41 rekenen op (verwachten): rechnen mit
zonder de waard rekenen: die Rechnung ohne den Wirt machen
42 ongemoeid: ungestört
43 het hoofd op hol jagen: jm. den Kopf verdrehen
45 iemand iets betaald zetten: jm. etwas heimzahlen
47 iemands woorden verdraaien: jm. das Wort im Munde herumdrehen
48 iets in zijn oren knopen: sich etwas hinter die Ohren schreiben
49 het stadsbestuur: die Stadtverwaltung
er een stokje voor steken: einer Sache einen Riegel vorschieben
50 links laten liggen: jm. die kalte Schulter zeigen

85 3 fortuin: das Vermögen
5 lokaal: der Raum
9 dommerik: der Dummkopf

86 2 erg: furchtbar
6 duizelig: schwindlig
7 slecht: schlecht / übel

87 2 mijn geduld is op: mir reißt die Geduld
4 bij het zien: beim Anblick
de moed zinkt hem in de schoenen: das Herz rutscht/sinkt ihm in die Hose
5 een blok aan het been: jm. ein Klotz am Bein sein
6 van het pure werk: vor lauter Arbeit
7 op de maag: im Magen
8 overuren doen: Überstunden machen
9 erop los praten: reden, wie einem der Schnabel gewachsen ist
10 het water staat iemand tot aan de lippen: jm. steht/geht das Wasser bis zum Hals
11 het water in de mond krijgen: das Wasser läuft einem im Mund zusammen
12 personeelschef: der Personalchef
aan de tand voelen: jm. auf den Zahn fühlen
13 er valt een pak van mijn hart: mir fällt ein Stein vom Herzen
17 getuigen van: zeugen von
in de rede vallen: jm. ins Wort fallen
18 naar het hart spreken: jm. aus der Seele sprechen

88 11 dat zegt me niets: dat ist mir kein Begriff
12 onaangenaam: peinlich / unangenehm

89
3 behulpzaam: behilflich
12 passend: gemäß
gelegenheid: der Anlaß
15 Het maakt me niets uit: Es ist mir gleich
16 behangen: tapezieren
21 principe: das Prinzip (ien)
22 verreweg de baas: haushoch überlegen
24 goeddoen: guttun
te allen tijde: jederzeit
25 huichelarij: die Heuchelei
ik heb er een hekel aan: das ist mir zuwider

90
6 bezuinigingsmaatregel: die Sparmaßnahme (n)
7 tekort: das Defizit (e)
overheid: die öffentliche Hand
9 belang: das Interesse (n)
10 lichtjes: leicht
11 langzaam-aan-actie: der Bummelstreik
verkeersleider: der Fluglotse (n/n)
aanleiding geven tot: Anlaß geben zu
12 volgens de nieuwste stand: auf dem neuesten Stand
oprichten: gründen
15 problemen bezorgen: Probleme bereiten
17 beheren: verwalten
18 l'embarras du choix hebben: die Qual der Wahl haben
keuze: die Auswahl
ruim: reichhaltig
21 veeleisend: anspruchsvoll
22 behartigen: vertreten
25 gebeurtenis: das Ereignis (se)
26 het nieuwsmagazine: das Nachrichtenmagazin
30 reclamebudget: der Werbeetat

91
1 berusten op: beruhen auf + D.
2 betalingstermijn: das (Zahlungs)ziel, die Zahlungsfrist
3 algemene kennis: das Allgemeinwissen
4 het effect: die Wirkung
5 in de vorm van: in Form
10 boom: der Boom
21 opleidingsplaats: der Ausbildungsplatz
22 rellen: Ausschreitungen (die A.)
arresteren: festnehmen
23 touroperator: der Reiseveranstalter (-)
vastzitten: festsitzen
26 delicaat: heikel
dagorde: die Tagesordnung
28 ruiker: der Strauß

92
3 geliefd: beliebt
7 supporter: der Fan (s)
zich verheugen in een grote populariteit: sich großer Beliebtheit erfreuen
8 iemand uit de droom helpen: jn. eines Besseren belehren
12 valsheid in geschrifte: die Urkundenfälschung
iemand schuldig bevinden aan een misdaad: jn. eines Verbrechens überführen
15 uit het land zetten: des Landes verweisen
17 waard: wert / würdig + G.
30 ongevraagd bezoek: ungebetener Besuch
31 Ik heb er spijt van: Das reut mich
33 bewapening: die Rüstung
35 libero: der Ausputzer
fout: der Foul (s)
uit het veld sturen: des Feldes verweisen

93
3 erkend: anerkannt
6 sociaal-democratisch: sozialdemokratisch
gedenkteken: das Denkmal
indrukwekkend: beeindruckend
een gebaar van verzoening: eine Geste der Versöhnung
11 beschouwen: betrachten
17 precies: genau
18 inkoopafdeling: die Einkaufsabteilung
21 erg lomp: wie ein Elefant im Porzellanladen

94
1 reductie: die Ermäßigung, der Nachlaß
2 in voorraad: auf Lager, im Vorrat, vorrätig
3 cholesterol: das Cholesterin
4 spoorwegtunnel: der Eisenbahntunnel
8 rolluik: der Rolladen
10 bestelwagen: der Lieferwagen
11 tarwe: der Weizen
12 gegevens invoeren: Daten eingeben in + A.
14 tv-toestel: der Fernseher (-)
15 pneumatische boor: der Preßluftbohrer
openbreken: aufbrechen / aufreißen
16 door een verkeerslicht rijden als het op rood staat: bei Rot über/durch die Ampel fahren
21 in trek: gefragt
23 bordje: das Schild
27 toepassen: anwenden
31 het probleem aan de wortel aanpakken: das Übel an der Wurzel packen
33 het faillissement aanvragen: den Konkurs anmelden / beantragen
35 openingsceremonie: die Eröffnungsfeier
38 verdieping: das Stockwerk (e)
brandweerladder: die Feuerwehrleiter
via: über + A.
41 een maatje te groot: eine Nummer zu groß
43 te licht opnemen: auf die leichte Schulter nehmen
45 aftrekken (van de belasting): absetzen
46 seksueel misdrijf: das Sexualverbrechen (-)
gerechtelijke politie: die Kripo (Kriminalpolizei)
het aantal niet gemelde gevallen: die Dunkelziffer

47 kras: rüstig
48 bepaling: die Bestimmung
49 opkijken: staunen
95 1 afgedaan hebben: abgewirtschaftet haben
het verval: der Zerfall
2 plaag: die Plage
beschaafd: zivilisiert
3 bron van inkomsten: die Einnahmequelle
4 aanpassingsvermogen: die Anpassungsfähigkeit
5 schilderkunst: die Malerei
8 onverstoorbaar: unerschütterlich
96 1 missen: verpassen
2 het afsluiten: der Abschluß
3 afwijzen: ablehnen
6 uitgebreid: ausführlich
11 bezwaar: der Einwand (Einwände)
12 besluit: der Entschluß
wijs: weise
14 midvoor: der Mittelstürmer (-)
de paal: der Pfosten
16 volledig in beslag nemen: völlig in Anspruch nehmen
19 uitheems: ausländisch
26 onleesbaar: unleserlich
29 een leugen om bestwil: eine Notlüge
30 oliewinning: die Ölförderung
97 2 effectenbeurs: die Wertpapierbörse
7 het debat: die Debatte
8 schitterend: glänzend
uitkeren: ausschütten
dan ook: denn auch
12 de financiële situatie: die Finanzlage
rooskleurig: rosig
13 doorbrengen: verbringen
16 zweren bij: schwören auf + A.
17 quantumkorting: der Mengenrabatt
19 de eerste van de maand: am Ersten des Monats
22 de vaste schijf: die Festplatte
vermogen: der Speicherraum
27 op straat staan: auf der Straße sitzen/stehen
28 iemand trouw blijven: jm. die Treue halten
30 zich verplaatsen in: sich hineinversetzen in + A.
39 tweedehands-wagenmarkt: der Gebrauchtwagenmarkt
43 de Vrede van Westfalen: der Westfälische Frieden
44 sprankeltje: der Funke (ns/n)
48 rotsvast: felsenfest
98 1 vechtpartij: die Schlägerei (en)
een verwonding oplopen: sich eine Verletzung zuziehen
2 advocatenbureau: die Anwaltskanzlei (en)
goedlopend: gutgehend
5 helerij: die Hehlerei
9 bestrijden: bekämpfen
12 rekening houden met: rechnen mit
18 100 meter aflossing: der 100-m-Staffellauf
evenaren: einstellen
25 niets opleveren: nichts bringen / zu nichts führen
99 2 geliefd: beliebt
6 bevatten: enthalten
8 indien mogelijk: nach Möglichkeit
14 zich schikken naar: sich fügen + D.
18 hilariteit: die Heiterkeit
100 1 vertonen: aufweisen
overschot: der Überschuß
9 mislukking: der Mißerfolg
over de hele linie: auf ganzer Linie / auf der ganzen Linie
12 op lange termijn: auf lange Sicht / langfristig
13 landbouwpolitiek: die Agrarpolitik
landbouwer: der Landwirt (e) / der Bauer (n/n)
16 ter discussie staan: zur Debatte stehen
17 zich houden aan: einhalten
19 opvoeren: steigern
22 in een dal: in einer Talsohle
24 officieel bekrachtigen: amtlich beglaubigen
101 1 afmaken: absolvieren
3 kieskeurig: wählerisch
operaster: der Opernstar
de Milanese Scala: die Mailänder Scala
5 bevorderen: fördern
7 een blijde gebeurtenis: ein freudiges Ereignis
9 praktijken: Praktiken / Machenschaften
10 publiek: öffentlich
11 verlenen: erteilen
14 het procédé: das Verfahren
22 tot zaken komen met: mit jm. ins Geschäft kommen
23 tussen de middag: über Mittag
25 de horeca: das Gaststättengewerbe
27 de nettowinst: der Reingewinn
29 cd: die CD (s)
31 mijn geduld is op: ich bin mit meiner Geduld am Ende
34 er borg voor staan: die Gewähr übernehmen für etwas
102a 1 de halve finale: das Halbfinale
6 kruitvat: das Pulverfaß
7 kettingbotsing: die Massenkarambolage (n)
10 verdragen: vertragen
12 in een slip raken: ins Schleudern geraten
28 beklimmen: besteigen

29 middengebergte: das Mittelgebirge (-)
33 solovlucht: der Alleinflug

102b 3 uitmonden in: münden in + A.
8 druk bezocht: stark besucht
9 vormen: bilden
11 druk bevaren: vielbefahren
16 voor Engels: in Englisch
17 overstappen op: umsteigen auf + A.
19 verzetsbeweging: die Widerstandsbewegung

102c 1 puinhoop: der Trümmerhaufen
aanvankelijk: anfangs
5 de kern: das A und O

103a 2 in werking zetten: auslösen
ongezien: unbemerkt
bankovervaller: der Bankräuber (-)
3 uitbreiden: erweitern
4 aandeel in: der Anteil an + D.
7 stormachtig: stürmisch
11 metrostation: der U-Bahnhof
17 veeleisend: anspruchsvoll
30 legering: die Legierung
31 vereist: erforderlich
32 druk: geschäftig
33 goedkeuren: billigen
35 een tijd geleden: vor einiger Zeit
42 netelig: heikel
moeizaam: langwierig
43 tussenbeide komen: dazwischentreten
47 al zijn gèzond verstand verloren hebben: von allen guten Geistern verlassen sein
51 lage-lonenland: das Niedriglohnland (-länder)
52 koelbloedig: kaltblütig
54 corruptie: die Bestechung / Korruption
60 imposant: beeindruckend
63 café: die Kneipe
67 Keniaan: der Kenianer (-)
71 het saldo: der Saldo / das Guthaben
72 schade berokkenen: jm. Schaden zufügen
77 veel stof doen opwaaien: viel Staub aufwirbeln
78 krioelen van: wimmeln von
79 prikactie: der Warnstreik
80 in opspraak brengen: in Verruf/ins Gerede bringen
in de doofpot stoppen: unter den Teppich kehren
81 oosters tapijt: der Orientteppich (e)
83 zich vormen: sich bilden
86 ontspannend: erholsam
88 verheven boven: erhaben über + A.
90 druk (verkeer): rege/lebhaft
100 nastreven: verfolgen

103b 3 oppakken: festnehmen
8 verkeren: sich befinden
vorm: die Verfassung
10 in besloten kring: in geschlossener Gesellschaft
12 zotte inval: die Schnapsidee
23 pensioen (ambtenaren): die Pension
26 fiasco: die Pleite
32 de vluchtstrook: die Standspur
33 het hoofd bieden aan: einer Sache (D.) die Stirn bieten
35 24 uur per dag: rund um die Uhr
37 wees: die Waise
38 tegen een muur praten: gegen eine Wand reden

103c 3 letten op: aufpassen auf + A.
6 ad valvas: am Schwarzen Brett
examenregeling: die Prüfungsordnung
10 grote weerklank vinden: ein starkes Echo haben/finden
11 binnendringen: hereindringen
16 oplichterij: der Betrug
in de gevangenis terechtkomen: ins Gefängnis wandern
19 afruimen: abräumen
22 opmaken: aufstellen
35 aanzetten: einschalten

104 9 uitlating: die Äußerung (en)
10 directiesecretaresse: die Chefsekretärin (nen)
12 op zijn hoede voor: auf der Hut vor + D.
13 cafeïnevrij: koffeinfrei
19 stijgen tot: steigen auf
21 aan het werk gaan: sich an die Arbeit machen
22 goed meevallen: nicht halb so schlimm sein
28 streepjescode: der Strichkode
prijskaartje: das Preisschild
38 successierechten: die Erbschaftssteuern
40 belastingen ontduiken: Steuern hinterziehen
42 het stuur omgooien: das Steuer herumreißen
44 voetpad: der Gehsteig
58 symbool: das Wahrzeichen

105 1 zich vestigen in: sich niederlassen in + D.
9 het er schitterend afbrengen: glänzend abschneiden
18 opknappen: erfüllen
20 grijpen: erfassen

106 3 van zijn hart geen moordkuil maken: aus seinem Herzen keine Mordgrube machen
4 alles wat het hartje begeert: alles, was das Herz begehrt
5 iemand zijn hart luchten: jm. sein Herz ausschütten
7 dat is me uit het hart gegrepen: das ist mir aus dem Herzen gesprochen
wantoestand: der Mißstand (Mißstände)
8 het over zijn hart krijgen: es übers Herz bringen

107a 6 hol: die Höhle
15 aanstellen: anweisen
16 inwinnen: einholen
19 met iemand overweg kunnen: mit jm. auskommen/zurechtkommen
23 legendarisch: legendär
25 op bezoek: zu Besuch
26 set: der Satz (Sätze)
107b 3 mug: die Mücke (n)
4 consumentenelektronica: die Unterhaltungselektronik
5 buiten werking: außer Betrieb
9 verpletterend: vernichtend
12 redelijk: angemessen
15 consulteren: konsultieren
16 ruimtereis: der Raumflug
17 ramp: die Katastrophe (n)
19 de vrijspraak vragen: Freispruch beantragen, auf/für Freispruch plädieren
107c 1 de held uithangen: den Helden spielen
roekeloos: rücksichtslos
rijgedrag: das Fahrverhalten
6 delicaat: heikel
9 iemand iets op de mouw spelden: jm. einen Bären aufbinden
10 iemand voor de gek houden: jn. zum Narren halten
108 1 opgelucht: erleichtert
3 tal van boeken: eine Menge Bücher/von Büchern
109 3 naar de letter nakomen: bis auf den letzten Buchstaben erfüllen
4 duurzaam: dauerhaft
8 toekennen: zuerkennen
11 spelen met de gedachte: mit dem Gedanken spielen / sich mit dem Gedanken tragen
beleid: die Politik
16 een paar keer: ein paarmal
19 naamgenoot: der Namensvetter (-)
110 11 rechtszaak: die Rechtssache
openbaar ministerie: die Staatsanwaltschaft
13 verplaatsen: verlegen
15 tijdelijk: zeitweise / vorübergehend
19 vertoning: die Vorführung
24 belang: die Bedeutung
111 15 terrein verliezen: an Boden verlieren
17 grondlegger: der Begründer
19 ineenstorting: der Zusammenbruch
112 2 hij zou zich in zijn graf omdraaien: er würde sich im Grabe herumdrehen
te gronde richten: herunterwirtschaften / zugrunde richten
5 in de grond: im Grunde (genommen)
te maken hebben met: es zu tun haben mit
6 terloops: am Rande
8 op de keper beschouwd: bei Tage besehen / genaugenommen
113 1 vierdaagse werkweek: die Viertagewoche
5 de handen vol hebben: alle Hände voll zu tun haben
114 9 het uiteenvallen: der Zerfall
13 betrouwbaar: zuverlässig
115 1 inrichten: veranstalten
bijscholingscursus: der Fortbildungskurs (e)
8 tevreden over: zufrieden mit
applaudisseren: Beifall klatschen
enthousiast: begeistert
10 of...of: sei es...sei es/oder
succes halen: Erfolg erzielen
11 drughandelaar: der Drogenhändler (-)
13 Egyptenaar: der Ägypter (-)
18 winstmarge: die Gewinnspanne (n)
19 teisteren: heimsuchen
20 aanvaarden: akzeptieren
22 gespecialiseerd in: spezialisiert auf + A.
25 fusioneren: fusionieren (haben)
27 kader: der Rahmen
28 diepvriesbedrijf: der Tiefkühlbetrieb
29 Pyreneeën: die Pyrenäen
116 2 eraan komen: kommen
4 grondwet: die Verfassung
6 als warme broodjes de deur uit vliegen: weggehen wie warme Semmeln
7 kraanvogel: der Kranich (e)
9 neerlaten: herunterlassen
11 op volle toeren draaien: auf Hochtouren laufen
13 alle watertjes doorzwommen hebben: mit allen Wassern gewaschen sein
117 1 ervandoor zijn: über alle Berge sein
2 iemand doen afdokken: jn. zur Kasse bitten
8 de rente: die Zinsen (der Zins)
12 leider in de stand: der Tabellenführer
18 rijvak: die Fahrspur
19 ongetwijfeld: zweifelsohne
21 staan: stecken
23 opschieten met: auskommen mit
24 jaar na jaar: Jahr für Jahr
35 jaaroverzicht: die Jahresübersicht
36 propvol: brechend voll/überfüllt
37 opiniepeiling: die Meinungsumfrage
40 overheidstekort: das Defizit der öffentlichen Hand
118 7 smeden: schmieden / machen
10 op een paar uur tijd: innerhalb von ein paar Stunden
15 rekening houden met: berücksichtigen / Rücksicht nehmen auf + A.
17 inwinnen: einholen
119 6 aanvragen: beantragen

7 vergoelijkend: beschönigend
8 het oude stadsgedeelte: die Altstadt
eetgelegenheid: das Speiselokal (e)
9 spandoek: das Transparent (e)
10 aanplakzuil: die Litfaßsäule (n)
verkiezingsaffiche: das Wahlplakat (e)
13 zorgen voor: verursachen
14 bewaren: (auf)bewahren
15 cursist: der Kursteilnehmer (-)
nachtmerrie: der Alptraum (Alpträume)
17 staatsgreep: der Staatsstreich
veroveren: an sich reißen
20 samenkomen: tagen

120 1 afgestudeerde: der Absolvent (en/en)
2 medeplichtige: der Komplize (n/n)
verklappen: verraten
4 de schouders ophalen: mit den Schultern zucken
7 gebruiken: anwenden
8 ontduiken: hinterziehen
9 tv-omroep: die Fernsehanstalt (en)
10 commercieel: privat
openbaar: öffentlich-rechtlich
kijkgeld: Fersehgebühren (die Gebühr)
13 op termijnbetaling kopen: auf Raten kaufen
16 bijhouden: verfolgen
21 regeringswoordvoerder: der Regierungssprecher (-)
24 kijkcijfers: die Einschaltquoten (die Quote)
27 beleggingsadviseur: der Anlageberater (-)
29 uiteenvallen: zerfallen
32 personeelsadvertentie: die Stellenanzeige (n)
34 de economische redactie: die Wirtschaftsredaktion

121 1 al bij al: alles in allem
2 gemeenschappelijk: gemeinsam
3 zijn zenuwen de baas blijven: die Nerven halten / bewahren
6 beschermen tegen: schützen vor + D.
8 vastzetten: festlegen
12 zijn spierballen laten zien: seine/die Muskeln spielen lassen
afpersen: erpressen
13 vriendjespolitiek: die Vetternwirtschaft
15 tot over de oren in het werk zitten: bis über beide Ohren in Arbeit stecken

122 1 arbeidsbureau: das Arbeitsamt
2 veel toeloop hebben: großen Zulauf haben
7 de pannen van de daken rukken: die Dächer abdecken
13 litteken: die Narbe (n)
wreedheid: die Grausamkeit
15 kantoorgebouw: das Bürohaus
26 kalmeren: beruhigen
33 spookrijder: der Geisterfahrer (-)
34 al zijn gezond verstand verloren hebben: von allen guten Geistern verlassen sein
35 de safe: der Tresor
37 sierstruik: der Zierstrauch
39 Het wordt van de daken geschreeuwd: Die Spatzen pfeifen es von den/allen Dächern

123 1 aan zijn trekken komen: auf seine Kosten kommen
3 periode: die Zeit
4 solidariteitsstaking: der Solidarstreik
9 Palestijn: der Palästinenser (-)

124 6 het tijdperk: die Ära
overkomen: ankommen
8 beantwoorden aan: erfüllen
18 gemeenschapspraktijk: die Gemeinschaftspraxis
20 het tijdstip van de misdaad: die Tatzeit

125 3 met de noorderzon vertrekken: bei Nacht und Nebel verschwinden
4 oplopen: sich etwas zuziehen
een scheuring van de gewrichtsbanden: der Bänderriß
10 bemoeilijken: erschweren
12 op de plaats van de misdaad: am Tatort
15 binding: die Verbindung (en)
22 naar schatting: schätzungsweise
25 mijn: die Zeche (n)
30 blussen: löschen
46 oplopen tot: steigen auf
49 prijzengeld: das Preisgeld
51 in cash: in bar

126 7 aantrekkelijk: attraktiv
16 grond: das Grundstück (e)
18 beleggingsfonds: der Anlagefonds (-)
19 trick: der Trick (s) / die Masche (n)
rendement: die Rendite (n)
25 bevoorrading: die Versorgung
onontbeerlijk: unverzichtbar

127 3 gevechtsvliegtuig: das Kampfflugzeug (e)
doelgericht: gezielt
in aanbouw zijnde: im Bau befindlich
atoomreactor: die Kernreaktoranlage (n)
4 gijzeling: die Geiselnahme
tegen...in: entgegen + D.
6 puinhoop: der Trümmerhaufen
7 sjah: der Schah
halsoverkop: Hals über Kopf
8 na 15 jaar ballingschap: nach 15jährigem Exil
10 twistappel: der Zankapfel
12 wielrenner: der Rennfahrer (-)
14 drank: das Getränk (e)
voorbehouden aan: vorbehalten + D.
15 belastingdruk: der Steuerdruck
verhuizen: umsiedeln / umziehen
16 faam: der Ruf
stevig: stark

17 uiteenvallen: zerfallen
18 vestiging: die Niederlassung
21 dagboek: das Tagebuch
22 Platon - Sokrates
26 zeggen: ausrichten
29 publiek: das Publikum
33 im Laufe des Juni / des Monats Juni
36 het niet over zijn hart krijgen: es nicht übers Herz bringen
37 uitschelden: beschimpfen
zijn zelfbeheersing verliezen: die/seine Beherrschung verlieren
39 op heterdaad betrappen: auf frischer Tat ertappen
40 vandaan halen: hernehmen
42 uit zijn vel springen van woede: aus der Haut fahren vor Wut
44 een man van de oude stempel: ein Mann von altem Schrot und Korn
45 van geen kanten: hinten und vorne nicht
48 behalen: erringen
met zijn neus in de wind lopen: die Nase hoch tragen

128 1 van moederskant: mütterlicherseits
8 met één klap: mit einem Schlag
11 thriller: der Krimi (s)
13 vrijwillig: ehrenamtlich
16 het opgeven: das Handtuch werfen
18 produktiecomplex: die Produktionsanlage
33 aandringen: dringen
35 dossier: die Akte (n)
36 iets voor gangbare munt aannemen: etwas für bare Münze nehmen
38 kredietwaardigheid: die Bonität
tegen vooruitbetaling: gegen Vorkasse
39 gewoonte: die Gewohnheit (en)
41 iemand aanraden tot: jm. raten zu
voorzichtigheid: die Vorsicht

129 1 ontstemd: verärgert
zijn mening niet onder stoelen of banken steken: mit seiner Meinung nicht hinterm Berg halten
3 bij iemand in een goed blaadje staan: bei jm. einen Stein im Brett haben
9 iemand een blok aan het been zijn: jm. ein Klotz am Bein sein
10 een vrolijk leventje leiden: in Saus und Braus leben
11 aan den lijve ondervinden: am eigenen Leibe erfahren
14 olie op het vuur doen: Öl ins Feuer gießen
34 omroepster: die Ansagerin (nen)

130 4 één lijn trekken: an einem Strang ziehen
5 afstandsbediening: die Fernbedienung
zappen: zappen
7 het ene oor in, het andere uit: zum einen Ohr hinein, zum anderen wieder hinaus
9 van heel nabij: aus nächster Nähe

131 2 brandwonden oplopen: sich Verbrennungen zuziehen
5 voor de rest: sonst
10 magazijn: das Lager (-)
13 het gebruik van kernenergie: die Kernenergienutzung
elektriciteitsproduktie: die Stromerzeugung
15 vakantiebestemming: das Urlaubsziel
16 in het lang en het breed: lang und breit / des langen und breiten
18 een appartement met drie kamers: eine Dreizimmerwohnung
21 aanpak: das Verfahren
renderen: sich auszahlen
23 van een leien dakje lopen: wie am Schnürchen gehen
25 de gelegenheid te baat nemen: die Gelegenheit beim Schopf ergreifen
26 op de been: auf den Beinen

132 1 lijken: erscheinen
5 iets beklagen: etwas bereuen
6 iemand uit de droom helpen: jn. eines Besseren belehren
8 op een goede stand: in guter Lage
9 lichamelijke conditie: die körperliche Verfassung

133 4 op mijn dooie gemak: in aller Gemütlichkeit
6 wanhopen: verzweifeln
8 meemaken: erleben
12 tot elke prijs: um jeden Preis
14 curator: der Konkursverwalter (-)
schuldeiser: der Gläubiger (-)
16 belofte: das Versprechen (-)
middenstander: der Mittelständler (-)
ergernis: der Ärger
17 de bron: die Quelle
18 op dat ogenblik: zu jenem Zeitpunkt
kredietwaardigheid: die Bonität
19 rijbewijs: der Führerschein
intrekken: einziehen
21 goed opschieten met: mit jm. gut auskommen
24 nogal wat sportblessures: so manche Sportverletzung
warming-up: die Aufwärmung

134 3 nu eenmaal: halt
2 met alles erop en eraan: mit allem Drum und Dran
8 fietsen: radfahren

135 2 appartement: die Wohnung (en)
4 op lange termijn: auf lange Sicht
6 geld op zijn rekening storten: Geld auf sein Konto einzahlen

7 totnogtoe: bisher
8 beleggen: anlegen
9 een risico lopen: ein Risiko eingehen
11 het kopen: der Kauf
vooropstaan: großgeschrieben werden
13 de trein halen: den Zug schaffen
14 klaarstaan: zur Verfügung stehen
15 gespecialiseerd in: spezialisiert auf + A.
23 tewerkstelling: die Beschäftigung
25 valuta: die Valuta (Valuten)
26 troef: der Trumpf (Trümpfe)
28 zware verliezen lijden: schwere Einbußen erleiden
29 bedrijfsklimaat: das Betriebsklima / das Arbeitsklima

136 6 oppassen voor: sich vor jemandem in acht nehmen
leperd: das Schlitzohr
7 boeiend: fesselnd
in ieder opzicht: in jeder Hinsicht
8 op de onderste sport van de ladder beginnen: von der Pike auf dienen
10 procédé: das Verfahren
gebruiken: anwenden (angewandt)
enquête: die Umfrage
11 invoeren: die Einführung
absoluut noodzakelijk: unumgänglich
reclame maken voor een produkt: ein Produkt bewerben
12 veeleisend: anspruchsvoll
produkten van goede kwaliteit: hochwertige Produkte / Produkte von guter Qualität
14 overbodig: überflüssig
16 een goed woordje voor iemand doen: ein gutes Wort für jn. einlegen
20 goedkeuren: zustimmen + D.
21 belang: die Bedeutung
23 eis: die Forderung (en)
24 free-lance: frei
privé-zender: privater Fernsehsender
25 raad van bestuur: der Vorstand
uit de rode cijfers te halen: aus den roten Zahlen führen
27 een goedlopende zaak: ein gutgehendes Geschäft / florierendes
binnen zijn: sein Schäfchen im trockenen haben
28 veilinghuis: das Auktionshaus
veilen: versteigern
29 schaars: knapp
31 veranderen: sich ändern
32 belegger: der Anleger (-)
33 om die reden: aus diesem Grund
vluchten voor: flüchten vor + D.
geboorteland: die Heimat
35 zogezegd: angeblich
36 een minnelijke schikking: eine gütliche Einigung
per kort geding: per einstweilige Verfügung
afdwingen: erzwingen
38 kloof: die Kluft
41 vreedzaam: friedlich
42 veroorzaken: auslösen
intimidatie: Einschüchterung
43 Internationaal Monetair Fonds: der Internationale Währungsfonds
gigantisch: riesig
iemand boven het hoofd groeien: jm. über den Kopf wachsen
44 middenstander: der Mittelständler (-)
aangifte doen: Anzeige erstatten
45 software: die Software
kiezen voor iets: sich entscheiden für
de elektronische snelweg: die Datenautobahn
de meest uiteenlopende netwerken: die verschiedensten Netzwerke
46 zich handhaven: sich behaupten
47 wreed: grausam
getroffen: heimgesucht
49 duurzaam: dauerhaft
berusten op: beruhen auf + D
op het feit dat: darauf, daß
50 navenant: entsprechend

137 1 oneerlijke concurrentie: unlauterer Wettbewerb
2 brandwonden oplopen: sich Verbrennungen zuziehen
3 respecteren: achten
6 woordvoerder van de politie: der Regierungssprecher
omvang: das Ausmaß
8 een bekeuring krijgen: ein Strafmandat bekommen
10 afgelasten: abblasen
12 uitgroeien tot: sich auswachsen zu
13 incident: der Zwischenfall (Zwischenfälle)

138 4 iemand zijn rijbewijs intrekken: jm. den Führerschein entziehen
7 vakantiebestemming: das Urlaubsziel (e)
in trek: gefragt
8 bezwaar: das Bedenken (-)
goedkeuren: annehmen
sereen: ruhig
9 afgestudeerde: der Hochschulabsolvent (en/en)
10 reisorganisator: der Reiseveranstalter (-)
11 projectontwikkelaar: der Immobilienmakler (-)
14 papierwinkel: der Papierkrieg
ingewikkeld: kompliziert
15 betrokken: beteiligt

22 laf: feige
de autoriteiten: die Behörden
139 3 ontkennen: leugnen
5 zijn mening niet onder stoelen of banken steken: mit seiner Meinung nicht hinterm Berg halten
6 uitgeschakeld zijn: ausscheiden
11 hak: der Absatz (Absätze)
14 betrokken bij: beteiligt an + D.
17 Het is duur leven in Sankt Moritz: SM ist ein teures Pflaster
19 verpleger: der Krankenpfleger (-)
21 de pers te woord staan: sich der Presse stellen
32 door de finish gaan: durchs Ziel gehen
34 binnen de perken blijven: sich in Grenzen halten
37 gangster: der Verbrecher (-)
handlanger: der Komplize (n/n)
38 belasten: besteuern
39 het uiteenvallen: der Zerfall / die Auflösung
41 enthousiast: begeistert
42 werkgelegenheid: die Beschäftigung
48 rustig maar: (nur immer) ruhig Blut
ruim: reichlich
49 een onschuldig kind: die Unschuld vom Lande
boven het goede en kwade verheven: jenseits von Gut und Böse sein
50 vertrekken: losfahren
140 4 operagebouw: die Oper (n)
5 een eind maken aan: einer Sache (Dativ) ein Ende machen
7 de krantekoppen halen: Schlagzeilen machen
10 het Europese kampioenschap: die Europameisterschaft
boottocht: die Bootsfahrt
gracht: der Graben (die Gräben)
12 parkeergarage: das Parkhaus (Parkhäuser)
141 1 oververdiend: hochverdient
2 omdopen: umbenennen
4 druk: lebendig
5 opstandeling: Aufständischer (substantiviertes Adjektiv)
6 vervangen: ersetzen
10 naar schatting: schätzungsweise
142 2 dubbel zo hoog worden: sich verdoppeln
kosten van levensonderhoud: die Lebenshaltungskosten
3 de overheid: die öffentliche Hand
boven zijn stand leven: über seine Verhältnisse leben
5 ommekeer: die Wende
143 4 cadeau krijgen: geschenkt bekommen
afdwingen: erzwingen
12 personeelslid: ein Werksangehöriger (s.A.)
korting: der Nachlaß / der Rabatt
13 filoloog van opleiding: gelernter Philologe
16 opleiding: die Ausbildung
18 drugverslaafd: drogenabhängig
19 lot: das Schicksal
20 een prijs toekennen: jm. einen Preis verleihen (ie-ie)
21 in opspraak komen: in Verruf kommen
23 vormen: bilden
24 het advies vragen: das Gutachten einholen
25 kettingbotsing: die Massenkarambolage (n)
de stoffelijke schade: der Sachschaden
28 van moederskant: mütterlicherseits
32 aan uw rechterkant: zu Ihrer Rechten (s.A.)
belfort: der Belfried / der Beffroi
35 het voor het zeggen hebben: das Sagen haben
144 1 nadere bijzonderheden: Näheres (s.A.)
ramp: die Katastrophe (n)
6 iemand met gelijke munt terugbetalen: jm. mit gleicher Münze heimzahlen / Gleiches mit Gleichem vergelten
14 een hoop geld: eine Menge Geld
145 7 decennium: das Jahrzehnt (e)
12 in hoofdzaak: in der Hauptsache / im wesentlichen
dienst: die Dienstleistung (en)
16 een gewiekste kerel: ein gewiefter Kerl / ein gerissener Bursche
18 aanknopingspunt: der Anhaltspunkt (e)
20 louche: zwielichtig
146 4 het moeten afleggen tegen iemand: jm. unterlegen sein
6 consumentenelektronica: die Unterhaltungselektronik
10 grote waarde hechten aan: großen Wert legen auf + A.
munt: die Währung (en)
147 3 de belangstelling: das Interesse
5 voertaal: die Verkehrssprache
6 iemand moeilijkheden opleveren: jm. Schwierigkeiten bereiten
9 erop los praten: das Blaue vom Himmel herunterreden
10 liegen dat je zwart ziet: das Blaue vom Himmel herunterlügen
11 je van het: das Gelbe vom Ei
12 buiten: im Grünen
13 op stap gaan: sich auf den Weg machen
14 de spijker op de kop slaan: ins Schwarze treffen
148 11 tevoren: zuvor
12 vlot: fließend
13 wijzen op: hinweisen auf + A.

verantwoordelijkheid: die Verantwortung
17 houden van: lieben
22 landgenoot: der Landsmann (Landsleute)
het er goed afbrengen: gut abschneiden
149 7 qua oppervlakte: von der Oberfläche her
9 met de vuist op tafel kloppen: auf den Tisch hauen/schlagen
25 hoofdstuk: das Kapitel
150 1 compenseren: ausgleichen
2 belegging: die Anlage
een risico nemen: ein Risiko eingehen
4 intrestvoet: der Zinssatz (Zinssätze)
7 zeer weinig: die wenigsten
10 de uiterste verkoopdatum: das Mindesthaltbarkeitsdatum
11 er afkomen: davonkommen
13 hoge-lonenland: das Hochlohnland
14 belang: die Bedeutung
16 helemaal geen benul hebben: nicht die mindeste Ahnung haben
17 het lijdt geen twijfel: es unterliegt keinem Zweifel
151 1 vraag (economisch): die Nachfrage
voelbaar: spürbar
2 advocatenkantoor: die Anwaltskanzlei
152 1 nauwgezet: gewissenhaft
3 sprookjesachtig: märchenhaft
5 onverantwoordelijk: verantwortungslos
9 populair: beliebt
14 veruit: weitaus / bei weitem / mit Abstand
17 truc: der Trick (s)
19 verhit: heiß
21 onoplettendheid: die Unaufmerksamkeit
27 vanaf zijn prilste jeugd: ab seiner frühesten Jugend
30 in slow motion: in der Zeitlupe
31 afhandelen: erledigen
32 koelbloedig: kaltblütig
33 teruglopen: sinken
35 doe-het-zelver: der Heimwerker (-)
153 3 de uitgeverij Duden: der Dudenverlag
9 fiscaal: steuerlich
10 adviseren: beraten
11 overeenkomst: die Einigung (en)
bereiken: erreichen / erzielen
154 2 embarras du choix: die Qual der Wahl
7 stuk: die Strecke
portefeuille: die Brieftasche
identiteitskaart: der Personalausweis
17 onterecht: unberechtigt
23 juridisch: juristisch
26 prima: bestens
29 in kannen en kruiken: unter Dach und Fach
155 4 op oudejaarsavond: am Silvesterabend
156 2 rondreizen: herumreisen
8 voor het kleinste kwaad kiezen: das kleinere Übel wählen
9 vrede nemen met: mit etwas vorliebnehmen
10 flatgebouw: das Hochhaus
157 2 gebruiksvoorwerp: der Gebrauchsgegenstand (Gebrauchsgegenstände)
3 Dat was een goudmijntje voor hem: Er hat sich damit eine goldene Nase verdient.
4 beloven: jm. etwas versprechen
verwaarlozen: vernachlässigen
6 zich tevredenstellen met: sich zufriedengeben mit
7 bijzonder lomp: wie ein Elefant im Porzellanladen
13 het mis hebben: auf dem Holzweg sein
14 collectie: die Sammlung
18 ontwrichten: sich etwas verrenken / verzerren
22 kaalslag: der Kahlschlag
24 betalingstermijn: das Ziel, die Zahlungsfrist
25 aldaar: dortig
ter plaatse: hiesig
26 van binnen en van buiten: jn. in- und auswendig kennen
28 speciaal commando: das Sonderkommando
een eind maken aan: einer Sache (Dativ) ein Ende setzen
gijzeling: die Geiselnahme
29 stage: das Praktikum
bijleren: dazulernen
158 2 thriller: der Krimi (s)
3 van geen kanten: hinten und vorn(e) nicht
4 uitzien op: sehen auf/hinausgeben auf
5 tovenaar: der Zauberer (-)
niet meer weten waar je het hebt: nicht mehr wissen, wo hinten und vorne ist
7 uit de hoogte: von oben herab
het bij iemand verkorven hebben: bei jm. unten durchsein
9 naar buiten toe: nach außen hin
12 naar buiten toe opengaan: nach außen aufgehen
14 ontsnappen: entkommen / ausbrechen
15 vanbinnen bezoeken: von innen besuchen
16 vanbuiten: außen
vanbinnen: innen
20 bevoegdheid: die Befugnis
159 1 E.H.B.O.'er: der Sanitäter (-)
2 wikken en wegen: hin und her überlegen
3 na lang wikken en wegen: nach langem Hin und Her
4 qua vorm en techniek: von der Form und der Technik her
5 van vroeger: von früher her
6 spreek op: (he)raus mit der Sprache!
7 achter iemand aan zitten: hinter jm. hersein

9 schroevedraaier: der Schraubenzieher
11 voorrijden: vorfahren/vorausfahren
12 geamuseerd: amüsiert
19 tot hier: bis hierher
20 hier neerzetten: hierherstellen
23 de cameraploeg: das Kamerateam (s)
26 naar buiten durven: sich hinaustrauen / sich hinauswagen
na het invallen van de duisternis: nach Einbruch der Dunkelheit
27 eruit zetten: jn. hinaussetzen
31 terechtkomen: geraten
34 neerzetten: hinstellen
37 niet naar beneden durven: sich nicht hinunterwagen
38 erbij halen: hinzuziehen
43 toestromen: herbeiströmen
45 stedeling: der Städter (-)
de stad uit: hinaus aus der Stadt

160

1 neerkijken: auf jn. herabsehen
2 erbij halen: heranziehen
3 zich opwerken tot: sich heraufarbeiten zu
directiesecretaresse: die Chefsekretärin
4 opslaan: heraufsetzen
5 vanuit een noodsituatie: aus einer Notlage heraus
6 terugkrijgen: herausbekommen
7 op de markt brengen: herausbringen
8 uitbrengen: herausbringen
10 teruggeven van: herausgeben auf
11 zich buiten een discussie houden: sich aus einer Diskussion heraushalten
12 eruithalen: herausholen
13 uitkomen: herauskommen
14 op hetzelfde neerkomen: auf eins/dasselbe/aufs gleiche herauskommen
15 verduistering: die Veruntreuung / die Unterschlagung
16 zich eruit praten: sich herausreden
verstrikt raken in: sich verstricken in + A.
tegenstrijdigheid: der Widerspruch (Widersprüche)
17 iemand erin laten lopen: jn. hereinlegen
18 langskomen: hereinschauen
19 iemand overstelpen met vragen: mit Fragen über jn. herfallen
20 eraan toegaan: hergehen
21 vergezocht: weit hergeholt
22 goed luisteren: herhören
23 snel voorbij: schnell herum
25 achterstevoren: falsch/verkehrt herum
26 de ronde doen: sich herumsprechen / herumgehen
27 rondhangen: herumhängen
28 rondslingeren: herumliegen
documenten: Unterlagen (die Unterlage)
29 rondreiken: herumreichen
30 meeslepen: herumschleppen
31 aan lagerwal raken: herunterkommen
32 rolluik: der Rolladen (Rolläden)
neerlaten: herunterlassen
33 bagatelliseren: herunterspielen
34 te gronde richten: herunterwirtschaften
35 regeringswoordvoerder: der Regierungssprecher
bezuinigingen: Sparmaßnahmen (die Sparmaßnahme)
36 ervanlangs geven: über jn. herziehen
37 niet ter zake doen: nicht hierhergehören
38 hier komen wonen: hierherziehen
39 zo tegen de vakantie: gegen den Urlaub hin
41 over meerdere jaren: über mehrere Jahre hin
43 op uw advies: auf Ihren Rat hin
44 op taalfouten controleren: auf Sprachfehler hin prüfen
45 afgaande op een tip in de krant: auf einen Tip in der Zeitung hin
46 op het gevaar af: auf die Gefahr hin
uitschelden: beschimpfen
47 tot boven op de top: bis zum Gipfel hinauf
48 opdrijven: hinauftreiben
49 voor zes maanden ver: auf/über sechs Monate hinaus
50 wegpesten: hinausekeln
51 zijn krachten te boven gaan: über seine Kräfte hinausgehen
52 erop uitdraaien: darauf hinauslaufen
53 uitbazuinen: hinausposaunen (hinausposaunt)
54 de vlag uithangen: die Fahne hinaushängen
55 uitstellen: hinausschieben / hinauszögern
56 boven de tachtig: über die Achtzig hinaus
57 break-even-point: der Break-even-point
58 iemand boven het hoofd groeien: über jn. hinauswachsen
59 carrière willen maken: hoch hinauswollen
60 uit zijn op: hinauswollen auf
minnelijke schikking: die gütliche Einigung
61 een aardige som op tafel moeten leggen: eine hübsche Summe hinblättern müssen
62 de plaats van het ongeluk: die Unfallstelle (n)
afzetten: sperren
door mogen: hindurchdürfen
63 een harde leerschool doorlopen: durch eine harte Schule hindurchgehen
64 door het bos heen lopen: durch den Wald hindurchgehen
65 tot in de details: bis in die Einzelheiten hinein

overkomen: wirken
66 zich indenken in iemands positie: sich in js. Lage hineindenken / hineinversetzen
67 vertrouwd raken met een nieuw werk: sich in eine neue Arbeit hineinfinden
69 erin kunnen: hineingehen / hineinpassen
70 introuwen in: in eine Firma hineinheiraten
71 stilletjes voor zich uit lachen: in sich hineinlachen
72 zich mengen in: sich hineinmischen in + A.
73 in een zaak groeien: in ein Geschäft hineinwachsen
74 thuishoren: hingehören
75 dossier: die Akte
76 schuldeiser: der Gläubiger (-)
aan 't lijntje houden: hinhalten
naar de rechter gaan: vor Gericht gehen
77 goed luisteren: genau hinhören
78 Waar moet dat naar toe gaan?: Wo kommen/kämen wir hin, wenn...?
79 voor elkaar krijgen: hinkriegen
80 de hoorn neerleggen: hinlegen
81 op: hin
iets over zijn kant laten gaan: etwas hinnehmen
82 nog een poos duren: noch eine Weile hinsein
83 iemand de hand reiken: jm. die Hand hinstrecken
opgelucht: erleichtert
84 iemand achternalopen: jm. hinterherlaufen
schuldenaar: der Schuldner (-)
85 over iets heen helpen: jm. über etwas hinweghelfen/hinüberhelfen
86 naar de andere kant van de straat brengen: über die Straße hinüberführen
87 naar de andere kant mogen: hinüberdürfen
88 zijn ergernis verkroppen: seinen Ärger hinunterschlucken
89 over zijn hoofd heen: über ihn/seinen Kopf hinweg
90 over iets heen gaan: über etwas hinweggehen
91 over iets heen kunnen: hinwegkönnen über + A.
92 iets door de vingers zien: über etwas hinwegsehen
grootmoedig: großzügig
93 aan de hele boel de brui geven: den ganzen Kram hinwerfen
94 aansturen op een akkoord: hinwirken auf eine Einigung
98 iets bijverdienen: etwas hinzuverdienen
99 eruit moeten: herausmüssen
100 niet veel opleveren: dabei ist nicht viel herausgekommen

161 10 toch: ja
aflopen: enden
20 laatst: neulich
21 nergens vandaan: nirgendwoher
22 de touwtjes stevig in handen houden: die Fäden fest in der Hand halten
zich overal mee bemoeien: sich überall einmischen

162 1 inschrijvingsgeld: die Einschreibegebühr
4 er verlaten bij liggen: leergefegt sein
6 een probleem aanpakken: anpacken / bewältigen
14 aanvechten: anfechten
aandringen: drängen
17 de eerste viool spelen: die erste Geige spielen
19 wielrennen: der Radsport
juist helemaal niet: erst recht nicht

163 2 daaraan valt niet te ontkomen: daran führt kein Weg vorbei
zich schikken in: sich abfinden mit/sich fügen in
3 per aangetekende brief: per Einschreiben
opzeggen: etwas kündigen
4 beginnen over: anfangen von
5 niet van belang: unwichtig
6 feestelijk: bestens
8 zorgen voor: sich kümmern um
9 sollicitatiegesprek: das Bewerbergespräch/Vorstellungsgespräch
15 er alles aan doen: alles daransetzen
16 terugschrikken voor: zurückschrecken vor
17 diplomatieke bekwaamheid: diplomatisches Geschick
ervoor nodig zijn: dazugehören
18 gehecht zijn aan: hängen an + D.
19 termijn: die Frist
aanbesteding: die Ausschreibung
28 rekening houden met: Rücksicht nehmen auf

164 1 het zij zo: sei's drum
2 alles wat eraan vastzit: alles, was drum und dran ist/hängt
in beslag nemen: in Anspruch nehmen
4 het is hier een puinhoop: hier geht es/alles drunter und drüber
6 het gedoe eromheen: das ganze Drumherum
dat hangt me de keel uit: das hängt mir zum Hals heraus
7 faillissement: der Bankrott
ontlopen: entgehen
eraan moeten geloven: dran glauben müssen
8 niet weten wat je van iemand moet denken: nicht wissen, wie man mit jm./bei jm. dran ist

9 er slecht aan toe zijn: übel/schlecht dran sein
10 ze kan wat: sie hat was drauf
11 net op het punt staan: drauf und dran sein
12 an dem Gerücht ist (et)was/nichts dran
opdagen: auftauchen
13 er moet nog iets in zitten: da muß noch etwas drin sein
berekenen: kalkulieren
14 op tien minuten van het einde: zehn Minuten vor dem Schlußpfiff

165 2 kortsluiting: der Kurzschluß
nachtverlichting: die Nachtbeleuchtung
6 voldoen aan: genügen + D.
10 handel: das Geschäft
goed in de markt liggen: Konjunktur haben

166 1 zich schikken naar: sich jm. fügen
2 weglaten: auslassen
4 de grond: der Boden
de wijk nemen naar het buitenland: sich ins Ausland absetzen
7 duimen voor iemand: jm. den/die Daumen drücken
9 iemand bedotten: jn. über den Tisch ziehen
13 ondervoed: unterernährt
zich erbarmen over: sich js. erbarmen (+ G.)
14 uitputting: die Erschöpfung
rouwplechtigheid: die Trauerfeier
18 ontzetting: das Entsetzen
23 alle watertjes doorzwommen hebben: mit allen Wassern gewaschen sein

167 1 binnenkomen: eingehen
aanbesteding: die Ausschreibung
2 tekortkoming: der Mangel (die Mängel)
5 erbij komen: dazukommen, hinzukommen
9 de lage-lonenlanden: die Niedriglohnländer
10 opvolging: die Nachfolge
14 gegadigde: der Interessent (en/en)

168 1 snack: der Imbiß (sse)
bereiden: zubereiten
2 druk: geschäftig
achter de rug hebben: hinter sich (D).haben
3 goed: gehörig
zijn vingers verbranden: sich die Finger verbrennen
4 uit zijn duim zuigen: sich etwas aus den Fingern saugen
5 programma: die Sendung (en)
6 zich het hoofd breken over: sich den Kopf zerbrechen über + A.
7 in zijn vuistje lachen: sich ins Fäustchen lachen
8 iets ter harte nemen: sich etwas zu Herzen nehmen
9 er niets aan hebben: sich dafür nichts kaufen können
10 iets bedenken: sich etwas einfallen lassen
11 halen: schaffen
16 zich misrekenen: sich verrechnen
17 levendig: lebhaft
19 iets bekijken: sich etwas ansehen
20 een afspraak maken: einen Termin vereinbaren
25 over iets nadenken: sich etwas überlegen
26 aangenaam: freut mich

169 1 van de ene dag op de andere: über Nacht
2 optrekken: sich auflösen
3 oplossen: sich auflösen
5 zwendel: der Schwindel / der Betrug
6 ergens voor geknipt zijn: für etwas wie geschaffen sein
7 vestigingsplaats: der Standort
8 in overleg met: im Einvernehmen mit
in beroep gaan tegen: Berufung einlegen gegen
9 participatie in: die Beteiligung an + D.
11 als nooit tevoren: wie noch nie
13 zaken doen met: mit jm. ins Geschäft kommen
vaste bankrelatie: die Hausbank
17 inspanning: die Bemühung(en) / die Anstrengung(en)
de moeite lonen: sich lohnen / sich auszahlen
19 televisiekijker: der Fernsehzuschauer (-)
zapper: der Zapper (-)
23 stijgen: sich erhöhen / sich steigern

170 3 aandeelhoudersvergadering: die Hauptversammlung
7 iemand het licht in de ogen niet gunnen: jm. das Weiße im Auge nicht gönnen
8 broers en zusters: Geschwister
9 elkaar op het lijf lopen: aufeinanderstoßen
10 uiteenlopen: auseinandergehen
11 over alles en nog wat: über dies und das
12 door elkaar halen: durcheinanderbringen
in de haast: in der Eile
14 overhebben: übrighaben
16 tot zaken komen met: mit jm. ins Geschäft kommen
18 elkaar bijstaan: zueinanderhalten
20 selectieprocedure: das Auswahlverfahren

171 1 caravan: der Wohnwagen (-)
2 boekjaar: das Geschäftsjahr
5 der Vorstandskollege
7 op zijn centen zitten: auf seinem Geldbeutel/Geldsack sitzen
8 verdubbelen: sich verdoppeln
14 afbreuk doen aan: jm./einer Sache Abbruch tun
19 dat komt niet uit mijn koker: das ist nicht auf meinem Mist gewachsen

172 10 weet ik veel: was weiß ich
11 waar moet het naar toe gaan: wo kommen/kämen wir hin...
173 4 luchtvaartmaatschappij: die Fluggesellschaft (en)
15 printer: der Drucker (-)
20 van oudsher: von jeher / von alters her
23 beleggingsfonds: der Anlagefonds
26 belastingtarief: der Steuersatz (Steuersätze)
28 enig mooi: einmalig schön
29 hachelijk: heikel
174 4 beursgoeroe: der Börsenguru (s)
5 verkiezingsbelofte: das Wahlversprechen (-)
6 veroorzaken: auslösen
7 volgens: zufolge (nachgestellt + Dativ)
sterker worden: sich verstärken
aftreden: zurücktreten
10 onder geen enkel beding: unter keiner Bedingung
11 gemeenschappelijke stand: der Gemeinschaftsstand
12 opmaken: aufstellen
13 rentabiliteit: die Rentabilität
twijfelachtig: zweifelhaft
14 bedreigd: gefährdet/bedroht
15 vastlopen: sich festfahren
eis: der Anspruch (Ansprüche)
voldoen aan: genügen (+ D.)
19 verkeerde beslissing: die Fehlentscheidung (en)
in gevaar komen: gefährdet sein
20 zich handhaven: sich behaupten
21 afgestudeerde: der Absolvent (en/en)
23 aanvaardbaar: akzeptabel
26 uit de weg gaan: ausweichen (+ D.)
29 instemmen met: zustimmen (+ D.)
175 2 groot belang hechten aan: großen Wert legen auf + A.
5 betrouwbaar: zuverlässig
6 golf: die Flut
verslag uitbrengen over: berichten über + A.
iemand last bezorgen: jm. zu schaffen machen
7 betrokken bij: beteiligt an + D.
tankstation: die Tankstelle (n)
pomphouder: der Tankwart
8 uitspraak: die Äußerung (en
9 ongedaan maken: rückgängig machen
10 gebruik: die Nutzung
elektriciteitsbevoorrading: die Stromversorgung
onontbeerlijk: unverzichtbar
14 zijn tijd nemen: sich Zeit lassen
15 ter discussie staan: zur Debatte stehen
16 klantenadviseur: der Kundenberater (-)
als vanzelf gaan: wie von selbst laufen
18 wennen aan: sich gewöhnen an + A
176 1 terugkrabbelen: einen Rückzieher machen
6 tegenstrijdigheid: der Widerspruch (Widersprüche) / die Unstimmigkeit(en)
7 waar het op staat: was Sache ist
8 normaalgesproken: im Normalfall
9 zich onderscheiden: sich auszeichnen
loyauteit: die Loyalität
10 gemakkelijk afgaan: leichtfallen + D.
12 helpen: nutzen, (besonders süddeutsch nützen)
20 toevertrouwen: jm. etwas anvertrauen
177 3 het minste: das mindeste, das wenigste
7 stampersoneel: die Stammbelegschaft / das Stammpersonal
ten goede komen: zugutekommen + D.
10 in het middelpunt van de publieke belangstelling: im Brennpunkt des öffentlichen Interesses
178 1 opwerping: der Einwand (Einwände)
2 op zijn kop staan: kopfstehen (stand kopf, kopfgestanden)
3 royaal: großzügig
6 als een kaartenhuis instorten: wie ein Kartenhaus zusammenfallen
7 afstuderen: das Studium absolvieren
8 ondergrondse parkeergarage: die Tiefgarage (n)
11 kloppen (hart): schlagen
179 1 allerlei: dieses und jenes
2 sfeer: die Atmosphäre
over alles en nog wat: über dies und das/jenes
3 opgewassen tegen: gewachsen + D.
op heterdaad betrappen: auf frischer Tat ertappen
5 net: gerade
8 zich door iemand laten beetnemen: auf jn. [he]reinfallen
die is niet meer te redden: dem ist nicht mehr zu helfen
9 iets voor gangbare munt aannemen: etwas für bare Münze nehmen
10 iemand erin laten lopen: jn. hereinlegen
met gelijke munt betalen: jm. mit gleicher Münze heimzahlen
ooit: irgendwann
14 louche: unseriös
15 rendement: die Rendite (n)
realiseren: erwirtschaften
daar kunt u gif op innemen: darauf können Sie Gift nehmen
16 er een stokje voor steken: einer Sache (D.) einen Riegel vorschieben
17 op middellange termijn: mittelfristig

basisactiviteit: die Grundaktivität (en)
20 polis: die Police (n)
openstaande vorderingen: Außenstände
failliet gaan: pleite gehen
21 een contract opzeggen: aus einem Vertrag aussteigen
24 op hetzelfde neerkomen: auf dasselbe herauskommen
26 een opleiding volgen: eine Ausbildung machen
30 smoes: die Ausrede (n)
180 4 dat valt niet bij iedereen in de smaak: das ist nicht jedermanns Sache/Geschmack
5 runnen: betreiben
8 bij voorkeur: hauptsächlich / vorzugsweise
18 algemeen directeur: Vorstandsvorsitzender (s.A.)
20 irgendwo nichts zu suchen haben
21 mislopen: schieflaufen
24 zomaar iemand: irgend jemand / irgendwer
25 steunen: unterstützen
enigszins: irgend
27 iets aanmerken op: etwas aussetzen an + D.
zich niets ervan aantrekken: sich nichts daraus machen
28 zich voordoen: sich ergeben
31 ergens wel: irgendwie schon
34 het risico spreiden: das Risiko streuen
40 in overvloed: im Überfluß / in Hülle und Fülle
43 al met al: alles in allem
48 veel moeite doen: sich größe Mühe geben
181 7 nadenken over iets: sich etwas durch den Kopf gehen lassen
9 via: durch
toegangskaart: die Eintrittskarte (n)
12 gevorderden: Fortgeschrittene
13 jaarvergadering (van aandeelhouders): die Hauptversammlung
182 7 schaduw: der Schatten
12 geruststellen: beruhigen
13 vegen: kehren
183 3 fabriekshal: die Werkshalle (n)
8 stiptheidsactie: der Bummelstreik
verkeersleider: der Verkehrslotse (n/n)
wachttijd: die Wartezeit (en)
10 tot aan zijn nek in de schulden steken: bis zum Hals verschuldet sein
15 tot nader order: bis auf weiteres
aanwerven: einstellen
18 voorwaardelijk: mit Bewährung
184 4 hiel: die Ferse
5 tot over zijn oren in het werk steken: bis über den Kopf/die Ohren in Arbeit stecken
10 dolgraag: für sein Leben gern
14 contant: gegen bar
16 niet ongevaarlijk: nicht ohne sein
17 eromheen draaien als de kat om de hete brij: herumgehen / herumschleichen wie die Katze um den heißen Brei
19 voor geen geld ter wereld: nicht um alles in der Welt
wisselen: tauschen
185 3 tweedehands: aus zweiter Hand
6 kneuzing: die Prellung
ongedeerd: unverletzt / unversehrt
10 doe-het-zelfzaak: das Heimwerkergeschäft (e)
13 afspraak: die Abmachung
14 advertentie: die Anzeige (n)
15 per omgaande: umgehend
16 antwoordapparaat: der Anrufbeantworter (-)
19 volgens uw wens: wunschgemäß
20 zoals verwacht: erwartungsgemäß
22 het goede voorbeeld geven: mit gutem Beispiel vorangehen
25 trainee: der Trainee
30 voor mijn part: von mir aus
31 alle prominenten: alles, was Rang und Namen hat
186 4 kleinkind: der Enkel (-) das Enkelkind (er)
op bezoek: zu Besuch
24 Cyprus: Zypern
187 2 op de praktijk gericht: praxisorientiert
3 tewerkstelling: die Beschäftigung
uitdaging: die Herausforderung (en)
6 uiterlijk: das Äußere (s.A.)
188 6 het gerechtelijk onderzoek: die gerichtliche Untersuchung
11 nauwlettend in het oog houden: genau beobachten
troef: der Trumpf (Trümpfe)
12 op zijn kop gaan staan: sich auf den Kopf stellen
17 te werk gaan: vorgehen
safe: der Geldschrank
leegroven: ausrauben
20 stukken: Unterlagen
27 postcodeboek: das Postleitzahlenbuch
29 conciërge: der Hausmeister
31 tot zijn recht komen: zur Geltung kommen
32 vriespunt: der Gefrierpunkt
36 gazon: der Rasen
beeldhouwwerk: die Plastik
40 resoluut: kurzerhand
van de hand wijzen: ablehnen
onderhandelaar: der Unterhändler
43 iemand op champagne trakteren: jm. eine Runde Champagner ausgeben / spendieren

49 vergadering van de bestuursraad: die Vorstandssitzung
55 intimideren: einschüchtern
recht: fest
56 onverantwoordelijk: verantwortungslos / unverantwortlich
iemand op de vingers tikken: jm. auf die Finger klopfen
57 gevoelig: empfindlich
ieder woord op een goudschaaltje leggen: jedes Wort auf die Goldwaage legen
59 iets te licht opnemen: etwas auf die leichte Schulter nehmen
189 2 in de schulden steken: in Schulden stecken / verschuldet sein
5 zijn kaarten open op tafel leggen: seine/die Karten offen auf den Tisch legen
6 met de noorderzon vertrekken: bei Nacht und Nebel verschwinden
11 iemand het mes op de keel zetten: jm. das Messer an die Kehle setzen
14 op het verkeerde paard zetten: aufs falsche Pferd setzen
16 de feiten verdraaien: die Tatsachen auf den Kopf stellen
190 7 tegen de lamp lopen: erwischt werden
8 expertise: das Gutachen
expert: der Experte / der Gutachter
9 geloven in: glauben an + A.
10 betrokken zijn bij: beteiligt sein an + D.
11 in de winst laten delen: am Gewinnn beteiligen
16 exposant: der Aussteller (-)
23 ondervragen: befragen
25 de marktmogelijkheden: die Marktchancen
26 te wachten staan: ins Haus stehen
33 de bezorgdheid voor: die Sorge vor + D.
191 5 discretie: die Diskretion
6 uitstel van betaling: der Zahlungsaufschub
13 kans: die Aussicht (en)
16 gewiekst: gewieft
op zijn voordeel uit zijn: auf seinen Vorteil bedacht sein
17 geld besteden aan: Geld verwenden auf
22 concurrentievervalsing: die Wettbewerbsverzerrung
21 het eens worden: sich einigen, sich einig werden
27 reclameactie: die Werbeaktion
38 de handen boven het hoofd samenslaan: die Hände über dem Kopf zusammenschlagen
192 1 tekort: das Defizit
overheid: die öffentliche Hand
8 gewapend voor: gerüstet für
14 hard tegen hard: hart auf hart
17 kale huur: die Kaltmiete
algemene kosten: Umlagen
18 seitens / auf seiten / von seiten
194 1 aanvraag: der Antrag (Anträge)
goedkeuren: annehmen
2 de recessie: der Abschwung
5 de zwakke gang van zaken: das flaue Geschäft
6 een wet aannemen: ein Gesetz verabschieden
7 voortduren: anhalten
195 4 speciale korting: der Sonderrabatt
196 7 sinds vele jaren: langjährig
8 handhaven: behaupten
11 als kat en hond: wie Hund und Katze
12 voorbij: dahin
14 kneuzing: die Prellung (en)
15 van een leien dakje lopen: wie am Schnürchen gehen/klappen/laufen
197 1 uitkeren: ausschütten
dividend: die Dividende
2 binnenkomen: eingehen
sollicitatiebrief: das Bewerbungsschreiben (-)
3 reëel: real
5 niets opleveren: erfolglos bleiben
7 stage lopen: ein Praktikum absolvieren
198 2 het initiatief nemen: die Initiative ergreifen
tot een goed einde brengen: zu Ende bringen/führen
3 geheel reviseren: generalüberholen
5 kritiek uitoefenen op: Kritik üben an + D.
199 2 documentair krediet: das Dokumentenakkreditiv
5 langskomen: vorbeikommen
een afspraak maken: einen Termin vereinbaren
200 8 geld storten: Geld (auf ein Konto) einzahlen
rood staan: sein Konto überziehen
9 gekruiste cheque: der Verrechnungsscheck
10 voor het gerecht brengen: vor Gericht bringen
12 het openbaar vervoer: die öffentlichen Verkehrsmittel
16 naargelang: je nachdem, wie
de economische opleving: der Wirtschaftsaufschwung
18 binnenspringen: vorbeikommen, vorbeischauen
21 de fiscus: das Finanzamt
fiscaal adviseur: der Steuerberater
voor zichzelf beginnen: sich selbständig machen
23 concurrentiepositie: die Konkurrenzfähigkeit / die Wettbewerbsfähigkeit
daar valt niet aan te ontkomen: daran führt

kein Weg vorbei
24 blokkeren: sperren
afhalen: abheben
26 of zoiets: oder so ähnlich
30 opmerkelijk: bemerkenswert
meedogenloos: erbarmungslos
31 de bijkomende loonkosten: die Lohnnebenkosten
33 de motie van wantrouwen: der Mißtrauensantrag
34 benieuwd: gespannt
201 2 één nul: eins zu null
5 vraagprijs: die Verhandlungsbasis
6 bij een 1-1 stand: beim Stand von 1:1
strafschop: der Elfmeter
7 op hetzelfde neerkomen: auf eins / auf ein und dasselbe / auf das gleiche herauskommen
9 met 1-O winnen: 1:O gewinnen
17 uiteenlopen: auseinandergehen / variieren
19 alles betekenen voor iemand: js. ein und alles sein
21 het abc: das Einmaleins
de marketing: das Marketing
24 feeëriek: märchenhaft
202 1 unaniem: einheitlich
2 een beroep doen op: sich wenden an + A.
personeelsadviesbureau: das Personalberatungsbüro
6 voor alle zekerheid: sicherheitshalber
203 1 voor Duits: in Deutsch
3 van beroep veranderen: den Beruf wechseln
5 naar de tachtig lopen: in die Achtzig kommen
8 spelen: bestreiten
11 in de tientallen lopen: in die Dutzende gehen
12 dertien in een dozijn: 12 auf ein Dutzend
17 klacht indienen: Anzeige erstatten
18 dievenbende: die Diebesbande
inbraak: der Einbruch (Einbrüche)
op zijn kerfstok hebben: auf dem Kerbholz haben
22 op alle niveaus: auf allen Stufen
27 bij het samentellen: beim Addieren
29 ver in de tachtig: hoch in den Achtzigern
30 kermis: die Kirmes / der Rummelplatz
31 de vier met stuurman: der Vierer mit Steuermann
32 in de skiff: im Einer
204 2 twee en een half jaar aanslepen: sich über zweieinhalb Jahre hinziehen
11 het dubbelspel: das Doppel
15 tweeverdieners: Doppelverdiener
205 5 verjaardag: der Jahrestag / das Jubiläum
6 van de hak op de tak springen: vom Hundertsten ins Tausendste kommen
12 verwelkomen: begrüßen / willkommen heißen
19 overhaast: übereilt
te werk gaan: vorgehen
25 met hoevelen: zu wievielt
206 1 afvallen: ausscheiden
5 tegenover elkaar staan: sich gegenüberstehen

Marc Vanacker / Trees Timperman

DUITSE SPRAAKKUNST VOOR NEDERLANDSTALIGEN

De *Duitse spraakkunst voor Nederlandstaligen* heeft in korte tijd de ene herdruk na de andere beleefd en heeft daarmee zijn deugdelijkheid bewezen. Terwijl overal steen en been geklaagd werd omdat het vak Duits in het onderwijs harde klappen kreeg, mocht deze spraakkunst zich over tienduizenden gebruikers verheugen. Voor al wie begaan is met het vak Duits is dat toch een bijzonder aangename vaststelling.

We danken de vele collega's voor de op- en aanmerkingen waarmee ze op deze spraakkunst gereageerd hebben.

De *Duitse spraakkunst voor Nederlandstaligen* heeft vanuit een contrastieve aanpak aandacht voor alle typische moeilijkheden van Nederlandstaligen. Het is in de eerste plaats een voorbeeldenspraakkunst met voor zich sprekende voorbeelden uit de dagelijkse omgangstaal.

Via een uitgebreid register kan de gebruiker het antwoord op al zijn moeilijkheden gemakkelijk terugvinden.

De auteurs

De Nederlandsche Boekhandel
Uitgeverij Pelckmans
Kapelsestraat 222
2950 Kapellen
03/664 53 20
Fax 03/665 02 63

Marc Vanacker / Trees Timperman

DUITSE SPRAAKKUNST VOOR NEDERLANDSTALIGEN

»Ein Mann, der recht zu wirken denkt,
muß auf das beste Werkzeug halten.«

Man könnte glauben, was Goethe hier im Faust mit dem Blick auf das Theater sagt, dabei könnte er auch an den schwierigen Prozeß gedacht haben, eine fremde Sprache zu erlernen. Kein Mensch käme auf die Idee, ein kompliziertes Gerät mit steinzeitlichen Werkzeugen herzustellen.
Auch eine Sprache ist ein sehr kompliziertes Gefüge. Also braucht man zum Erlernen, um im Bilde zu bleiben, das beste Werkzeug.
Hier liegt ein neues, ausgereiftes, handliches »Werkzeug« vor, erarbeitet von Autoren, die lange daran gefeilt und es vielseitig verwendungsfähig gemacht haben. Jeder, der es in die Hand nimmt, wird merken, wie praktisch und hilfreich es ist. Es nimmt die eigene Anstrengung zwar nicht ab, aber es erleichtert sie sehr.
Und wer möchte schon auf Erleichterungen verzichten?
Greifen Sie zu!

Heinz Hanfland,
Ehemaliger Lehrbeauftragter
des Goetheinstituts für Antwerpen

Marc Vanacker / Trees Timperman

BEKNOPTE DUITSE SPRAAKKUNST VOOR NEDERLANDSTALIGEN

en

DUITSE SPRAAKKUNSTOEFENINGEN

De Nederlandsche Boekhandel
Uitgeverij Pelckmans
Kapelsestraat 222
2950 Kapellen
03/664 53 20
Fax 03/665 02 63

De *Duitse spraakkunstoefeningen* (niveau middelbaar onderwijs) sluiten aan bij de *Beknopte Duitse spraakkunst voor Nederlandstaligen,* maar kunnen ook volledig los daarvan worden gebruikt. De gebruiker krijgt door deze oefeningen de mogelijkheid de grammaticale structuren, zoals die in de beknopte spraakkunst beschreven worden, op een intensieve en vlotte manier in te oefenen. Dat daaraan een duidelijke behoefte bestaat, bewijst het feit dat de vijf vorige uitgaven zich over tienduizenden gebruikers mochten verheugen. Wie de Duitse spraakkunst op een systematische en grondige manier wil inoefenen, vindt nergens een beter oefenboek.

Dit oefenboek bevat zowel invuloefeningen als vertaaloefeningen en richt zich tot beginners op de verschillende niveau's: van heel elementair tot al ietwat gevorderd. De gradatie in moeilijkheidsgraad maakt er een basiswerk van dat over meerdere jaren kan worden gebruikt. Naast de essentiële grammaticale vormen en structuren worden ook de basisspraakkunst en de basiswoordenschat ingeoefend.

Voor de woordenschat van de oefeningen zijn we zoveel mogelijk van de basiswoordenschat uitgegaan zoals die o.a. wordt beschreven in het werk van Prof. Dr. Heinz Oehler *Grundwortschatz Deutsch* (Ernst Klett Verlag, Stuttgart), in *Deutsche Grundsprache Wort- und Satzlexikon,* bewerkt door Heinrich Mattutat (Ernst Klett Verlag, Stuttgart), en in de woordenlijst van *Das Zertifikat Deutsch als Fremdsprache,* een gemeenschappelijke uitgave van het *Deutscher Volkshochschul-Verband Bonn-Bad Godesberg* en het *Goethe-Institut München.*

We volgen de indeling van de *Beknopte Duitse spraakkunst voor Nederlandstaligen.* De cijfers bij de titels verwijzen naar de randnummers in de spraakkunst. Bij iedere vertaaloefening worden de moeilijkste woorden verklaard, maar we zijn er natuurlijk van uitgegaan dat je zonder het gebruik van een woordenboek geen enkele taal kunt leren. In vergelijking met de vorige uitgaven werden hier en daar andere accenten gelegd en werd natuurlijk rekening gehouden met de compleet veranderde Duitse realiteit sinds 1989.

We danken de vele collega's voor het jarenlange vertrouwen in deze oefeningen.

De auteurs

Inhoud

Cartoon Belgischer Germanisten - und Deutschlehrerverband